신약성경 언어의 의사소통 기술

- 신약성경 본문 읽기에 인지언어학 이론 적용 -

박 윤 만

도서출판 그리심

The Discourse Devices of the New Testament Language

- An Application of Cognitive Linguistics
into Interpreting the New Testament Texts -

by Yoon-Man Park

신약성경 언어의 의사소통 기술

2013년 5월 10일 초 판 1쇄 발행
2019년 3월 10일 개정증보판 1쇄 발행

저 자 • 박 윤 만
발행인 • 조 경 혜
발행처 • 도서출판 그리심
07030 서울시 동작구 사당로2길 72 인정 B동(B01호)

등록번호 • 제 7-258호(1998. 4. 23)
출 판 사 • 전화 523-7589 팩스 523-7590
홈페이지 • http://grisim.biz
전자우편 • grisimcho@hanmail.net

값: 표지 뒷면에

ISBN 978-89-5799-320-0 93230

이 책을

박운식 장로님과

임금옥 권사님께

바칩니다

차 례

제4장 현저성(Prominence)에 기초한 본문 읽기

제5장 응집성(Coherence)에 기초한 본문 읽기

제6장 추론(Inference)에 기초한 본문 읽기

제7장 동사상(Verbal Aspect)과 빌레몬서 담화 처리

표 목차

그림 목차

서 론

네 번째 복음서의 저자는 그의 책 서문에서 예수님을 이렇게 소개한다.

"말씀(ὁ λόγος)이 육신(σάρξ)이 되어 우리 가운데 거하시매" (요 1:14)

요한에 따르면 '하나님과 함께 계신 말씀' 이셨던 예수님의 '지금 여기' 의 현존은 하나님의 말씀(ὁ λόγος)의 신체화(embodiment)이시다. 하나님의 말씀의 의사소통 원리가 예수님의 육신, 즉 '신체언어' 였다는 것을 서론에서 들려준다. 하나님은 예수님의 언어뿐만 아니라 예수님의 몸으로 말씀하신 것이다. 치료하고 돌보는 예수님의 손과 죄인을 방문하러 움직인 그의 발이 곧 하나님의 소통의 언어였다. 요한복음에서 예수님은 '삶/생명(ζωή)을 주는 이' 로 소개되고 있다(3:3, 16, 36; 5:21, 40; 6:57; 10:28). 하나님의 언어의 신체화인 예수님은 자신의 말(언어)과 몸으로 살리는 일을 하셨다. 하나님의 로고스의 신체화는 언어 자체를 살아있게 할 뿐만 아니라 언어 사용자와 수용자 역시 살리는 일을 할 수 있다고 요한은 말한다(참조. 14:15, 21-24; 15:10). 요한복음은 공관복음서보다 훨씬 더 많은 예수님의 담화를 담고 있는데 그의 언어는 살리는 능력이 있다고 말한다(11:42-44). 예수님의 살아있고 살리는 언어 사역은 성령에게까지 이어진다. 오실 보혜사의 사역은 예수님이 제자들에게 *말한* 모든 것(πάντα ἅ εἶπον)을 생각나게 하는 것이기 때문이다(14:26). 예수님의 언어는 성령의 구원 사역의 매체이다. 따라서 삼위 일체 하나님의 구원 사역을 이해한다는 것은 하나님의 로고스를 신체화하신 예수님의 언어와 신약성경 저자들의 예수에 대한 언어 이해와 불가분의 관계에 있다는 것은 자명하다.

복음의 진리를 연구하는 데 있어 언어 연구가 차지하는 중요성은 교회사 자체가 가르쳐 온 것이기도 하다. 종교개혁의 주된 기치는 '오직 성경' 이었다. 개혁가들은 모든 삶의 규칙과 원칙을 성경에서 찾았다. 말씀에 대한 강조는 성경해석에 대한 관심으로 이어졌다. 개혁가들의 성경 해석학적 도구가 문법 · 역사 · 신학적 방법이라는 것은 잘 알려진 사실이다. 그러므로 개혁가들의 전통 위에 있는 이들에게 진리 탐구의 출발점은 '오직 성경' 이어야 하며, 또 자신이 말하는 바가 '성경 본문이 말하는 바' (what the text tells)라는 주장을 하려면 문법 · 역사 · 신학적 해석의 지지를 받아야 한다는 것은 분명해진다.[1] 이 책의 관심은 삼중 해석 방법 중의 하나인 문법 · 언어학적 도구를 어떻게 신약성경 본문 해석에 적용할 것인지에 맞추어져 있다. 물론 많은 신약연구가와 주해가들은 신약성경 헬라어를 읽을 수 있는 문법 · 언어적 지식을 가지고 있다고 말할 수 있을 것이다. 하지만 우리의 헬라어 문법과 언어적 지식의 기초가 된 신약성경 헬라어 문법책들은 지난 세기 초와 중반에 나온 것이며 그것들이 따르고 있는 문법 이론 역시 그 책들이 출간된 시점의 언어학 이론을 반영하고 있다. 그때 이후 현대 언어학은 엄청난 속도로 발전에 발전을 거듭해 왔고[2], 이렇게 발전된 언어학적 이론들은 다양한 학문에 적용되어 학문적

---

1) 삼중 해석 방법의 정당성은 또한 성경의 성격 자체에 의해서도 부여받을 수 있다. 즉 성경은 언어와 문법으로 기록되었을 뿐만 아니라 특정 역사 속에서 기록된 하나님의 계시이기 때문에 그것을 해석하는 방법으로서 문법 · 역사 · 신학적 접근은 정당화될 수 있다.

2) 현대 언어학은 일반적으로 소쉬르가 생전에 한 강의와 노트를 기초로 그의 제자들이 소쉬르 사후에 출판한 작품 (F. de Saussure, *Course in General Linguistics* (New York: McGraw-Hill, 1959)과 함께 시작되었다. 그 후 발전되어 온 현대 언어학의 다양한 관심들을 위해서는 참고하라. R. de Beaugrande, *Linguistic Theory: The*

상호 발전에 기여해 왔다. 따라서 신약성경 본문을 해석함에 있어서 언어 · 문법적 방법을 따르기를 원하는 이들이라면 현대 언어학의 발전된 이론들에 익숙해져야 하고, 나아가 그 이론들을 성경 본문 이해에 적용할 수 있는 역량을 갖추는 일이 필수적으로 요구된다.[3]

물론 현대 언어학적 도구를 신약성경과 같은 고대 텍스트를 분석하는 데 곧바로 적용하는 것은 시대착오적 해석을 낳을 수 있는 위험한 작업이 될 수 있다.[4] 따라서 성경언어학자들에게는 성경언어를 분석할 때 이런 해석학적 위험을 최소화 할 수 있는 언어학적 방법을 사용하도록 요청된다. 이 책은 이러한 문제의식에서 출발했다. 신약성경 본문 이해에 도움을 줄 수 있는 현대 언어학적 이론을 택함에 있어서 이 책이 우선적으로 고려한 것은 신약성경 본문의 성격이었다. 이 책의 목적은 현대의 신약 독자들이 신약성경 언어의 의사소통 기술에 익숙해지도록 하는 것일 뿐만 아니라 언어와 문법으로 구성된 성경 본문의 의미를 좀 더 명료한 언어학적 기초 위에서 찾아갈 수 있도록 돕는 데 있다.

1장을 제외한 이 책의 대부분은 여러 학회와 학술지에 발표한 논문들을 새롭게 수정하고 보완한 것들이다. 1장은 헬라어의 역사와 1세기 유대사회의 언어적 환경에 대한 개론을 담고 있다. 2장은 신약성경의 문서적 성격을 규명하려는 시도와 함께 그러한 성격의 본문을 분석함에 있어서

Discourse of Fundamental Works (London: Longman, 1991); H. G. Widdowson, 『언어학』, 유석훈 외 역 (서울: 도서출판 박이정, 2001).

3) 사실 지난 40년 동안 헬라어 언어 연구에서 이루어진 괄목한 진보는 현대 언어학의 발전된 이론들을 헬라어 연구에 적용한 결과였다. 현대 언어학의 다양한 이론들이 신약성경 헬라어 연구에 가져온 발전들과 그것과 관련된 탁월한 저서들의 소개에 대해서는 참고하라. Stanley E. Porter and Lee M. McDonald, *New Testament Introduction* (Grand Rapids, Michigan: Baker, 1995), 30-55.

4) Stanley E. Porter "Studying Ancient Languages from a Modern Linguistic Perspective: Essential Terms and Terminology," *Filologia Neotestamentaria* 2 (1989), 147-72.

어떤 언어학적 이론이 유익한지를 보여준다. 2장에 담긴 글은 『신약연구』 7권 4호(2008년 12월)에 실렸던 논문을 토대로 새롭게 수정 · 보완한 것이다.

3장은 담화를 이해하고 처리할 때 가장 중요한 언어적 항목으로 이해되어 온 문맥에 대한 정의와 신약성경 본문의 문맥을 찾는 여러 방법들을 제안하고 있다. 이 논문은 Canon & Culture 3권1호 (2009년)에 게재된 것이다. 4장은 신약성경 담화의 현저성을 만드는 내러티브의 구성 요소와 언어 · 문법적 요소를 살펴볼 것이다. 이 글은 『신약연구』 9권6호(2010년)에 게재 되었던 논문이다. 5장은 구술 · 청각 내러티브로서 마가복음을 응집성 있는 담화로 이해하는 데 있어서 문단의 중요성을 살펴볼 것이다. 이 글은 『성경과 신학』 58권 (2011년)에 게재된 논문을 수정한 것이다. 6장은 『성경과 신학』 66권 (2013년)에 실린 "추론(Inference)에 기초한 성경 본문 읽기"를 수정 보완한 것으로 외축과 함축으로 구성된 텍스트를 이해할 때 가져야 할 추론의 기준을 제시한다. 7장은 빌레몬서의 현저성을 찾는 일에 헬라어 동사상(verbal aspect)이 어떻게 공헌할 수 있는지 보여줄 것이다. 이 논문은 『신약연구』 10권4호 (2011년)에 게재 되었던 것이다. 8장은 2-3세기 초기 교회의 성경 '책' 이해를 연구한 것으로 『신약연구』 17권1호 (2018년)에 게재된 논문이다.

본서의 출판은 결코 저자 개인의 수고의 결과가 아니다. 이름을 댈 수 없는 많은 이들의 희생과 섬김의 결과로 이뤄진 것이다. 먼저 책의 출판을 허락해준 그리심 출판사 사장 조경혜 권사님께 감사드린다. 또한 원고 교정을 맡아 준 엄경희 전도사와 대신대학교 성지언어연구소 조교 여명주 전도사의 노고에 감사를 드린다. 특히 바쁜 중에도 쉽지 않은 본서를 처음부터 끝까지 꼼꼼히 탈고하여준 하늘깊은샘교회의 엄경희 전도사에게는 빚진 바가 크다. 그리고 대신대학교 헬라어 강독 시간에 이 교재를 사용하는 동안 함께 토론하고 질문을 하며 수업에 참여한 학생들에게도 감사를 드린다. 그들의 아이디어와 질문이 이 책의 내용을 더욱 풍부하게 만들었다. 더불어 이 책의 표지를 오랜 시간동안 꼼꼼하고 아름답게 디자인해준 저자의 사랑하는 조카 박혜현에게 고마운 마음을 전한다. 끝으로 필자에게 주 예수 그리스도가 누군지 처음으로 알려주었을 뿐만 아니라 학자로 또 목회자로 살아갈 수 있도록 말할 수 없는 사랑과 희생 그리고 섬김의 본을 보여주신 존경하고 사랑하는 부모님께 감사를 드린다. 특히 "죽을 몸"에 찾아온 병과 싸우시면서도 "그리스도 예수를 죽은 자 가운데서 살리신 이"에 대한 믿음(롬 8:11)으로 유머와 기쁨을 한 번도 잃지 않으신 아버님께 필자의 무한한 존경을 이 책에 담아 드린다.

1장

신약성경 헬라어의 배경

제1장
신약성경 헬라어의 배경

1. 헬라어의 역사

1.1. 헬라어의 시작과 발전

헬라어는 인류의 언어 역사상 기록으로 나와 있는 것들 중 가장 오랫동안 구전과 문서로 사용되어온 언어이다. 기록된 헬라어는 거의 기원전 1500년의 시기까지 거슬러 올라가며 구어의 사용은 기원전 2000년 혹은 길게는 3000년까지 거슬러 올라간다.[1)] 헬라어는 계통적으로 인도-유럽 언어로 분류된다. 후에 헬라어로 발전된 인도-유럽 언어를 사용한 조상의 한 가지 흔적은 미케네(Mycenean) 문명 안에서 발견된다. 미케네인들은 지금의 헬라 본토와 섬들을 점령한 이들로 알려져 있으며 그들의 문명은 기원전 2000년에 최고조에 달했지만 기원전 1200년부터 점차 쇠락의 길을 걸은 후, 1100년에 이르러서는 거의 파괴된다.[2)] 19세기 말과 20세기

---

1) Chrys C. Caragounis, *The Development of Greek and the New Testament: The Morphology*, Syntax, Phonology, and Textual transmission (Tübingen: Mohr Siebeck, 2004), 17-8.

2) D.F. Watson, "Greece and Macedon," *Dictionary of New Testament Background*, eds., Craig A. Evans & Stanley E. Porter (Leicester: Inter Varsity Press, 2000), 422.

초에 헬라 본토로 알려진 지역에서 발견된 많은 토판들과 비문(예. 원조 헬라어의 형태를 가진 Linear B)은 이 시기에 제작된 것으로 추정되고 있다.[3] 그 후 미케네 문명은 거의 알려지지 않은 암흑 시기(the Dark Age, ca. 기원전 1200-800년)로 들어간다.

헬라 암흑기는 기원전 800년 정도에 끝이 나고 헬라어는 방언의 시기로 알려진 새로운 국면을 맞이한다.[4] 헬라 본토와 그 주변 섬 지역의 사람들이 서로 다른 헬라 방언을 말하면서 이 시기 헬라어는, 언어가 그 변천과정에서 겪는 일반적인 현상처럼, 다양한 방언으로 발전하였다. 그 중 가장 유명한 것은 애틱-아이오닉(Aattic-Ionic) 헬라어로 일명 호머의 언어로 불리는 방언이다.[5] 이후 헬라문화는 고대시기(the Archaic Period, 기원전 800-500년)를 거친 후 고전시기(the Classical Period, 기원전 500-338년)로 들어가게 된다. 이 시기는 아테네가 기원전 490년과 480년, 그리고 479년에 걸쳐서 가진 페르시아와의 전쟁에서 승리를 거둔 후 지중해 전 지역에서 정치, 경제, 문화, 철학, 예술의 꽃을 피운 기간이었다. 고전시기 동안 헬라문화는 세계 문학사에 유례없는 인물들을 배출하여 문학적 꽃을 피웠는데 대표적 인물들은 다음과 같다: 비극 영역의 인물들로는 아이쉬로스

---

3) Stanley E. Porter, "Greek of the New Testament," *Dictionary of New Testament Background*, eds., Craig A. Evans & Stanley E. Porter (Leicester: Inter Varsity Press, 2000), 427.

4) Caragounis, *The Development of Greek and the New Testament*, 28.

5) 호머(Homeros, ca. 800 B.C.)는 헬라인들에 의해 "헬라 문학과 관련하여 모든 강과 바다와 샘들이 흘러나온 근원"으로 알려져 있다. 이러한 표현에 대해서는 참조하라. Caragounis, *The Development of Greek and the New Testament*, 28. 호머의 주된 두 작품(Iliad와 Odyssey)에 대한 다양한 논쟁이 있다. 한 이론에 따르면 호머는 문맹인이었고, 그의 작품은 그가 구술하는 것을 다른 사람이 받아 적어 출판 되었다는 것이다. 또 다른 가설은 현재의 호머 작품은 비록 호머의 원작을 포함하고 있지만 다양한 시기에 다양한 지역에서 구전단계로 이어져 오는 동안 전달되어 편집 증보된 이야기라는 것이다. 이 가설은 호머의 작품 안에 등장하고 있는 여러 시대의 다양한 헬라 방언의 존재를 설명할 수 있다.

(Aischylos), 소포클레스(Sophokles), 유리피데스(Euripides)가 있으며 산문 영역으로는 투키디데스(Thoukydides), 제노폰(Xenophon)을 그 예로 들 수 있다. 희극 작가로는 아리스토파네스(Aristophanes), 철학가로는 소크라테스(Socrates), 플라톤(Platon), 데모크리토스(Demokritos), 아리스토텔레스(Aristoteles)가 활동하였고, 수사학에서는 이소크라테스(Isokrates), 데모스테네스(Demosthenes), 아이쉬네스(Aischines) 등이 활발한 활동을 하였다. 2백년이 채 되지 않은 짧은 시기 동안에 세계사에 유례를 찾아볼 수 없는 많은 문학가와 철학가 등의 활동으로 아테네의 정치와 문화는 그 영향력이 급격하게 증가하였으며, 결과적으로 그들이 사용하던 아테네-아이오니 헬라어가 점차 언어적 힘을 얻기 시작하였다.

1.2. 알렉산더(Alexander)와 헬라어

헬라시기(the Hellenistic Period, 기원전 338-146년)는 마케도니아의 왕 필립 2세(Philip II)가 캐로니아(Chaeronea) 전투에서 그리스 연합군의 무릎을 꿇게 만든 기원전 338년에 시작되었다. 그 후 그의 아버지를 이어 마케도니아의 정복자 알렉산더(Alexander III)가 권좌에 오름으로 헬라어는 이제 지역 언어에서 발칸반도와 지중해 지역 전체의 공용어로 발전할 수 있는 토대를 마련하게 되었다. 사실 마케도니아와 헬라어의 관계는 애틱 방언을 마케도니아의 공식 언어로 채택한 알렉산더의 아버지 필립 2세 때부터 이미 시작되었다고 볼 수 있다. 그럼에도 한 언어의 발전은 정치와 경제 그리고 문화 등 다양한 요소들의 영향을 받아 발전과 쇠퇴의 길을 걷는다는 것을 고려할 때, 헬라어를 사용하는 마케도니아 제국의 부흥이 곧 헬라어의 전성기를 가져오게 하였다고 보는 것이 타당하다. 특히 알렉산더는 아버지 필립에 의해 아리스토텔레스에게 교육을 받은 까닭에 헬라 문화에 대해 대단한 자부심을 가지고 있었다. 알렉산더가 마케도니아 지역과 지중해 지역 전체를 통합해 나갈 때 그가 가진 야망은 단순한 군사적 정복자의 그것 이상이었다. 알렉산더는 지중해 지역 전체에 헬라문화를 전파하는 일종의 문화적 전도사의 역할을 감당하였던 것이다. 이처럼 마케도니아의 세력 확장과 알렉산더의 헬라문화 전파 덕분에 헬라어는 정복된 나라의 공용 언어(*lingua franca*)가 되었으며, 심지어 토착민들이 일상에서 사용하는 (구술이나 기록된 문서의) 언어로 자리 잡게 되었다. 물론 공용 언어로 쓰인 헬라어는 마케도니아 제국이 공식적으로 채택한 애틱 방언의 표준을 다 따르는 것은 아니었다. 오히려 정복지역에 퍼진 헬라어는 언어와 문법적 단순화 과정과 함께 여러 방언과의 융합 과정을 거쳐 코이네(*koine*) 헬라어로 새롭게 자리잡는다.[6)]

팔레스타인 역시 세력을 점점 확장해 나가고 있었던 헬레니즘의 영향권에서 벗어나 있을 수는 없었다. 기원전 332년에 알렉산더 대왕이 팔레스타인을 침공함에 따라 헬라문화는 유대사회에 급격하게 파고들기 시작한다. 이런 문화적 흐름은 예수님의 출생 거의 300년 전부터 이스라엘 사회에 이미 시작된 현상으로서, 기원후 1세기에 이르러 헬라어와 헬라문화는 유대사회의 모든 영역에서 일반적인 삶의 한 부분으로 받아들여지고 있었다. 물론 토착민들은 그들만의 고유한 언어를 일상에서 사용하였기 때문에 그 명맥이 계속 유지된 것이 사실이다. 하지만 헬레니즘이 지배문화가 되고 있는 상황에서 한 사람이 정치 · 사회적으로 영향력 있는 인물이 되기 위해선 헬라어 구사 능력을 갖추는 것은 필수적인 역량으로 인식되고 있었다.[7)]

헬라어의 힘은 알렉산더 사후 등장한 세력들인 이집트의 프톨레미(Ptolemis)와 시리아의 셀류키드(Selucids) 정권과 로마제국 하에서도 그대

6) Hughson T. Ong, *The Multilingual Jesus and the Sociolinguistic World of the New Testament* (Leiden; Boston: Brill, 2016), 19.

7) Porter, “Greek,” 428.

로 발휘되었다. 몇몇 증거들이 제시될 수 있는데 먼저 이 시기에 출간된 것으로 보이는 여러 책들이 헬라어로 기록되어 있다는 사실은 주목할 만하다. 저명한 로마의 역사가 카시우스(Cassius Dio)와 폴리비우스(Polybius) 역시 자신들의 모국어인 라틴어(Latin)을 가지고 있었음에도 불구하고 헬라어로 쓰인 역사책을 출판하였고, 비슷하게 유대 역사학자 요세푸스(Josephus) 역시 로마인 청중을 위해 유대역사를 헬라어로 저술하였다.[8)] 헬라어가 당시 상위 계층(upper class)으로 알려진 이들에게만 사용된 것은 아니다. 신약성경과 동시대로 알려진 일련의 파피루스(papyrus) 문서들이 로마 동쪽인 바바타(Babatha)와 이집트에서 발견되었는데, 기록 언어는 헬라어였다.[9)] 중요한 것은 헬라어로 기록된 그 문서들의 종류가 상업계약서에서부터 일상편지에 이르기까지 다양하다는 것이다. 이것은 당시 헬라어가 제도적 영역뿐만 아니라 일반인들의 일상에까지 파고들어와 대중들의 언어로 받아들여졌음을 보여준다.

2. 1세기 팔레스타인의 언어

예수님이 활동하고 신약성경이 기록될 시기의 헬라어는 로마시기(the Roman Period, 기원전 146-기원후 100년)로 분류된다. 이 시기 팔레스타인 유대인의 저술이나 구술에 있어서 주된 일상 언어는 아람어였다.[10)] 아

8) Porter, "Greek," 428.

9) Porter, "Greek," 428-29.

10) 앗시리아(Assyria) 제국의 언어가 아람어였기 때문에 팔레스타인 지역의 아람어 사용의 역사는 아마 북이스라엘이 앗시리아 제국에 포로로 잡혀간 시기부터였을 것으로 추정된다. 앗시리아 제국은 히브리인을 포로로 잡아 제국 전역에 퍼트린 후 대신 아람어를 사용하는 앗시리아인들을 사마리아 지역에 정착시켰기 때문에 아람어는 일상 언어로 자리 잡을 수 있었을 것이다. 그 후 아람어는 바벨론 제국 이후 등장한 페르시아 정부의 공식 언어로 자리를 잡는다. 다시 남 유대의 포로생활 막바지에는 페르시아 제국 하에 있었고 또 이스라엘의 중요 인물이 제국의 중요 요직을 담당한 경

람어의 이러한 지위는, 당시 문해(literacy)를 가능하는 표준 언어가 히브리어였을 뿐만 아니라 일상에서 종종 히브리어로 문서들이 기록된 경우[11]가 있었음에도 불구하고, 의심되지 않고 있다.[12] 이를 보여주는 다양한 증거들이 있는데 그 가운데 2차 유대 전쟁을 이끌었던 바르-코흐바(Bar-Kohba)가 보낸 아람어 편지와 신약성경에 나오는 언어(아래를 보라), 그리고 아람어 구약성경인 탈굼(the Targum)이 단연 으뜸이다.[13] 특히 탈굼은 히브리어를 배우지 못해 아람어만을 사용할 줄 아는 일반 유대인들이 그들의 경전을 쉽게 읽을 수 있도록 돕기 위해 제작된 번역서였다. 이러한 증거에서 알 수 있듯이 앗시리아와 페르시아 제국시대의 공식(행정) 언어였던 아람어가 유대인들의 일상 언어로 확고히 자리를 잡고 있었다. 그렇다면 유대인들의 언어 사용에 그와 같은 변화가 일어나게 된 어떤 결정적인 계기가 있었을까? 가능한 역사적 설명은, 바벨론 포로로 잡혀간 후의 세대가 오랜 포로생활로 히브리어보다 아람어를 더 편하게 여기게 되었고, 후에 그들이 페르시아로부터 고국에 돌아와 본격적으로 종교와 정치 활동을 하면서 그들이 사용하던 아람어가 유대 사회에서 자연스럽게 의사소통의 수단으로 자리 잡기 시작했다고 보는 것이다.[14]

2.1. 신약성경의 언어

신약성경은 헬라어(Greek)로 기록되었다. 위에서 주목한 것과 같은

우도 있었기 때문에(예. 느헤미야, 에스더) 이스라엘 사회에 아람어의 사용은 가속화되었던 것으로 보인다.

11) 히브리어는 아람어 및 헬라어와 함께 쿰란 문서에서도 사용된 언어였다.

12) Michael O. Wise, "Languages of Palestine," in Dictionary of Jesus and the Gospels, eds. Joel B. Green and Scot McKnight (Downers Grove, Ill.: InterVarsity, 1992) 438.

13) 탈굼(the Targum)은 처음에는 토라만 아람어로 번역되었다가 후에는 모든 히브리어 성경이 번역되었다. 따라서 탈굼 번역시기는 1~3세기에서 7세기까지 다양하다.

14) Wise, "Languages of Palestine," 437.

1세기 유대인들의 언어적 배경을 고려한다면 신약성경의 언어가 헬라어로 기록된 사실은 특별한 주목을 받을 필요가 있다. 특히 언어와 권위의 관계 측면에서 보아도 신약성경의 언어가 헬라어라는 것은 매우 흥미롭다. 신약성경이 기록될 당시의 초기 기독교인에게 권위 있는 언어(authoritative language)는 히브리어로 여겨지고 있었다. 1세기 기독교인의 대다수를 차지하고 있었던 유대인에게 권위 있는 책이었으며 후에는 기독교인에 의해 구약(the Old Testament)으로 명명된 유대인의 경전(Jewish Scriptures)의 언어가 히브리어(Hebrew)였기 때문이다. 히브리어가 1세기 유대인들에게 권위를 가진 종교적 언어였다는 것은 당시 헬라어로 번역된 유대경전 즉 칠십인경(the Septuagint, LXX)이 존재하고 있었고, 신약성경 저자들 역시 칠십인경을 참조했다는 사실에도 불구하고 의심될 수 없다. 마찬가지로, 히브리어가 종교적 언어로서 권위를 가지고 있었다면 아람어는 위에서 밝힌 것처럼 일상에서 소통의 언어로서 그 권위를 오래전부터 확보하고 있었다. 이처럼 히브리어는 예수님과 1세기 초기 교회를 이끌었던 열두 제자들에게 종교적으로 권위 있는 언어로 받아들여지고 있었고, 아람어 또한 그들의 일상 언어로서의 위치를 확고하게 지키고 있었음에도 불구하고 신약성경의 언어는 헬라어이다! 물론 신약성경에도 가끔씩 아람어가 등장한다("달리다굼," ταλιθα κουμ, 막 5:41; "에바다," εφαθα, 7:34; "엘로이 엘로이 레마 사박다니," ελωι ελωι λεμα σαβαχθανι, 15:34; "마라나타," μαράνα θά, 고전 16:22).[15] 이처럼 아주 소량의 아람어를 제외하고는 신약성경에서 예수님의 언어는 헬라어로 표현되고 있다. 예수님은 아람어로 하나님 나라를 선

15) 복음서가 예수님의 말과 행적을 헬라어로 표현하고 있는 상황에서 헬라어로 번역되지 않은 채 아람어 예수님의 어록이 복음서에 그대로 남아 있는 이유를 고려하는 것은 상당히 흥미로운 주제임이 틀림없다. 지면 관계상 이 문제를 다룰 수는 없지만 복음서에 남아 있는 아람어 예수님의 어록은 아마도 헬라어를 사용한 이방 교회에서도 여전히 그 아람어가 예배나 모임 시에 사용되고 있었고, 복음서는 청자들에게 익숙해진 아람어 표현을 그대로 사용하고 있었다고 볼 수 있다.

포하였지만 우리는 헬라어로 예수님의 말을 듣고 있다! 엄격한 의미에서 보자면 헬라어 복음서에 담긴 예수님의 어록과 그에 대한 증언은 번역어인 셈이다.[16] 복음서 저자들이 예수님(에 대한)의 언어인 아람어를 버리고 헬라어로 책을 저술한 이유에 대해서는 여러 설명이 가능하며, 그 중 하나는 초기 교회의 '선교적' 필요에 기초한 설명이다. 즉 복음이 아람어를 사용하던 초기 팔레스타인 지역에서 차츰 벗어나 헬라어를 사용하는 이방 지역으로 확장되자 교회는 예수를 전함에 있어서 하나님 나라 '선포자의 언어' 보다 하나님 나라 '수혜자의 언어' 를 택함으로 '언어적 성육신' 의 과정을 거친 것으로 보인다.

문체와 관련해서는 신약성경 헬라어의 특징에 대한 네 가지 입장이 있어 왔다.[17]

① 그 당시 애틱-아이오니 헬라어로 기록된 작품과 비교했을 때 나타나는 중요한 언어 · 문법적 차이를 근거로 신약성경 헬라어를 '성경적 방언' 혹은 '성령의 헬라어' 로 이해하는 입장이 있다.

② 19세기 말과 20세기 초에 이집트에서 일상에서 이뤄진 활동들을 기록한 파피루스 문서들이 발견됐을 때 신약성경 헬라어와 관련된 두 번째 설명이 제시되었다. 즉 파피루스 문서의 헬라어가 신약성경과 언어 · 문법적 유사성을 보여주자, 이를 근거로 신약 성경 헬라어의 문체는 그 당시 '일상에서 사용된 문체' 를 반영하고 있다는 주장이 힘을 얻기 시작했다.

③ 신약성경 헬라어에 나타나는 셈어적 특징을 번역의 결과로 보는 입장이 있다. 복음서 · 사도행전 · 계시록과 같은 책들의 원 언어가 원

16) 위에서 살펴본 것처럼 이 말이 복음서의 원 언어(original language)는 아람어였고 후에 헬라어로 번역되었다는 말이 아니라 아람어를 사용한 예수님의 어록을 헬라어로 복음서가 기록하고 있다는 말이다.

17) Porter, "Greek," 426-35.

래는 아람어였으며 후에 헬라어로 번역된 것이라는 주장이다.

④ 신약성경 언어와 문법에 나타나고 있는 셈어적 특징은 두 언어(아람어와 헬라어)가 만났을 때 나타난 문체적 특징이라는 입장이 있다. 두 언어의 만남의 경우는 세 가지이다. 첫째는 셈어(아람어와 히브리어)를 모국어로 하는 이들이 헬라어를 사용하여 신약성경을 기록한 경우이며, 둘째는 신약성경 저자들이 칠십인경(the Septuagint)의 헬라어에 영향을 받았을 경우와 마지막으로 회당예배 때 사용된 헬라어가 그 저자들에게 영향을 주었을 수 있는 경우이다.

위에서 언급한 네 가지 입장 중에서 현재까지 가장 많은 지지자를 얻은 것은 네 번째 주장이다.[18] 어쨌든 부인할 수 없는 사실은 신약성경 헬라어의 특징은 카라구니스(Chrys Caragounis)가 주장한 것처럼 그 당시 주류 헬라어였던 애틱 방언의 표준을 따르지 않는다는 점에서 헬라어를 공용 외국어(*langua franca*)로 사용하던 이들의 언어 문체를 반영하는 것으로 볼 수 있다.[19]

2.2. 예수님의 언어: 아람어 · 히브리어 · 헬라어

예수님은 어떤 언어를 사용했을까? 헬라어가 공용어로 사용되던 1세기 팔레스타인의 언어적 환경에서 예수님이 아람어를 일상 언어로 사용하였다는 주장은 논란의 여지가 없어 보인다.[20] 무엇보다 예수께서 아람어를 사용하셨다는 본문상의 증거(위를 보라)와 1세기 팔레스타인의 구어체는 아람어였다는 이론적 증거를 고려할 때 이 주장은 의심하기 어렵다. 그렇

---

18) 참조하라. Moisés Silva, "Bilingualism and the Character of the Palestinian Greek," *biblica* 61 (1980), 199-219.

19) Caragounis, *The Development of Greek and the New Testament*, 43.

20) Martin Hengel, *Hellenism and Judaism* (London: SCM, 1974), 104-105.

다면 예수님의 히브리어 실력은 어떠했을까? 사복음서에 자주 등장하는 것처럼 예수님은 히브리어로 기록된 구약성경을 자주 인용하고 있으며, 특히 누가복음 4:16-20에서 예수님은 나사렛 회당에 들어가 이사야 61:1을 직접 읽는다. 이것은 히브리어가 그에게 낯설지 않았다는 사실을 보여준다. 히브리어는 유대인들의 모국어였고 유대인의 경전(구약) 역시 히브리어로 기록되었기 때문에 히브리어 경전을 읽을 수 있었던 예수님은 문해(literacy) 그룹에 속해 있었다는 판단할 수 있다. 마찬가지로 예수님은 헬라어를 말할 수 있었던 것처럼 보인다. 예수님의 헬라어 사용은 복음서가 보여주듯이 그가 다양한 층의 비유대인들(헬라인 여인 · 로마 백부장 · 빌라도)과 대화를 시도하였다는 사실을 통해서 어렵지 않게 추론할 수 있다.[21)]

21) Porter, “Greek,” 433-34. 참조하라. 로마 백부장과의 대화(마 8:5-13), 수로보니게 여인과의 대화(막 7:25-30), 법정에서 로마인 빌라도와의 대화(막 15:2-5; 마 27:11-14; 눅 23:2-4; 요 18:29-38).

신약성경 언어의 의사소통 기술

The Discourse Devices of the New Testament Language

2장

복음서의 문서적 성격과 틀의미론

제 2 장
복음서의 문서적 성격과 틀의미론[1]

1. 들어가는 말

복음서 연구는 언어를 통한 의사소통에 대한 연구이다. 복음서 연구에 대한 이러한 정의는 단지 복음서가 언어와 문법으로 기록된 문서라는 기본적 사실 때문만이 아니라, 복음서는 탄생에서부터 하나님과 인간, 그리고 화자와 청자 사이의 의사소통의 매체(medium)로 역할을 하도록 의도되었다는 사실로부터 그 당위성을 얻는다. 그렇다면 신약성경이 말하는 바가 무엇인지 알기를 원하는 이들은 사람들이 언어와 문법을 통해 어떻게 의사를 소통하는지에 대한 기본적인 이해를 먼저 가져야 한다. 이것이 성경신학과 언어학의 대화가 결코 멈춰서는 안 되는 이유이다. 지난 세기 초에 신약성경 헬라어 문법학자인 로버트슨(A. T. Robertson)은 말하기를 "신약연구가들의 임무와 의무는 신약 헬라어 대한 언어학적 연구 결과를 이용하는 것이어야 한다. 그러나, 이상한 말처럼 들릴 수 있지만, 이 일은 적절하게 이뤄져 오지 않았다."[2] 로버트슨 이후 한 세기가 지났지만 그의 지적은 지금도 유효한 것처럼 보인다.

---

1) 아래 글은 『신약연구』 7권4호 (2008년), 649-77에 실렸던 논문("마가의 구술-청각적 서사 이해를 위한 인지모형으로서 틀 이론")을 수정 보완한 것이다. 본서는 틀의미론과 틀이론이란 용어를 호환적으로 사용할 것이다.

2) A. T. Robertson, *A Grammar of the Greek New Testament in the Light of Historical Research* (Nashville: Broadman Press, 4th edn, 1934), 3.

본 장(더 나아가 이 책 전체)의 목적은 신약성경(특히 복음서)을(를) 이해하고 해석할 수 있도록 도울 수 있는 언어학 이론을 소개하는 데 있다. 특히 원 화자와 원 청자 사이에서 이뤄졌던 본문을 통한 의사소통과 의미전달 과정을 가장 적절하게 설명해줄 수 있는 현대 언어학적 이론들을 제시하는 데 있다. 고대 문서인 신약성경을 분석하고 이해하는 데 있어서 어떤 언어학 이론이 타당한지에 대한 결정은 분석의 대상인 신약성경의 문서·언어적 특성과 사용될 방법론 사이에 유사성이 있을 때 가능하다. 그러므로 이 장에서 우리는 먼저 복음서의 문서적 성격을 밝힌 후 이러한 연구를 바탕으로 신약성경의 언어와 문법 그리고 의사소통 원리의 이해를 돕는 방법으로서 현대 인지언어학의 틀이론을 제시할 것이다.

2. 복음서의 문서적 성격[3)]

〈표1〉 예수님의 출생과 신약성경의 기록과 정경으로 채택된 시기까지의 주된 사건과 년도

연 도	주된 사건
주전 7-2년(?)~주후 30-36년(?)	예수님의 삶과 죽음 그리고 부활
주후 30년대 초~주후 48년	예수전승 전달 시기(구전 또는 문서 혹은 둘 다)
주후 49~1세기 말 혹은 2세기 초	권위 있는 책들(바울서신, 복음서, 일반서신 및 계시록)과 초기 교회 저작들 기록 시기
주후 2세기 초~주후 367년	수집과 감별의 시기
주후 367년	아다나시우스(Athanasius)의 정경

3) 참조하라. Yoon-Man Park. *Mark's Memory Resources and the Controversy Stories (Mark 2:1-3:6): An Application of Frame Theory of Cognitive Science to the Markan Oral-Aural Narrative* (Leiden / Boston: Brill, 2010), Chapter 2.

2.1. 예수, 말의 사람

예수님은 '말의 사람' 이었다. 생전에 그는 아람어로 가르쳤고 선포하였으며 또 꾸짖었다. 여기서 가볍지 않은 질문이 뒤따른다. 예수님은 (아람어로든지 헬라어로든지) 기록을 했을까? 적어도 복음서 자체로부터 온 증거는 이 질문에 대해 부정적 답을 내놓는다. 간음하다가 현장에서 잡힌 여인과 그녀를 정죄하는 군중들 앞에서 몸을 굽혀 손가락으로 땅에 무엇인가를 쓰셨다는 정보를 주는 요한복음 8:8을 제외하고는 사복음서 그 어디에도 '기록자 예수' 를 증명하는 구절이 없기 때문이다. 예수께서 글을 쓰는 사람이었다면 동일한 글쓰기를 하던 복음서 저자가 왜 그것을 언급하지 않았을까? 역시 기억할 것은 복음서 그 어디에도 예수님이 제자들에게 자신의 글을 받아 적도록 가르쳤다는 기록이 남아 있지 않다는 사실이다.[4] 제자들의 임무는 선생의 삶을 따르는 것이었고 선생의 목적을 이어 받아 수행하는 것이었다. 사도행전에서 제자들이 예수님의 이름으로 가르치고 선포하고, 그리고 치료하는 자로 묘사(행 3:1-10, 특히 6; 4:7-22, 29-31; 5:28-32) 된 것은 결코 우연이 아니다. 적어도 사도행전으로부터 온 증거를 고려할 때 초기 제자들은 그들의 선생님이었던 예수의 행적을 '따르는' 것을 주된 임무로 믿고 있었지 선생의 행적을 '적는' 일에는 별 관심이 없었던 것이 분명하다.[5] 따라서 예수님은 '말의 사람' 이었지 '글의 사람' 은 아니었다는

4) 물론 우리는 복음서 기록 이전에도 예수님의 전승을 기록한 문서가 있었고 마가뿐만 아니라 다른 복음서 저자들이 그것을 참조했을 수 있다고 가정할 수 있다. 하지만 중요한 것은 1세기 초기 교회 문헌들 중 예수전승을 담고 있는 문서는 사복음서외에는 우리에게 남겨진 다른 문서가 없다는 것이다.

5) 요한복음에 따르면 성령이 오시어 하는 일은 예수님이 제자들에게 말한 모든 것을 '생각' 나게 하는 일이었다. 만일 기록하는 일이 초기 교회에 중요했다면 성령의 역할도 '생각' 나게 하는 일에서 좀 더 직접적 필요에 반응하는 일, 즉 '기록' 하는 일로 바뀌지 않았을까?

주장은 타당하다.

2.2. 예수님의 말로부터 기록된 문서로 전환

초기 교회는 60년대에 들어서면서 예수전승 전달(혹은 의사소통 방식)에 있어서 큰 변화를 겪게 된다. 구전으로 전달되던 예수전승이 기록된 문서(from oral tradition to written document)로 들어가게 된 것이다. 이런 전승 전달 매체의 변화와 관련하여 고려되어야 할 두 가지 중요 주제가 있다. 첫째로 예수전승을 보유하고 전달하는 데 있어서 목격자의 기억(eyewitness memory)이 담당했던 역할에 관한 것이며, 둘째로 그와 같은 전승 전달 매체에 변화가 일어난 이유이다.

2.2.1. 예수전승 전달 과정에서의 목격자 기억(Eyewitness Memory)

기억의 주제는 아래에서 다시 논의될 것이기 때문에 현재 우리의 관심은 예수전승 전달과정에 있어서 목격자들의 기억이 담당했던 역할이 될 것이다. 기록된 문서가 초기 교회에 등장하기 전 예수전승은 제자들과 목격자의 기억이라는 옷을 입고 회람되고 있었다. 사실 신약연구가들의 주류 연구 영역을 차지해왔던 공관복음 전승사 연구에서 목격자 기억의 중요성은 너무 쉽게 무시되었다. 예수전승 전달에 있어서 기억의 가치에 대한 간과는 부분적으로 지난 세기에 신약학계의 흐름을 주도했던 양식비평의 영향 때문이기도 하다. 양식비평가들은 복음서 기록 이전에 예수전승은 교회의 다양한 필요에 따라 무명의 교회 공동체에 의해 창조되어 전달된 것이라는 주장하였다. 이런 주장에 영향을 받은 학자들은 예수전승을 보유하고 전달한 핵심 주체로 목격자 보다는 '무명의 공동체' 를 지목하기 시작하였고, 예수전승의 전달 방식에 있어서도 전통적 견해인 보존(preservation)과 전달(transmission)보다는 창조(creation)와 전달(transmission)

에 더 많은 무게를 두기 시작한 것이다. 하지만 지난 세기 중반 이후 신약학계에서 양식비평의 한계가 지적되면서부터 목격자의 역할과 그들의 기억이 재조명을 받기 시작했다. 특히 보캄(Richard Bauckham)과 던(James D. G. Dunn)은 목격자의 기억의 주제에 새롭게 집중하면서 예수전승은 그의 생전에 그의 제자들의 기억에 저장되었으며 복음서 예수는 그의 제자와 목격자의 기억으로부터 회상(remembering)된 것이라는 주장을 하고 있다.[6)]

목격자 기억(eyewitness memory)에 대한 강조를 하는 이유가 흔히 생각하듯 예수님의 사역과 말에 대한 목격자들의 기억이 현대 기계문명의 산물인 비디오(video) 녹화에 비교될 수 있는 것과 같은 기계적 성격을 가지고 있다는 주장을 하려는 것이 아니다.[7)] 현대 인지과학이 말하듯이 목격자의 기억 역시 현대 인쇄문화의 기준에서 볼 때 '임의적' 이고 유동적이라 불릴 수 있는 성격을 띤다.[8)] 그러나 초기 교회의 목격자와 그들의 기억을 개인적이고 임의적인 것이라 단정하기 전에 진지하게 고려해야 할 것이 있다. 일반적 편견과 달리 개인의 기억은 고립된 개인의 사유물이 아니다. 사회학자인 프레져(Jeffrey Prager)는 인간의 기억을 개인적 현상으로만 보는 것을 경계하면서 개인의 기억은 그가 속한 사회에 뿌리 내린

---

6) James D. G. Dunn, *Jesus Remembered* (Grand Rapids, Michigan: Eerdmans,2003); Richard Bauckham, *Jesus and the Eyewitness: The Gospels as Eyewitness Testimony* (Grand Rapids, Michigan: Eerdmans, 2006); Park, *Mark's Memory Resources*.

7) 예수님의 말과 행적에 관한 목격자들의 기억이 기계적이었다거나 문자적이었다는 주장은 사복음서 자체에 의해서도 반대에 부딪힐 수밖에 없다. 사복음서는 각각 동일한 예수를 이야기하지만 그 이야기가 언어적으로나 구조적으로 다른 모습을 가지고 있기 때문이다. 또한 본서의 주장은 복음서의 예수님이 양식비평가들이 주장하는 것처럼 무명의 공동체의 의해 '창조된 예수' 가 아니라 제자들과 목격자들에 의해 '기억된 예수' 라는 것이다. 이에 대해서는 참조하라. Dunn, *Jesus Remembered*, 130; Park, *Mark's Memory Resources*, 34-7

8) Frederic C. Bartlett, *Remembering: A Study in Experimental and Social Psychology* (Cambridge: Cambridge University Press, 1932), 62-196, 201.

채 사회적 상호작용을 통해 지속적으로 형성된다는 점을 지적하고 있다.[9] 이 주장은 신약성경이 기록되었던 사회에서는 더욱 더 타당성을 가진다. 초기 교회가 태동했던 1세기는 현대와 같은 개인주의적 사회가 아니라 공동체 중심의 사회였음을 기억해야 한다. 공동체 중심 사회에서 한 개인의 기억은 공동체적 유산에 의해 영향과 통제를 받으며 형성된다는 점에서 하나의 "사회적 기억(social memory)"이라 말할 수 있다.[10] 이런 까닭에 "[초기] 기독교 교회는...공유된 기억 덩어리에 의해 결성되었다."는 카이틀리(Georgeia Masters Keightley)의 주장은 옳다.[11] 그렇다면 기록 시기부터 교회 공동체 안에서 권위 있는 책으로 받아들여진 복음서의 예수전승이 양식비평가들이 주장하는 것처럼 무명의 공동체 구성원에 의해 임의적으로 창작되어 전달되었다는 가설은 예수에 대한 기억 공유를 통해 형성 · 유지되고 있었던 초기 교회의 상황을 고려할 때 불가능한 것이다. 오히려 예수전승 뒤에는 예수와 함께 동고동락하며 그의 삶과 말을 반복적으로 경험하는 동안 형성된 기억을 가진 목격자의 공동체가 있었으며, 다시 그 목격자의 공동체 뒤에는 열 두 사도를 중심으로 한 전문적 전승 지킴이가 있었다고 믿어야 하는 충분한 이유가 있다. 파피아스(Papias)의 증언은 이런 점에서 주목받아야 한다.

파피아스는 소아시아 지역의 리쿠스(Lycus)시에 있는 히에라폴리스(Hierapolis)의 주교였다. 그는 교회사적으로 중요한 책, *Exposition of the*

---

9) Jeffrey Prager, *Presenting the Past: Psychoanalysis and the Sociology of Misremembering* (Cambridge: Harvard University Press, 1998), 59-60, 81. 비슷하게 키륵(Alan Kirk) ("Social and Cultural Memory," *Semeia* 52 [2005], 2)은 기억을 "사회적 현실"(social reality)로 명한다.

10) "사회적 기억"이라는 용어에 대해서는 참조하라. Maurice Halbwachs, *The Collective Memory* (New York: Harper and Row, 1950).

11) Georgia Masters Keightley, "Early Christian Collective Memory and Paul's Knowledge of Jesus," *Semeia* 52 (2005), 136.

Logia of the Lord, 을 다섯 권으로 기록했다. 비록 지금은 유실됐지만 유세비우스(Eusebius)의 교회사 서문에 그 책의 내용이 인용되어 오늘날까지 전해져 오고 있다. 파피아스가 그 책을 기록한 시점은 일반적으로 130년으로 추정되어 왔지만, 최근 보캄은 파피아스가 언급하고 있는 상황은 80년대 교회 정황을 반영한다는 주장을 내놓았다.[12] 무엇보다 중요한 것은 파피아스의 증언이 초기 교회에서 예수전승이 어떻게 보존 · 전달됐는지를 알려주는 정보를 가지고 있다는 것이다.

> 내가 과거에 장로들로부터 주의 깊게 배우고 잘 받아 적었던 모든 것들을 당신을 위해 잘 짜인 형식으로 표현하기를 나는 주저하지 않을 것이다. 이것은 내가 수호하는 진리이기 때문이다. 대부분의 사람들과는 달리 나는 말할 많은 것들을 가진 사람들을 그렇게 좋아하지 않고 대신 진리를 가르치는 사람을 좋아한다. 또한 나는 다른 어떤 사람들의 명령을 회상하는 사람을 좋아하지도 않는다. 대신에 주님께서 신앙을 위해 주신 명령들과 그 진리 자체로부터 나오는 명령들을 기억하는 사람을 좋아한다. 그리고 우연히 내가 장로들의 시중을 들었던 사람들을 만났을 때는 장로들의 말들 – [다시 말하면, 장로들에 따르면] 안드레, 베드로, 빌립, 도마, 야고보, 요한, 마태 또는 다른 주의 제자들이 말했던 것과, 아리스티온과 주의 제자인 장로 요한이 말하는 것 – 에 대해 세심히 질문하였다. 왜냐하면 나는 책으로부터 얻은 정보는 살아 있고 생존하고 있는 목소리(a living and surviving voice)로부터 얻은 정보만큼 유익을 준다고 생각지 않기 때문이다.[13]

위의 인용으로부터 우리는 예수전승의 전달과 관련하여 초기 교회가

---

12) Bauckham, *Eyewitness*, 12-38. 파피아스의 신뢰성에 대해서는 많은 의문들이 제기되어온 것이 사실이다. 하지만 보캄은 그곳에서 설득력 있게 파피아스의 증언의 신빙성을 논증하고 있다. 또한 참조하라. Park, Mark's *Memory Resources*, 46-52.

13) Eusebius, *Ecclesiastical History* 3.39.3-4.

가진 입장을 몇 가지로 정리해 낼 수 있다.

① 1세기 말 혹은 2세기 초에 교회에서 파피아스의 활동: 전승을 전수받고 문서로 보존하는 역할을 했다("내가 과거에 장로들로부터 주의 깊게 배우고 잘 받아 적었던 모든 것들을 당신을 위해 잘 짜인 형식으로 표현하기를 나는 주저하지 않을 것이다.").

② 그가 보존가치가 있다고 여긴 전승의 출처: 초기교회에서 권위 있는 사도들과 "장로"로부터 직접 예수님의 가르침을 들었던 사람의 것을 더 소중히 여겼다("대부분의 사람들과는 달리 나는 말할 많은 것들을 가진 사람들을 그렇게 좋아하지 않고 대신 진리를 가르치는 사람을 좋아한다.").

③ 그는 의도적으로 사도들 혹은 전승보존자로부터 직접 가르침을 들은 사람을 택했고 만났다. 즉 그는 무엇이 더 권위 있는 예수님의 전승인지 알고 있었다("그리고 우연히 내가 장로들의 시중을 들었던 사람들을 만났을 때는 장로들의 말들-[다시 말하면, 장로들에 따르면] 안드레, 베드로, 빌립, 도마, 야고보, 요한, 마태 또는 다른 주의 제자들이 말했던 것과, 아리스티온과 주의 제자인 장로 요한이 말하는 것-에 대해 세심히 질문하였다.").

④ 그는 기록된 문서보다 "살아 있는 소리"를 더 선호했다("왜냐하면 나는 책으로부터 얻은 정보는 살아 있고 생존하고 있는 목소리로부터 얻은 정보만큼 유익을 준다고 생각지 않기 때문입니다."). 이것은 흔히 주장되어온 것처럼 파피아스가 기록된 문서보다 구술을 더 권위 있게 여겼다는 말이 아니라 오히려 문서로 된 선생의 가르침을 생생하게 구전으로 전해줄 수 있는 방식을 더 선호했다는 것을 의미한다.[14] 즉 파피아스는 자신이 보존하고 있던 선생들(예수, 사도들, 장로들 혹은 전승 보존자)의 가르침을 담은 기록된 문서의 권위를 더 높이고자 가르침을 직접 들은 그들의 제자들의 살아있는 목소리를 듣기를 원했음을 알 수 있다.

---

14) Harry Y. Gamble, *Books and Readers in the Early Church: A History of Early Christian Texts* (New Haven and London: Yale University Press, 1995), 31.

발췌된 네 가지 요지는 초기 교회에서 예수전승이 얼마나 신중하게 관리 · 보존되고 있었는지를 분명하게 보여준다. 특히 주목할 만한 것은 파피아스가"장로들"로 부르는 인물이다. 파피아스에 따르면 그들은 예수전승/기억 지킴이 노릇을 하고 있었던 인물들로 묘사된다. 그와 같은 일을 하는 사람의 존재는 세 번째 복음서 저자에 의해서도 동일하게 증명된다. 누가는 그의 복음서 서문에서 자신이 복음서의 자료는"목격자와 말씀의 일꾼 된 자들이"(οἱ... αὐτόπται καὶ ὑπηρέται γενόμενοι τοῦ λόγου) 전해준 것을 토대로 하고 있다고 밝히고 있다(눅 1:2). 다른 곳에서 누가는 그들이 열두 제자를 포함하여 예수와 함께 있었던 자들이라고 밝힌다(행 1:21-22; 6:4; 눅 6:17; 8:1-3; 10:1-20; 19:37; 23:27; 24:9, 33). 누가복음이 80년대 중반에 기록된 것으로 믿어지고 있기 때문에 "목격자"와 "말씀의 일꾼 된 자들"은 파피아스의 글에서 전승보존자의 역할을 수행하던 "장로"와 파피아스 자신과 같은 인물을 지시하는 것이 틀림없어 보인다.[15] 그들을 칭하는 단어는 다르다. 누가는 "말씀의 일꾼"이라 하지만 파피아스는 "장로"라고 말한다. 하지만 이런 차이는 동일한 일을 하는 사람에 대한 다른 표현이라 보아야 한다. 파피아스의 증언과 누가복음의 서문이 보여주는 것처럼 "장로"와 "목격자" 그리고 "말씀의 일꾼된 자들"의 존재는 초기 교회에서 예수전승이 전문적인 전승보존자에 의해 신중하게 전달 및 보존되고 있었다는 것을 증명해주는 증거이다.

복음서가 보여주는 예수전승이 신실한 목격자의 기억으로부터 나온 것임을 보여주는 또 하나의 중요한 증거로 마가복음과 관련된 파피아스의 증언이 제시될 수 있다. 유세비우스에 따르면 파피아스는 마가복음이 베드로의 "해석자"(ἑρμηνευτής)인 마가에 의해 기록되었으며 그의 기록은 베드로가 구술로 가르쳤던 내용과 관련하여 "그가 기억한 모든 것을 정확

15) Bauckham, *Eyewitness*, 29-30.

하게 적은 것"이라 밝히고 있다.[16] 위의 관측으로부터 두 가지 결론이 도출될 수 있다. 첫째, 예수님의 사역과 말은 예수 생전 제자들과 목격자들의 기억에 저장된 후 열두 사도를 중심으로 한 교회와 "장로" 혹은 "말씀의 일꾼된 자들"에 의해 지켜지고 보존되었다. 그리고 후에 제자들과 신실한 목격자들의 기억으로부터 회상되어 복음서에 들어가게 되었다. 둘째, 만일 복음서가 말하고 있는 것과 같은 예수 이야기의 전달과 보존에 있어서 인간의 기억(human memory)이 그 중심에 있었다면 복음서 텍스트 이해는 기억과 언어의 관계를 적절하게 설명해주는 언어학적 이론의 도움을 받아 진행되어야 하는 것이 마땅하다. 이 주제는 아래에서 집중적으로 살펴볼 것이다.

2.2.2. 예수전승 전달 매체의 변화 이유

전승전달 매체의 변화와 관련하여 기억해야 할 두 번째 이슈는 복음서 전승의 의사소통 매체가 변화를 겪은 이유이다. 예수전승은 40년 이상 구전으로 전달되고 있었다. 그런데 초기 교회는 예수전승을 기록된 문서보다 구전으로 전달하는 것을 더 선호했던 것이 분명하다. 이것은 복음서 기록 이전에 바울 서신이 이미 기록된 문서로 초기 교회 안에서 읽혀지고 있었다는 사실을 통해서도 알 수 있듯이, 초기 교회가 기록된 문서를 통한 의사소통 방식에 이미 익숙해 있었다는 사실에도 불구하고 옳은 주장이다. 이런 점에서 초기 교회가 예수전승을 구전으로 전달하고 보존한 것은 '말의 사람'이었던 예수님의 의사소통 방식을 따랐던 것으로 보인다. 하지만 예수전승은 1세기 중반 이후 갑작스럽게 기록된 문서의 옷을 입게 된다. 그 이유는 무엇일까? 바울이 그의 서신을 기록했던 주된 이유는 그가 대면해서 만날 수 없는 사람들과 의사소통하기 위해서였다. 예수전승이 기록된 것도 동일한 이유 때문이라 말할 수 있을까? 여러 가지 이유가

---

16) Eusebius, *Ecclesiastical History* 3.39.15.

개입되었을 수 있기 때문에 우리는 어느 한가지만을 결정적 이유로 제시하지 않도록 조심해야 한다. 아래는 예수전승 전달 방식에 일어난 그와 같은 변화에 대한 몇 가지 가능한 설명이다.

① 목격자들의 죽음
복음서 기록은 예수님에 대한 기억을 보유한 사도들과 목격자들이 죽음에 따라 예수전승을 기록으로 남겨 놓으려는 시도의 일환으로 이뤄졌을 수 있다.

② 이방선교의 결과
스데반의 순교와 기원후 70년에 예루살렘이 멸망한 후 유다를 중심으로 한 기독교 공동체는 각 지역으로 흩어지게 되었다. 이렇게 흩어져 사도들의 지도하에 있지 못하게 된 기독교 공동체에게 가장 필요한 것은 공동체의 창시자이신 예수 그리스도에 대한 이야기를 지속적으로 듣는 것이었다. 그러므로 새롭게 탄생된 팔레스타인으로부터 먼 거리에 있는 기독교 공동체에게 예수전승을 알리고자 기록된 문서가 등장했을 수 있다.[17)]

③ 구술공연의 보조물
1세기 의사소통 문화에서 기록된 문서는 구술공연 시 화자의 기억 보조물로 쓰였다(아래를 보라). 예수전승이 기록된 문서로 들어가게 된

---

17) 이런 입장에 대해서는 참조하라. Richard Bauckham, "For Whom were Gospels Written?," in *The Gospels for All Christians*, ed., Richard Bauckham (Grand Rapids, Michigan: Eerdmans, 1998), 9-48. 복음서들은 그들 자신의 공동체를 위해 기록되었다는 현대 학자들의 일관되고 광범위한 주장과 달리 보캄은 왜 자신의 공동체에게 다시 문서를 기록하는 수고를 하면서 복음서를 기록했을 필요가 있었을까라고 질문한 후, 복음서들은 일반적 기독교 청자를 위해 기록되었다고 주장한다. 바울의 기록된 편지는 먼 거리에 있는 공동체와의 교제용이었다는 것을 기억하라. 마 28장에서 예수님은 모든 족속에 있는 사람들을 제자로 삼아 그들에게 자신의 가르침과 행적으로 가르쳐 지키게 하라고 하셨다. 이것은 분명 먼 거리에 있는 공동체에게 지속적으로 예수님의 가르침을 전달하고자 하는 동기부여를 하도록 하였을 뿐만 아니라 그것을 가능하도록 하는 의사소통 수단인 기록된 문서의 등장을 자연스럽게 받아들이도록 했을 것이다.

것은 다양한 지역에서 이뤄졌던 예수전승의 구술적 선포의 보조물의 역할을 감당하기 위해서였다고 볼 수 있다.

④ 예수님의 이야기를 자서전(*bios*)으로 남기고자 한 의도
복음서 기록 이전에는 예수전승들(기적 이야기, 비유, 교훈, 치유 이야기, 수난기사)이 아마도 연습용 쪽지(note) 형태 안에서 단편적으로(fragmentarily) 교회 안에서 순회되었을 것이다. 그러다가 교회는 그 창시자의 삶을 전체적으로(또는 하나의 내러티브 형식으로) 알고자 하나의 '자서전' (브리지[Richard Burridge]의 용어를 따르면, *bios*) 형식으로 예수전승을 구성했다고 볼 수 있다.[18] 이것을 촉발시킨 요인들 중 하나는 교회의 창시자 예수를 따르고 또 넓게 퍼진 교회를 교육하고자 하는 것이었다.

2.3. 복음서의 출판

헬라어 신약성경의 원본은 사라졌다. 현재 헬라어 신약성경은 지금까지 발견된 사본들을 기초로 사본학/본문비평을 거쳐 만들어진 책이다. 원본이 존재하지 않는 이유는 쉽게 설명할 수 있는 일은 아니다. 하지만 왜 그렇게 많은 사본들이 존재하는가에 대한 이유는 상대적으로 쉽게 이해할 수 있다. 아래에서 살펴보겠지만 고대의 기록된 문서는 구술적 전달의 보조 기능을 수행했기 때문에 현대에 기록된 문서의 권위를 고대시대에서는 누리지 못했다. 이 사실은 왜 그렇게 많은 사본들이 있는지에 대한 부분적 답을 준다. 많은 사본들은 구술전달의 목적으로 일련의 그리스도인들에 의해 베껴(copy)진 것들이다. 일단 예수 이야기가 자서전적 형태를 가진 채 기록된 문서(그러므로 원본으)로 나왔다면 다른 지역에 있는 기독교 공동체[19] 혹은 개별적 성도에 의해 그것이 베껴지는 것(공식적으로 혹은 비

18) Richard Burridge, *What are the Gospels? A Comparison with Graeco-Roman Biography* (Grand Rapids, Michigan: Eerdmans, 2nd edn, 2004).

19) 40, 50, 60년대에 이미 바울에 의해 이방인 기독교 공동체가 시작되었고, 안디옥이나

공식적으로)은 상상하기 어려운 일이 아니다. 1세기의 로마의 정치가이자 수사학자였던 퀸틸리안(Quintilian) 역시 자신의 글이 이런 식으로 민간에 퍼지고 있다고 불평하고 있기 때문이다.[20]

2.4. 출판된 복음서의 성격

신약성경의 내용을 담고 있는 형식은 기록된 문서(written document)이다. 신약성경을 이해한다는 것은 책의 내용(contents) 뿐만 아니라 그 내용을 담고 있은 매체(medium)의 성격에 대한 지식을 동시에 요구한다. 내용(what it tells)과 형식(how it tells)은 불가분의 관계에 있기 때문이다. 복음서의 '형식' 의 문제는 복음서의 의사소통 양식(communication mode)과 무관하지 않다. 현대 신약학자들에 의해 일반적으로 받아들여지고 있는 것처럼 복음서는 구술 · 청각적 의사소통 양식의 산물이다. 즉 복음서는 들려지기(그러므로 aural narrative) 위해, 조용한 읽기 보다는 대중 앞에서 이루어지는 공개적 읽기(oral narrative)를 위해 기록되었다는 것이다.[21] 앞서

다른 이방 지역에 교회가 퍼지고 있었다는 것을 기억하라.

20) Quintilian, *Quintilian* 1. preface 7-8. 자세한 인용에 대해서는 참조하라. Loveday Alexander, "Ancient Book Production and the Circulation of the Gospels," in *The Gospels for All Christians*, ed., Richard Bauckham (Grand Rapids, Michigan: Eerdmans, 1998), 71-111.

21) Joanna Dewey, "The Gospel of Mark as an Oral-Aural Event: Implications for Interpretation," in *The New Literary Criticism and the New Testament*, eds., Edgar V. Mcknight and Elizabeth Struthers Malboon (Valley Forge, Pennsylvania: Trinity Press International, 1994); Whitney Shiner, *Proclaiming the Gospel; First Century Performance of Mark* (Harrisburg: Trinity Press International, 2003). 예를 들어 살전 5:27에서 바울은 "내가 주를 힘입어 너희를 명하노니 모든 형제에게 이 편지를 읽어 주라[ἀναγνωσθῆναι]"고 말하고 있다. 또한 골 4:16은 "이 편지를 너희에게서 읽은 후[ἀναγνωσθῇ]에 라오디게아의 교회에서도 읽게 하고 [ἀναγνωσθῇ] 또 라오디게아로부터 오는 편지를 너희도 읽으라[ἀναγνῶτε]." 계

밝힌 것 같이 예수님은 '말의 사람' 이었고 초기 교회 역시 40년 이상 예수님의 말과 가르침을 구전으로 전달해왔기 때문에 구술 · 청각적 양식으로 소통하도록 의도된 복음서는 예수님의 생전 의사소통 방식인 '살아 있는 말소리' (viva vox, a living voice)라는 매체를 유지할 수 있었다.

그럼에도 불구하고 켈버(Werner Kelber)는 이러한 입장에 대해 반대의 논증을 펼친다.[22] 켈버에 따르면 예수전승은 기록된 복음서인 마가복음에 들어가기 전 구술로서 교회에서 회자되는 시기까지는 '살아 있는 말'로(즉 구술성을 가진 채) 전승되고 보존될 수 있었다.[23] 그러나 마가가 예수전승을 기록된 문서로 옮겨 놓음에 따라 그것의 구술성(orality)은 복음서의 문서성(textuality)에 의해 급격히 변질되어 결국 기록된 마가복음에는 예수님의 원래(구술적) 가르침이 그 잔해만 남게 되었다고 주장한다.[24] 이런 이유로 켈버는 그의 책, *The Oral and The Written Gospel*, 전체를 통해 본문성과 구술성이 함께 존재하는 마가복음을 이해하기 위해서는 각 의사소통에 맞는 해석학적 접근이 필요하다고 역설한다. 즉 기록된 문서를 해석할 때는 이성적 사고 · 합리적 반추 · 비판적 사고 · 텍스트 안의 세계에 대한 강조 · 바뀌어 가는 상황에 따른 유동적 해석 등이 뒤따르지만 구술소통은 화자 · 청자와의 관계 · 문맥(context) · 어조 · 감정 등이 해석학적 도구가 되어야 한다고 주장한 것이다.[25]

1:3은 "이 예언의 말씀을 읽는 자[ὁ ἀναγινώσκων]와 듣는 자...는 복이 있나니..." 라고 증언한다. 막 13:14은 "멸망의 가증한 것이 서지 못할 곳에 선 것을 보거든 (읽는 자는[ὁ ἀναγινώσκων] 깨달을진저)..." 라고 말한다. '읽다' 라는 동사를 위해 사용된 헬라어 ἀναγινώσκω의 뜻으로 '소리 내어 크게 읽다' 를 위해서는 참조하라. BDAG. ἀναγινώσκω와 Liddel and Scott, ἀναγινώσκω.

22) Werner Kelber, *The Oral and The Written Gospel* (Philadelphia: Fortress Press, 1983), 44-139.

23) Kelber, *The Oral and The Written Gospel*, 44-6.

24) Kelber, *The Oral and The Written Gospel*, 44-80.

25) Kelber, *The Oral and The Written Gospel*, 44-131.

이러한 켈버의 주장에는 심각한 결함이 있다. 그가 주장하는 것과 같은 기록된 복음서에 공존한다고 믿는 구술성과 문서성에 대한 주장은 1세기가 아니라 현대 서구의 기록된 문서를 통한 의사소통 문화를 반영하는 것이다. 현대 활자문화에서 문어/문서성과 구어/구술성 사이에는 엄격한 성격 구분이 이루어진다. 현대 인쇄문화에 익숙한 이들의 문어체와 구어체에는 분명한 차이가 존재할 뿐만 아니라 구술로 내용을 전달할 때와 문서로 의사를 소통할 때는 다른 소통 기술을 사용하는 것이 사실이다. 반면 1세기와 같은 수사문화(rhetorical culture)권에서 기록된 문서는 서기관 문화나 현대 인쇄문화(print culture)에서 가지는 것과 같은 독립적 성격을 아직 지니지 못한 채 거의 언제나 구술전달의 보조용으로만 사용되었다는 것을 기억해야 한다. 뿐만 아니라 기록된 문서의 '출판'은 보통 받아쓰기(dictation)에 의해 이뤄졌다. 이 말은 문서 기록은 구술을 받아 적는 수준에서 이뤄졌다는 것을 의미한다. 이렇게 기록문서를 사용한 목적 역시 구술공연(oral performance)이었다.[26] 위와 같은 1세기 의사소통 문화 환경을 고려한다면 예수전승이 기록된 문서 형태로 들어가게 됨에 따라 예수님의 구전적 가르침이 마가의 문서 작성에 의해 가려지게 되었다는 켈버의 주장은 그 근거를 잃어버릴 수밖에 없다. 오히려 복음서는 기록되기 전이나 기록된 후 모두 그 당시 의사소통 문화인 구술행위와 청각수용(oral performance and aural reception)의 환경을 반영하기 때문에 기록된 문서에 들어온 예수전승은 여전히 '살아 있는 소리'(*viva vox*)로 의사소통되었다고 믿어야 한다.[27]

---

26) Park, *Mark's Memory Resoruces*, 55-60.

27) 복음서를 비롯한 신약성경이 구술·청각적 사용을 염두에 두고 기록되었다는 사실은 현대 교회의 성경 읽기 방식에 시사하는 바가 크다. 현대인의 정보 이해 방식은 계몽주의 이성에 영향을 받아 비평적이며 분석적이다. 이것은 현대 그리스도인들의 성경 읽기에도 영향을 준 것이 사실이다. 우리는 성경을 읽을 때 먼저 분석하고 해부하려 한다. 하지만 이런 경향은 주지된 바와 같이 신약성경 저자들이 그들의 책이

2.5. 구술 · 청각적 복음서의 사용과 기억

앞서 우리는 복음서의 예수님은 기억된 예수라는 점을 지적하면서 복음서 전승 전달 과정에서 기억이 차지했던 역할에 높은 주의를 기울일 필요가 있다는 점을 논했다. 이제 우리는 기록된 문서와 기억의 관계로 돌아갈 것이다. 먼저 질문부터 해보자. 기록된 문서의 처리를 위해서도 인간의 기억(memory)이 중요하게 여겨졌을까?[28] 일단 신약성경과 복음서의

읽혀지리라고 기대한 방식과 거리가 먼 것일 뿐만 아니라 실제로 1세기 그리스도인들의 읽기 태도와도 무관한 것임을 기억해야 한다. 현대 교회에서의 성경 읽기가 신약성경 당시에 의도된 방식을 따르려면 가능한 성경을 '큰 소리로 낭독' 하는 방식을 선호할 필요가 있다. 본디 신약성경 문자란 의사소통의 관점에서 본다면 살아 있는 말(*viva vox*)을 시각부호로 바꾼 것이기에 성경 읽기는 시각 부호화된 문자를 다시 살아나게 하는 것이어야 한다. 낭독자는 신약성경 텍스트가 활자로 찍힌 문자를 보고 있지만 청자는 오로지 소리로 전달된 신호로서 내용을 이해하고 수용하기 때문에 소리신호가 부실하면 텍스트를 통한 의사소통이 실패할 수 있다는 것을 기억할 필요가 있다. 이것은 교회의 성경읽기에 소리신호를 부각시키는 기술을 익히는 차원이 도입될 필요가 있음을 알려준다. 이를테면 문자를 적절하게 띄어 읽으며 강세 넣기, 의성 · 의태어 살리기, 완급 조절하기와 감정이 이입된 읽기 등으로 '고정된' 문자에 '생명력' 을 불어 넣는 기술 등은 고려해볼 만한 가치가 있다. 마지막으로 지적되어야 할 것은 텍스트 읽기와 독자/청자와의 관계에 있어서 고대와 현대 사회가 다른 점을 가지고 있었다는 것이다. 현대인의 텍스트 읽기는 다분히 개인적 행위이다. 하지만 1세기와 같이 소리로 정보를 전달하는 사회에서 텍스트 읽기는 공동체적 행위였다. 함께 모여 소리로 정보를 공유하고 함께 내용에 공명한 사람들이 공동체적 연대감을 형성할 수 있기 때문이다. 이런 점에서 고대 그리스도인들에게 성경 읽기는 '공동체적 사건' 이었다. 그러므로 현대 교회가 개인주의적 사회에서 교회 공동체적 연합을 지속하고 강화하는 방식을 진지하게 생각하고 있다면 '큰 소리 내어 성경 읽는 방식' 을 교회 안에 도입할 필요가 있다.

28) 초기 교회에서 공동체적 기억은 지속적으로 강조되어 왔다. 예를 들어 참조하라. 고전 11:2; 15:1-3; 살전 2:5; 딤후 2:8, 14. 예수님은 제자들과의 마지막 만찬을 가지시며 그 제자들이 만찬을 기억하도록 권면한다(눅 22:19). 초기 교회의 성찬은(고전 11:17-34) 이 기억을 바탕으로 이뤄진 것이었다. 예수 역시 자신이 떠난 후에 오실 성령의 역할이 "내가 너희에게 말한 모든 것을 생각나게" 하는 것임을 알려주셨다(요 14:26).

의사소통 양식과 관련하여 그것이 읽혀지기 보다는 들려지기 위해, 조용한 읽기 보다는 대중 앞에서 이루어지는 공개적 읽기를 위해 기록되었다는 것을 의심할 수 없다면, 인간의 기억이 여전히 복음서 이해와 소통 그리고 보존을 위해 가장 중요한 매체 역할을 했음이 분명하다. 사실 현대의 인쇄문화에 살고 있는 우리들은 기록된 문서가 지닌 영구성 때문에 책을 통해 얻은 정보를 망각하는 것에 대해 별로 염려하지 않는다. 그러나 마가복음이 나왔던 1세기의 지중해 세계에서는 상황이 완전히 달랐다. 고대세계의 문맹률에 대한 진지한 연구를 한 후 해리스(William Harris)는 로마제국 전체 인구의 10퍼센트 미만만이 글을 읽고 쓸 수 있었고 제국 본토에서도 그 수치가 15에서 20퍼센트를 넘지 않았다고 결론을 내렸다.[29)]그리스-로마 세계 안에 살고 있던 대부분의 사람들이 어떤 문학작품(literature)을 접할 수 있는 기회는 대중적 구술 상연(oral performance)과 청각적 수용(aural reception)을 제외하고는 극히 제한되었다. 그러한 의사소통 문화를 가진 세계에서 청중들이 '들은 정보' (what is heard)를 이해하고 보존하고자 의존할 수 있는 도구는 그들의 기억 밖에 없었다는 것은 자명하다. 이것은 그리스-로마사회의 교육이 왜 그렇게 기억훈련에 집중하고 있었는지에 대한 이유를 설명해 준다.[30)] 그러므로 1세기와 같은 '기억문화' 에서 마가의 기록된 텍스트는 메시지 전달을 위해 청자가 기억을 적극적으로 사용하도록 의도되었다고 보아야 한다.

사실 오늘날 우리들이 살고 있는 인쇄문화에서는 글을 읽고 쓸 수 있는 능력은 인간의 본질적 역량으로 여겨질 뿐만 아니라 현상과 사건에 대

29) William Harris, *Ancient Literacy* (Cambridge, Massachusetts; London: Harvard University Press, 1989), 22, 267-72.

30) Henri I. Marrou, *A History of Education in Antiquity* (trans. George Lamb; New York: Sheed and Ward, 1956), 165-66, 230, 375, 526-27; Frances A. Yates, *The Art of Memory* (London: Routledge and Kegan Paul, 1966), 1-49.

한 인간의 사고방식을 결정하는 능력으로 간주된다. 결과적으로 책의 저술은 전적으로 새로운 정보를 만들고 전달하는 경우가 된다. 그러나 고대인들은 저술(writing)에 대해 현대인들과는 전적으로 다른 이해를 가지고 접근했다. 고대에 기록된 구술 · 청각적 문서는 소리(sound)에 의존하여 정보를 전달했다. 그런데 소리는 쉽게 사라져 버린다. 따라서 구술 · 청각적 문서 정보의 사라지는(evanescent) 성격은 화자로 하여금 기록된 문서 안에 있는 정보로 "지적 실험"을 시도하도록 허락하지 않았다.[31] 이것은 곧 고대 '책'의 내용은 청중들이 이미 알고 있는 정보로 구성되어 있었다는 것을 의미한다. 고대와 중세 인문학자인 캐루터스(Marry Carruthers)에 따르면 고대인들에게는 "어떤 것을 저술한다는 것이 결코 그것에 대한 [그들의] 정신적 표상(mental representation)을 중요하게 변화시킬 수 없었다. 왜냐하면 기록된 형태를 낳게 하는 것은 정신적 표상이지 그 반대가 (기록물이 정신적 표상을 생산한 것이) 아니었기 때문이다."[32] 고대 사회에서의 저술은 기억의 대체원이 아니라 기억의 보조물이었다. 동일한 주장이 폴리(John M. Foley)에 의해 만들어졌다. 폴리에 의하면 고대 구술 · 청각적 내러티브 담화는 공동체의 문화적 정체성의 형성을 위한 경우(occasion)가 아니라 오히려 "집단적 가치들의 표명(manifestation)의 장이었다."고 주장한다.[33] 캐루터스와 폴리의 주장은 복음서의 기록된 구술 · 청각적 내러티브 담화의 문서적 기능에 대한 중요한 이해를 가능하게 한다. 즉 고대의 기록된 문서는 독립적 권위를 확보하지 못한 채 구술 · 청각적 의사소통의 보조물의 위치에서 청자들이 이미 알고 있는 것에 대한 회고록

---

31) Walter Ong, *Orality and Literacy: The Technologizing of the Word* (New York: Methuen, 1982), 41.

32) Mary Carruthers, *The Book of Memory: A Study of Memory in Medieval Culture* (Cambridge: Cambridge University Press, 1990), 17, 31-32.

33) John Miles Foley, "The Traditional Oral Audience," *BS* 18 (1977), 148.

(memoir) 역할을 하였다는 것이다.[34)]

이러한 사실은 신약성경 특히 복음서의 의사소통 이해 방식과 관련하여 두 가지 주장을 가능하게 한다. 첫째, 화자는 청자에게 이미 익숙한 메시지를 상연(performance)하여 청자들이 그것을 쉽고 빠르게 이해할 수 있도록 했다. 둘째, 복음서와 같은 구술·청각적 내러티브 담화에 대한 청자들의 정보 처리는 텍스트 정보를 사용하여 그것의 배경(혹은 공동체 구성원들에 의해 공유된) 지식을 떠올리는 인지적 과정을 거쳤다. 이런 이유 때문에 듀이(Joanna Dewey)는 "[구술이야기의] 부분은 전체를 대표하고 청자들이 이미 익숙한 전승의 전체 내용을 기억나게 한다."고 주장한다.[35)] 이러한 고대 문서의 성격은 신약성경의 정보를 적절히 이해하기 위해서는 그것의 배경지식을 다루어 주는 언어학적 도구가 필요하다는 사실을 일깨워 준다. 이런 점에서 인지언어학의 틀이론 혹은 틀의미론은 특히 복음서와 같은 구술·청각적 내러티브 담화를 분석하는 데 중요한 역할을 감당할 수 있다.[36)]

---

34) Plato, *Phaedrus* 275d, in *Collected Dialogues* (trans R. Hackworth; Princeton: Princeton University Press, 1961); Cicero, *De oratorie* 2.85.359 (LCL trans. E.W. Sutton; Cambridge, Massachusetts: Harvard University Press, 1942); William A. Graham, *Beyond the Written Word. Oral Aspects of Scripture in the History of Religion* (Cambridge: Cambridge University Press, 1987), 34-5, 39.

35) Joanna Dewey, "The Gospel of John in its Oral-Written Media World," in *Jesus in Johannine Tradition*, eds., Robert T. Fortna and Tom Thatcher (Louisville, London: WJK, 2001), 244.

36) 우리는 여기서 마가의 원 청자의 기억과 성령의 역할에 대해서 생각해 볼 필요가 있다. 초기 기독교인들이 예수님을 종말론적 메시아로 이해하고 믿는 과정에 성령이 주도적 역할을 했다는 것은 의심의 여지가 없다(요 14:26; 15:26). 그러나 성령의 이러한 사역은 마가의 원 청자의 인지과정 혹은 기억과정(memory process) 속에 개입하셔서 예수님의 이야기를 이해하고 그리고 신앙을 불러일으키도록 일하셨다고 믿어야 한다. 이것은 네 번째 복음서 저자가 언급하고 있는 '말씀이 육신이 되신' 원리(요 1:14)에 상응하는 주장일 뿐만 아니라, 예수님 역시 성령이 오시면 그가 자신이 말한 것을 "생각나게" 하실 것이라 말씀하셨다(1:26)는 것을 기억할 때도 역시

3. 인지언어학으로부터 온 통찰로 마가의 구술 · 청각적 내러티브 담화 읽기

3.1. 인지언어학이란 무엇인가

구조주의 언어학자들은 언어적 형태의 의미는 언어체계 자체에 의해 결정되는 것으로 믿으면서 언어를 “그 자신만의 구조, 구성적 원리 그리고 동력을 가진 독립적 체계”로 이해한다.[37] 구조주의자들의 언어와 의미 분석은 인간의 역할을 배제한 채 주로 어휘가 가지는 다른 어휘와의 관계 차원에서 이루어졌다. 촘스키(N. Chomsky)의 변형생성 이론은 구조주의 언어학의 약점(언어분석을 함에 있어서 인간의 역할을 무시)을 극복하기 위해 등장했다. 촘스키에 따르면 언어는 사람의 두뇌 안에 있는 “지식체계”로서 사람의 문법적 능력과 언어사용을 결정하는 것은 바로 인간의 내재화된 언어능력이다.[38] 그러나 구조주의 언어학을 대체하는 생성-변형 방법론의 출현에도 불구하고, 촘스키의 언어 이론은 언어를 “인간의 인지 작용과 언어 외적 지식과는 동떨어진 분리적 모듈(modular)체계”로 이해하고 있다는 점에서 여전히 “자율언어학”(autonomous linguistics)이라 불릴 수 있다.[39] 인간의 언어사용을 인지적 작용이라는 전망에서 접근하는 인지언어학에 따르면 “언어는 자율적 인지능력이 아니다. 이 가설의 기본적 주장은 언어적 지식의 표현이 다른 개념적 지식구조의 표현과 본질적으로

분명해진다. 즉 이것은 성령은 그리스도인의 ‘기억’ 장치를 통해 일하신다는 것을 보여주고 있다. 초기 기독교인에게 있어서 기억의 중요성을 위해서는 참고하라. 고전 11:2; 15:1-3; 살후 2:5; 딤후 2:8, 14.

37) John Taylor, *Linguistic Categorization: Prototypes in Linguistic Theory* (Oxford: Oxford University Press, 3rd end, 2003), 14-7.

38) Noam Chomsky, *Knowledge of Language: Its Nature, Origin, and Use* (New York: Praeger, 1986), 24.

39) Lakoff, *Women*, 58.

동일한 것이며 그 지식이 사용되는 과정들은 언어영역 밖에서 인간이 사용하는 인지능력과 근본적으로 다른 것이 아니라는 것이다."[40] 그러므로 인지언어학에서는 언어적 의미(linguistic meaning)와 일반적 지식(general knowledge)사이에 어떤 뚜렷한 구분을 시도하지 않는다. 대신에 인지언어학자들은 언어 형태와 그것의 의미는 "인간의 개념적 지식, 신체적 체험 그리고 담화의 의사소통적 기능들에 관련되어 유발된다."고 주장한다.[41] 언어지식에 대한 그와 같은 믿음은 인지언어학자들로 하여금 어떻게 인간의 지각, 기억, 주의, 사회적 상호작용, 인성(personality) 그리고 사회·문화적 경험의 여러 측면들이 언어의 구조와 기능 그리고 의미형성에 연루되는지에 관심을 가지도록 이끌었다.[42]

3.2. 틀의미/이론이란 무엇인가

틀의미론[43]은 언어와 인간의 경험 사이에 연속성이 존재한다는 인지언어학의 믿음 위에서 인간의 경험적 지식을 언어분석의 대상으로 삼는다. 틀의미론은 낱말의 의미와 기술은 그 언어 공동체의 경험, 지식, 사고방식, 가치관 그리고 신념과 같은 개념적 지식을 전제로 할 때 비로소 이

---

40) William Croft and D. Alan Cruse, *Cognitive Linguistics* (Cambridge: Cambridge University Press, 2004), 2.

41) Raymond W. Gibbs, "What cognitive about cognitive linguistics?, " in *Cognitive Linguistics in the Redwoods: The Expansion of a New Paradigm in Linguistics*, ed., E. H. Casad (Berlin/New York: Mouton de Gruyter, 1996), 27.

42) George Lakoff, *Women, Fire, and Dangerous Things: What Categories Reveal about the Mind* (Chicago and London: The University of Chicago Press, 1987), 274.

43) 언어학 영역에서 틀의미론은 필모어(Charles Fillmore)에 의해 처음으로 주창되었다. 참고하라. Charles Fillmore, "Frame Semantics," in *The Linguistics Society of Korea*, ed., Linguistics in the Morning Calm (Seoul: Hansin, 1982), 111-37; idem, "Frames and the Semantics of Understanding," QS 6 (1985), 222-54.

해가 될 수 있는 것으로 믿는다.[44] 틀의미론의 중심 개념인 틀(인지과학 영역에서 사용되는 그것의 대용어는 스크립트, 도식, 시나리오, 인지모형 등이 있다)은 바로 그러한 배경지식을 의미한다. 인지언어학에 따르면 틀은 특정한 영역과 관련된 관습과 문화적 경험을 통하여 계급조직으로 상호 연결된 일련의 개념을 포함하고 있는 머릿속 지식구조로서 주위에서 일어나는 사건이나 언어이해와 같은 인간의 인지 작용이 필요할 때 실현된다.[45] 필모어(Charles Fillmore)에 의하면 "낱말들이란 경험의 범주화들(categorizations)을 나타내며 각 범주는 지식과 경험의 배경에 의해 환기되는 동기유발 상황(a motivating situation)에 의해 기초되어진다."[46] 따라서 담화 처리 시에 언어 사용자는 어휘항목들(lexical items)을 사용하여 상황적 지식구조 또는 틀을 환기할 수 있으며 이렇게 떠올려진 틀은 언어 사용자로 하여금 뒤따르는 담화를 이해할 수 있는 정보로 처리하도록 돕는다.

3.3. 틀(인지모형)에 기초한 신약성경 읽기

지금까지 우리는 신약성경 특히 복음서의 문서적 성격을 규명한 후 이러한 텍스트의 성격을 이해하기 위해서는 인지언어학으로부터 온 틀의미론이 적절한 방법론이 될 수 있다는 주장을 펼쳐왔다. 현 세션은 틀의미론을 사용하여 신약성경 특히 복음서의 문법적 정보와 내러티브 정보 읽기를 시도할 것이다.

3.3.1. 틀과 헬라어 문법

44) 임지룡, 『인지의미론』 (서울: 탑출판사, 1997), 44, 123.

45) Teun A. van Dijk, *Text and Context: Explorations in the Semantics and Pragmatics of Discourse* (London: Longman, 1977), 159.

46) Fillmore, "Frame Semantics," 112.

전통적으로 알려진 바에 따르면 사람은 언어를 사용하여 문법에 따라 의사를 표현하는 것으로 이해해왔다. 이에 반해 인지언어학은 발화된 문법과 언어는 틀을 기초로 한 인지적 선택의 결과라고 주장한다. 이러한 믿음 때문에 필모어는 어떤 문법적 형태를 결정할 수 있는 것은 인간의 틀이기에 텍스트 안에서 관찰할 수 있는 문법적 항목들은 틀의 표지들(frame indicators)로서 해석자들의 마음에 적절한 틀을 환기하도록 돕는 역할을 한다.[47] 틀의미론에 따르면 화자와 청자 사이에 공유된 지식은 화자로 하여금 특정한 문법적 지시어를 사용하여 청자와의 의사소통을 시도하게 한다. 청자 역시 그와 같은 문법적 실마리의 기초 위에서 들어오는(incoming) 정보를 머릿속 틀 안에서 이미 환기된 원형적 지식에 연결시킴으로 그 정보를 이해하고자 시도한다.[48] 그와 같은 문법적 지시어(그러므로 청자 구 지식표지들[hearer-old markers])을 적절하게 인식하는 것은 근접 텍스트 지식(immediate text knowledge)과 장기기억(long term memory)에 의존한 청자의 정보처리 과정을 설명하는 데 있어서 본질적이다. 아래는 신약성경으로부터 온 몇몇 예들이다.

(1) 헬라어 관사[49]

위에서 관찰한 것처럼 영어의 경우 담화에서 이미 소개되어진 항목을 위한 헬라어 관사의 사용은 근접 텍스트에서 틀이 '활동 중(on-air)' 이라는 사실을 알려주는 결정적 표시이다. 마찬가지로 헬라어 관사도 만일 한

---

47) Fillmore, "Frame Semantics," 123-34.

48) Deborah Tannen, "What's in a Frame," in *New Directions in Discourse Processing*, ed., Roy O. Freedle (Norwood, New Jersey: Ablex, 1979), 166-79.

49) 신약성경 헬라어 관사는 영어의 정관사와 매우 다른 용법을 가지고 있다. 헬라어는 부정관사를 가지고 있지 않기 때문에 결과적으로 명사를 한정적(definite)으로 만들 것인지 아니면 무한정(indefinite)으로 만들 것인지에 대한 선택권이 없다. 그러므로 우리는 신약성경 헬라어의 관사를 '정관사' 가 아닌 '헬라어 관사' 로 부를 것이다.

항목이 이전 담화를 통해서건 아니면 청자의 장기기억을 통해서건 청자에게 이미 알려졌다면 '청자 구 지식 표지'로 빈번하게 사용된다. 우리는 특별하게 청자의 장기기억을 통해 알려진 정보표지로서의 헬라어 관사의 기능에 집중할 것이다. 틀이론은 만일 어떤 항목이 비록 공동 텍스트(co-text)에서 처음 등장할지라도 청자의 장기기억 안에 저장된 지식일 경우 그 텍스트는 때때로 헬라어 관사를 사용하여 그것이 청자에게 이미 알려진 정보임을 표시한다고 믿는다. 레빈손(Stephen Levinsohn)에 따르면 "[헬라어] 관사는 스크립트에 의해 알려진 실체(a known entity)와 관련된 특별한 지시물들(referents)을 가리키기 위해 사용될 수 있다. 이를테면 일단 아버지라는 언급이 이루어지면 비록 이전에 언급이 되지 않았음에도 불구하고 그의 아들에 대한 언급은 관사를 가진 명사구 형태로 사용될 수 있다."[50] 호이일(Richard Hoyle)은 레빈손의 통찰을 더욱 발전시켜, 어떻게 틀이론이 헬라어 관사 연구에 공헌할 수 있을 것인지를 카슨(D. A. Carson)의 헬라어 관사 차트[51]를 사용하여 보여 준다:

〈표2〉 헬라어 관사의 용법

	사용 1	사용 2
관사적 사용 (articular)	(a) 한정적:	(c) 일반적:
	열려진 시나리오[틀]로부터 온 구체적 청자 구(hearer-old) 지식항목	단수 또는 복수 칭호(title)에 의해 언급된 구체적 청자 구 지식 시나리오[틀] (단수 추상명사를 포함하여)
무관사적 사용 (arthrous)	(b) 부정적 i.e., 질적:	(d) 비 일반적(non-generic)(개별적)
	열려진 또는 닫힌 시나리오[틀]로부터 온 비 구체적(non-specific) 청자 지식항목	열려진 또는 닫혀진 시나리오[틀]로부터 온 구체적 청자 신(hearer-new) 지식항목[52]

위의 도표는 헬라어 관사의 현존과 부재가 모두 틀이론에 의해 설명될 수 있다는 것을 보여준다. 그러나 우리의 관심을 틀이 헬라어 관사의 현존을 결정할 수 있는 경우에 제한할 것이다. 이 경우에서 헬라어 관사의 사용은 두 가지 형태로 분류될 수 있다: 일반적 관사 사용과 한정적 관사 사용이다. 첫째, 일반적 관사 사용은 만약 그 정보가 새로운 담화내용(그러므로 담화 신 정보[discourse-new information])이라고 할지라도 스피치 공동체의 구성원들에게 언제나 떠올릴 수 있는 틀(지식)을 지시하고자 이뤄진다. 마가복음 1:32의 예를 보자(관사적 명사는 진한 글씨체로 되어 있다).

저물어 **그 해(ὁ ἥλιος)**질 때에51)

이 문장에서 단어 ὁ ἥλιος("그 해")는 청자 구 지식 표지인 관사로 시작하고 있다. 이는 태양이 청자의 장기 기억에 의해 알려진 것이므로 언제나 떠 올릴 수 있는 일반적 세상지식에 속하기 때문이다. 더불어 다른 해석도 가능하다. "해" 앞에 위치한 헬라어 관사가 공동 문맥에서 열린 "안식일"(1:21, "안식일에 회당에 들어가시 가르치시매") 해를 지시한다고 볼 수도 있다. 이런 해석은 사람들이 "그 해" 진 후에야 "모든 병자와 귀신 들린 자를 예수께 데려"온 이유를 설명한다. 유대인들은 안식일에 일을 하지 않았기에 병자들을 옮기는 '일'은 안식일 해(그러므로 "그 해")가 진

---

50) Stephen H. Levinsohn, *Discourse Features of New Testament Greek* (Dallas: Summer Institute of Linguistics, 1992), 97.

51) D. A. Carson, *Exegetical Fallacies* (Grand Rapids: Baker, 1984), 83.

52) Richard A. Hoyle, "Scenarios, discourse and translation: the scenario theory of cognitive linguistics, its relevance for analysing New Testament Greek and modern Parkari texts," (Ph. D. diss. The University of Surrey Roehampton, 2001), 134.

53) 이 책에서 신약성경 본문의 번역은 다른 언급이 없으면 저자의 것이다.

후에 가능했다는 사실을 암묵적으로 알리고 있는 것으로 볼 수 있기 때문이다.

다음으로 한정적 관사 사용의 경우는 비록 공동 텍스트에서 처음으로 나온 정보임에도 불구하고 그것이 공동 텍스트에서 이미 활동 중인 틀 안에 있는 원형적(prototypical)[54] 구성요소일 때 헬라어 관사는 사용될 수 있다. 마가복음 1:12-13의 예를 들어 살펴보자(관련 틀은 진한 글씨체로,[55] 그것의 구성요소는 밑줄 그어져 있다).

> 그리고 곧 그 성령이 **그 광야**(**τὴν ἔρημον**)로 그를 몰아가셨다.
> 그리고 그는 **그 광야**(**τῇ ἐρήμῳ**)에서 사십 일 동안 계시며 그 <u>사탄</u>(<u>τοῦ σατανᾶ</u>)에게 시험을 받으셨다.
> 그리고 그는 <u>그 들짐승들</u>(<u>τῶν θηρίων</u>)과 함께 계셨다.
> 그리고 그 천사들이 그를 섬겼다.

이 예에 등장하고 있는 τοῦ σατανᾶ("그 사탄")과 τῶν θηρίων("그 들짐승")은 비록 그것들이 공동 텍스트에서는 새로운 정보임에도 불구하고 청자 구 지식 표지인 헬라어 관사를 가지고 있다. 틀이론에 의하면 이것은 사탄과 들짐승이 청자와 화자의 원형적 요소들로서 마가복음 1:12-13에

---

54) 인지언어학자인 요쉬므르(Yoshimura, "원형효과," Y. Tsuj 편, 『인지언어학 키워드 사전』, 임지룡 외 역, 서울: 한국문화사, 2004], 146-47)는 "원형"을 범주의 대표적 예를 가리킬 때 사용 한다. 예를 들어, "새 (범주)라면 참새, 까마귀, 비둘기. 가구라면 옷장, 테이블, 의자. 패스트푸드라면 햄버거, 프라이드 치킨 등의 대표적 예가 떠오른다. 그러한 사례가 해당 범주의 원형이다. 원형이론(prototype theory)은 로쉬(Eleanor Rosch, "Principles of Categorization," in Eleanor Rosch and Barbara B. Lloyd [eds.], *Cognition and Categorization* [Hillsdale, New Jersey: Erlbaum, 1978], 28-49)에 의해 처음으로 주장되었다.

55) 이 책은 낱말의 의미를 드러내는 개념과 틀을 표시하기 위해서 진한 글씨체를 사용한다.

열려 있는 **광야** 틀의 원형적, 그러므로 이미 그들에게 알려져 있는, 요소들이기 때문이다.[56] 결과적으로 헬라어 관사는 관사를 가진 텍스트의 명사구들("사탄"과 "들짐승")이 단순히 개별적이며 독립적인 사물들을 지시하는 것이 아니라 오히려 이 텍스트에서 열려진 광야 틀 안에서의 그들의 위치와 적의를 품고 위협하는 그들의 전형적 역할(stereotypical role)을 지시하는 것으로 해석하게 한다.[57] 이와 같은 식으로 **광야** 틀은 헬라어 관사의 사용을 결정하고 더 나아가 청중의 쉽고 응집성 있는 담화 이해를 가능하게 한다.

(2) 역 예상(Expectation Deviation) 표지들

틀은 문화적 특성을 가진다. 그렇기 때문에 그것은 주어진 문화 안에서 언어 사용자의 사회적 이전 경험에 바탕을 둔 사람, 사물 그리고 사건에 대한 원형적 예상정보를 가지고 있다. 이러한 예상들은 사람들이 실제 세상뿐만 아니라 이야기 세계의 사물, 사건들을 해석하고 예측할 수 있도록 한다. 그러나 만일 그러한 예상이 위반되면 텍스트는 담화 안에서 역 예상 표지들을 사용하여 그것을 나타낸다.[58] 신약성경 안에서 이러한 역 예상 표지들은 반의어 접속사(δέ, ἀλλά, καί), '놀람' 동사, 부정문(negative statement)과 같은 것들을 포함한다. 마가복음 10:23-26으로부터 온 예를 고려해 보자(틀은 진한 글씨체로 그리고 놀람동사와 감탄문은 밑줄 그어져 있고 번역은 개역개정을 따랐다).

---

56) 사탄의 거주지로서 광야에 대해서는 참고하라. 막 5:2-18; 마 12:43; 레 16:10; Str-B 4:515-16; Tobit 8:3; 1 Maccabees 18:8; 1 Baruch 10:81; 1 Enoch 10:4-5; 그리고 들짐승이 머무는 장소로서 광야에 대해서는 참고하라. 민 21:5-6; 신 7:22; 겔 34:5.

57) 광야의 들짐승의 위협적이고 악한 피조물로서의 역할에 대해서는 참조하라. 신 8:15(LXX); 7:22(LXX); 겔 34:5(LXX).

58) Tannen, "Frames," 147; William Labov, *Sociolinguistic Patterns* (Philadelphia: University of Pennsylvania Press, 1972), 380-81.

23절 예수께서 둘러보시고 제자들에게 이르시되 **재물이 있는 자**(**οἱ τὰ χρήματα ἔχοντες**)는 하나님의 나라에 들어가기가 심히 어렵도다 하시니

24절 제자들이 그 말씀에 놀라는지라(ἐθαμβοῦντο).

25절 낙타가 바늘귀로 나가는 것이 **부자**(**πλούσιον**)가 하나님의 나라에 들어가는 것보다 쉬우니라...

26절 제자들이 매우 놀라(ἐξεπλήσσοντο) 서로 말하되 그런즉 누가 구원을 얻을 수 있는가 (τίς δύναται σωθῆναι;) 하니.

이 구절에서 제자들의 놀람(24, 26절)은 부자가 하나님 나라에 들어가는 것에 대한 예수님의 부정적 언급(23, 25절)에 기인한다. 그러나 이 구절 어디에도 예수님의 부자에 대한 평가와 제자들이 당황해 하는 것 사이의 인과적 관계를 설명하고자 하는 텍스트 상의 시도는 없다. 그러나 인칭 틀 정보(οἱ τὰ χρήματα ἔχοντες와 πλούσιον)에 의해 환기된 **부자** 틀은 그것의 전형적 지식을 공급함으로서 청중들로 하여금 예수님의 비판적 언급(23, 25절)과 제자들의 놀란 반응(24, 26절) 사이에 암시적으로 남겨진 인과적 관계를 추론하도록 만든다. 즉 고대 유대인들에게 **부자** 틀은 "질병과 기근은 심판의 징조인 반면에 부는 신적 축복의 신호"(신 30장)[59]라는 원형적 정보를 포함하고 있었기 때문에, 부한 자들을 향한 예수님의 경고는 그의 유대 제자들의 고정관념(stereotype)과 충돌하였고 결과적으로 제자들의 놀람을 유발하였던 것이 틀림없다. 그러므로 놀람 동사들(ἐθαμβοῦντο, ἐξεπλήσσοντο)은 역 예상 표지로서 부자들에 대한 제자들의 인습적 지식이 예수님의 견해에 의해 위반되었다는 것을 나타낸다. 마찬가지로 제자

59) Craig A. Evans, *Mark 8:27-16:20* (WBC 34B; Nashville: Thomas Nelson Publishers, 2001), 101.

들의 놀라움이 동반된 질문, "누가 구원을 얻을 수 있는가?"(τίς δύναται σωθῆναι;), 역시 부자에 대한 전형적 지식의 위반이 제자들에게 일어났다는 것을 증명해주는 텍스트 상의 증거이다. 그러므로 이 질문은 다음과 같은 진술로 바꾸어 번역될 수 있다: '만일 부한 자가 하나님 나라에 들어갈 수 없다면 아무도 구원받을 수 없다.'

부정문 역시 마가복음 이해는 틀을 기초로 한 정보처리에 의존하고 있다는 것을 보여준다. 마가복음 2:18 후반절의 예를 보자(틀은 진한 글씨체로, 해당 부정문은 밑줄 그어져 있다. 번역은 개역개정을 따랐다).

> 요한의 제자들과 바리새인들이 **금식하고 있는지라**(**νηστεύοντες**).
> 사람들이 예수께 와서 말하되 요한의 제자들과 바리새인의 제자들은 **금식하는 데**(**νηστεύουσιν**) 어찌하여 당신의 제자들은 **금식하지** 아니하나이까?(δὲ σοὶ μαθηταὶ οὐ **νηστεύουσιν**;)

사람들의 질문 자체는 예수님의 제자들이 금식하지 않는 것과 세례요한과 바리새인의 제자들이 금식하는 것에 대한 비교에 근거해 있다. 이러한 비교와 예수님의 제자에 대한 부정적 질문에 대한 청자들의 이해는 '누가 유대사회의 금식관습에 예상된 참여자인가' 에 대한 원형적 정보를 배경지식으로 가지고 있을 때만 가능하다. 물론 이런 정보가 텍스트에는 명확하게 언급되어 있지 않은 것이 사실이다. 그러나 이러한 생략은 틀이론에 따르면 청자가 18절의 "금식하고 있는지라"(νηστεύοντες)에 의해 환기된 **금식** 틀을 사용하여 이 구절을 이해할 수 있을 것으로 화자가 가정하고 있기 때문에 가능한 것이다. 가능한 추론은 다음과 같다: 예수님의 제자들이 금식하지 않는 것 때문에 제기된 사람들의 부정적 질문(negative question)은 예수님의 제자들이 그 당시 종교지도자 단체들 중 하나로서 금식관습에 예상된 참여자들(expected participants)임에도 불구하고 그러한 종교적 의무를 수행하고 있지 않다는 판단에서 기인된 것이다. 예수님의 제자들의 금식불참은 유대인들의 **금식** 틀의 전망에서 비 표준적(non-standard)행동이었고 이러한 예상 위반은 예수님의 적대자들로 하여금 부정문을 사용하여 질문을 하도록 이끌었다(위의 부정문 안에 포함된 또 다른 역 예상 표지 반의적 접속사 δέ[그러나]를 보라). 이러한 관찰은 현대 해석자의 역 예상 표지 부정문에 대한 이해는 화자와 청자 사이에 공유된 틀 지식을 텍스트 속에 있는 언어적 정보를 사용하여 떠올릴 수 있을 때에만 가능한 것임을 보여준다.[60]

(3) 형용적 분사

헬라어 분사는 지시물을 정의하거나 지시물에 관한 정보를 제공할 때 사용된다. 분사의 이러한 사용은 전통적으로 분사의 형용적 용법으로 알려져 왔다.[61] 틀은 그러한 분사적 표현들을 이해하는 데 있어서도 중요한 역할을 한다. 공동 텍스트 혹은 청자의 장기기억 속에 열려 있는 틀로부터 언제든지 유용 가능한 (원형적)지시물 정보는 형용적 분사로 표현되는 경향이 있다. 그러므로 청자 구 지식 표지로서 형용적 분사에 의해 지시된 행동들은 흔히 그 분사들에 의해 수식된 요소를 위한 틀의 전망에서 예측 가능한 것들이다. 마가복음 3:22을 보자(형용적 분사는 밑줄 그어져 있

---

60) 고대 유대인들이 금식한 이유는 몇 가지로 설명될 수 있다. 모세법이 명령하고 있기 때문에 그들은 속죄일을 금식일로 지켰다(레 16:1-4; 2:26-2; 5:9; 민 29:9-11). 자발적 금식의 경우로 그들은 주로 개인적 회개를 드러내기 위해 금식하곤 했다. 그리고 바리새인들은 규칙적으로 매주 금식을 했다(마 6:16; 눅 18:12). 이와 같은 금식관습과 관련된 여러 이유에 대해서는 참고하라. George F. Moore, *Judaism in the First Centuries of the Christian Era: The Age of the Tannaim*. vol. 2 (Cambridge: Harvard University Press, 1966), 26-66.

61) E. D. Burton, *Syntax of the Moods and Tenses in New Testament Greek* (Chicago: University of Chicago, 1943), 163-77; Stanley E. Porter, *Idioms of the Greek New Testament*, 2nd edn. (Sheffield: JSOT Press, 1994), 182-86.

고 그 분사에 의해 수식되는 명사(인칭 틀)는 진한 글씨체로 되어 있다).

> Καὶ **οἱ γραμματεῖς** οἱ ἀπὸ Ἱεροσολύμων καταβάντες ἔλεγον...
> 그리고 예루살렘에서 내려온 이들인 **그 서기관들**이 말하기를

헬라어 관사를 지닌 형용적 분사에 의해 서술된 정보("내려온 이들," οἱ... καταβάντες)는 명사("그 서기관들," οἱ γραμματεῖς)의 구체적 상태를 나타내기 위해 사용되었다. 형용적 분사에 관한 정보는 그것이 수식하는 "그 서기관들," οἱ γραμματεῖς로부터 원형적으로 추론될 수 있다. 서기관 틀은 서기관이 유대법 권위의 중심인 예루살렘에 전형적으로 주둔하고 있는 유대법 전문가라는 정보를 포함하고 있기 때문이다(대하 17:7-9; 느 8:7-9; Josephus, *Life* 196-198).[62]

또 다른 예가 마가복음 2:3으로부터 제시될 수 있다(인칭 틀은 진한 글씨체로, 형용적 분사는 밑줄 그어져 있다).

> 그리고 그들이 네 명에 의해 옮겨진(αἰρόμενον) **한 중풍병자(παραλυτικὸν)**를 그에게 데리고 왔다.

현재 분사 αἰρόμενον("옮겨진")는 명사 παραλυτικὸν("한 중풍병자")를 형용하기 위해 사용되고 있다. 청자 구 지식 표지로서 그 형용적 분사("옮겨진")는 명사정보인 "한 중풍병자"의 육체적 조건에 관한 전형적 정보를 제공하기 위해 사용되고 있다. 그러므로 형용적 분사가 지시하는 정보는 그것이 수식하는 명사정보(**중풍병자** 틀)의 기본 값(default)이다.

62) Josephus, *Life* (LCL; trans. H.J. Thackeray; London: Heinemann; Harvard University Press, 1965); E. P. Sanders, *Jesus and Judaism* (Philadelphia: Fortress Press, 1985), 170-82.

(4) 평가적 표현

평가적 언어의 의미론(semantics)은 틀이론을 사용하지 않고서는 설명하기 어렵다. 틀은 표준적 지식을 가지고 있기 때문에 그것은 화자와 청자로 하여금 어떠한 사물의 적합성 여부를 평가할 수 있도록 한다.[63] 필모어에 따르면 평가적 표현들은 "그것들의 의미 안에 어떤 것을 평가할 때 준거 틀로 삼을 범위(dimensions), 기준(scales), 또는 표준을 가지고 있다."[64] 그러므로 특정한 사물 혹은 직위에 있는 사람과 관련된 평가적 표현은 화자와 청자가 그 사물과 인물의 적합성(fitness) 여부를 결정하기 위해 그것들의 틀(또는 틀의 표준적 지식)을 사용할 수 있도록 해준다. 만일 어떤 실체(entity)가 틀의 중심(표준)적 속성을 소유하고 있다면 그것은 긍정적 평가를 이끌어 낼 수 있을 것이고, 만일 그것이 틀의 전형적 속성을 가지지 못한 경우라면 그것은 실망 혹은 부정적 평가로 이끌 수 있다. 이를테면"좋은 커피!"라는 표현을 이해할 수 있다는 것은 음료로서 커피가 그것의 맛과 마시는 사람을 각성시키는 공헌정도에 따라 평가된다는 **커피** 틀 지식을 환기할 수 있다는 것을 의미한다.[65] 따라서 평가적 표현을 적절하게 이해하기 위해서는 평가되고 있는 대상과 사물을 위한 적절한 틀지식을 열고, 그리고 텍스트가 어떤 틀 안에서 사물과 사람을 해석하고 있는지를 고려하는 것은 필수적이다. 마가복음 2:7의 예를 살펴보자(평가적 표현은 밑줄 그어져 있다).

---

63) David E. Rumelhart, "Schemata: The Building Blocks of Cognition," in *Theoretical Issues in Reading Comprehension*, eds., R. J. Spiro, B. C. Bruce and W. F. Brewer (Hillsdale: New Jersey: Erlbaum, 1980), 32-39; Lakoff, *Women*, 79-80.

64) Fillmore, "Frame Semantics," 129.

65) Fillmore, "Frame Semantics," 129.

이 사람이 왜 이렇게 말하는가?

그는 신성모독을 하고 있다!(βλασφημεῖ)

하나님(ὁ θεός)외에 누가 죄를 용서할 수 있겠는가?

두 개의 질문 사이에 삽입된 평가적 표현("그는 신성모독을 하고 있다!," βλασφημεῖ)은 부정적 어조를 띤 채 질문자의 숨은 의도(정죄적 선언)를 드러내 주고 있다. 사실 두 개의 질문과 평가적 표현(βλασφημεῖ)은 서기관들이 유대 종교의 지도자로서 하나님에 대한 표준적 행동에 비추어 예수님의 행동(죄 용서 선언)을 판단한 것이기 때문에 이 구절에 대한 이해는 유대인의 유일신 문화에서 하나님(ὁ θεός)에 대한 전형적 태도와 관련된 적절한 틀지식의 환기를 전제로 한다. 이러한 틀지식은 다음과 같은 것을 포함한다: 1) 하나님은 유일하신 한 분 하나님이시다(신 6:4-5), 2) 죄 용서는 하나님의 특권이다, 3) 용서받을 수 없는 죄로 알려진 신성모독은 하나님의 위엄 혹은 특권을 모독하는 것이다(레 24:16; 왕상 21:13; 1QS 4:11; CD 5:12; 막 3:29; 14:64; Philo, *vita Mosis* 2.206; Josephus, *Jewish Antiquities* 4.202).[66] 필자의 주장은 청자 구 지식 표지로서 평가적 표현인 "그는 신성모독을 하고 있다," (βλασφημεῖ)는 청자로 하여금 중풍병자의 죄를 용서하는 예수님의 행동을 평가하기 위해 유대 유일신 사상과 관련된 위의 지식을 환기하도록 유도하고 있다는 것이다. 그러므로 환기된 틀지식은 청중으로 하여금 서기관들이 하나님의 신적특권인 죄 용서를 선언함으로 예수님이 하나님을 모독한 것에 대해 비난하고 있다고 해석하도록 해준다. 이러한 틀지식을 환기하지 않는 한 이 평가적 표현의 비난적 어

66) Philo, *de vita Mosis* (LCL; trans. F.H. Colson; Cambridge, Massachusetts: Harvard University Press, 1935); Josephus, *Jewish Antiquities* (LCL; trans. Ralph Marcus and Louis H. Feldman; Cambridge, Massachusetts: London/Harvard University Press, 1998).

조는 의사소통될 수 없을 뿐 아니라 서기관들의 분노에 찬 반응 또한 이해될 수 없다.[67)]

3.3.2. 틀과 구술 · 청각적 내러티브 담화 이해

이 세션에서 우리는 틀에 기초한 담화 읽기가 복음서와 같은 구술 · 청각적 내러티브를 인지적으로 처리 · 이해하는 데 있어서 어떤 유익을 줄 수 있는지 살펴보고자 한다. 이를 위해 예상(expectation)과 추론(inference)이라는 두 인지 작용에 집중할 것이다.

(1) 예상(Expectation)

구술 · 청각적 내러티브는 청중으로 하여금 그들의 예측 능력을 사용하여 이야기 세계 안에 있는 사건, 사물 그리고 인물 이해를 돕도록 구조된 것으로 믿어져 왔다.[68)] 학자들은 그 증거로서 반복, 반지구성(ring composition) 그리고 교차 배열형태(chiastic pattern)와 같은 구술 · 청각적 내러티브의 문학적 장치들을 제시했다. 그러나 인지모형으로서 틀은 "지식의 덩어리일 뿐만 아니라 상호예상과 상호작용으로 조직된 일단의 전형적 지식"이기 때문에 청중의 예상 주도적 내러티브 처리(expectation-driven narrative processing)가 인지 과학적으로 어떻게 가능한 지를 보여줄 수 있다.[69)] 즉 청자는 어떤 이야기를 들을 때 상호 연결된 의미 정보망인 틀지

---

67) 위 본문에 대한 구체적인 논의를 위해서는 본서의 5장을 보라.

68) J. Notopoulos, "Continuity and Interconnexion in Homeric Oral Composition," *TPAPA* 82 (1951), 81-101; Havelock, Plato, 147; idem, "Oral Composition in the Odeipus Tyrannus of Sophocles," *NLH* 16 (1984), 182; Elizabeth Minchin, *Homer and the Resources of Memory: Some Applications of Cognitive Theory to the Iliad and the Odyssey* (Oxford: Oxford University Press, 2001), 181-202; Joanna Dewey, "Oral Methods of Structuring Narrative in Mark," *Int* 43 (1989), 40-2; James R. Edwards, "Markan Sandwiches: The Significance of Interpolations in Markan Narratives," *NovT* 31 (1989), 193-216.

69) van Dijk, *Text,* 21; Tannen, "Frame," 137-81, 160-79; Artheur C. Graesser,

식을 기초로 하여 다음에 무엇이 진행될 것인지에 대한 예상을 하게 된다.

마가복음 7:24-30(수로보니게 여인의 믿음에 관한 이야기)의 예를 보자. 이 이야기는 예수님에 관한 소문을 들은 인물에 대해 **어머니** 틀을 떠올리게 함으로 시작하고 있다(어머니 틀을 환기 시키는 언어적 표현은 진한 글씨체로 되어 있다).

"더러운 영에 붙들린 **딸**을 가진 **한 여자가**"

γυνὴ...ἧς εἶχεν **τὸ θυγάτριον αὐτῆς** πνεῦμα ἀκάθαρτον(25절)

그 여인이 예수님에 관한 소문을 들었다는 정보를 접했을 때, 열려진 **어머니** 틀은 청자로 하여금 그녀가 더러운 귀신들린 딸과 관련하여 어떤 행동을 취할 것인지 예측할 수 있게 해준다. 아픈 가족 구성원을 위한 다른 구성원의 탄원은 1세기 지중해 "건강관리 체계(health care system)" 에서 문화적으로 예상된 행동이기 때문에(막 1:29-31; 5:21-24, 35-43;9:17-29)[70] **어머니** 틀은 그녀가 자신의 귀신들린 딸을 치료해주기를 간구할 것이라는 예상을 하도록 해준다. 그리고 이러한 기대는 25절 후반부의 정보("곧 와서 그 발 앞에 엎드리니")와 26절 후반부("그 귀신을 그녀의 딸로부터 쫓아내 주시기를 그에게 간구하였다")를 들을 때 만족된다. 그러나 곧 이어 26절 전반부에서 마가의 원 청자는 그녀의 다른 사회적 신분("헬라인이요, 수로보니게 족속이라," Ἑλληνίς Συροφοινίκισσα τῷ γένει)을 듣게 된다. 이것은 의심할 바 없이 청자가 **이방여인** 틀을 열 수 있도록 인도한다.[71] **이**

Prose Comprehension Beyond the Word (New York: Springer-Verlag, 1981), 34.

70) John Pilch, *Healing in the New Testament: Insights from Medical and Mediterranean Anthropology* (Minneapolis: Fortress Press, 2000), 67-8.

71) 초기 기독교인들에게 '헬라인' 은 비유대인 또는 이방인과 거의 동의어로 사용되어졌다(예. 롬 1:16; 2:9, 10; 3:9; 10:12; 고전 1:24; 10:32; 갈 3:28; 골 3:11). D. E. Nineham, *Saint Mark* (Middlesex: Penguin, 1963), 200; Robert Guelich, *Mark 1-8.26* (WBC 34 A; Dallas: Word, 1989), 385.

방여인 틀은 이방여인과 유대 선생 사이에는 어떤 관계도 만들어질 수 없다는 사회적 고정관념(social stereotype)을 포함하고 있기 때문에(요 4:9; 행 10:28; 갈 2:11-15; 3:28) 청자는 그 여인이 유대 선생인 예수를 향한 자신의 태도를, 예수께서 27절에서 그녀 자신에게 반응하듯이, 어떠한 식으로든지 바꿀 것이라 예상할 수 있다. 그러나 여인의 행동에 관련하여 이어지는 정보(26 후반절, 28절)를 들을 때 청자는 그들의 그러한 예상이 빗나간 것을 발견하게 된다. 그러므로 이방여인에 대한 전형적(conventional) 예상과는 달리, 또 이방여인을 향한 예수님의 관습적(stereotypic) 반응에도 불구하고 어머니로서 그녀의 역할(26, 28절, 즉 병든 딸을 향한 간구)을 포기하지 않고 있다는 정보를 들을 때 청자는 (진행되고 있는 이야기에 대한 흥미의 증가와 함께)[72] 놀라움을 감출 수 없었을 것이 틀림없다. 이러한 식으로 틀은 신속한 이야기 처리와 이해를 위해 예측능력 사용이 강하게 요구된 마가의 구술 · 청각 내러티브에 대한 청자의 정보 처리 과정을 효과적으로 도울 수 있었다.

(2) 추론(Inference)

마지막 장에서 우리는 추론에 대한 광범위한 조사를 할 것이기 때문에 여기에서는 틀과 추론의 관계에 집중할 것이다. 텍스트는 화자와 청자 사이의 의사소통 도구이다. 그러나 텍스트는 그것의 결속력(coherence)있는 이해를 위해 필연적인 것처럼 보임에도 불구하고 상황과 사물 그리고 사람에 관한 모든 정보를 기술하지 않는다는 점에서 함축적(implicit)이다. 이것이 주어진 텍스트를 이해할 때 생략된 많은 정보들을 결속성 있는 정보로 해석하는 데 있어서 추론이 절대적으로 필요한 이유이다.[73]

---

72) 이것은 이야기의 흥미는 틀지식을 근거로 한 정보 처리에 의존하고 있다는 것을 보여준다. 틀지식과 이야기 흥미에 대해서는 참고하라. Park, *Mark's Memory Resources*, 181-83.

73) Brown and Yule, *Discourse Analysis* (Cambridge: Cambridge University Press,

필자의 주장은 언어 사용자의 추론적 과정은 사실상 틀을 기초로 진행된다는 것이다. 그렇다면 어떤 종류의 지식이 생략되어져 틀로 그 생략된 정보를 채워나가는가? 화자와 청자 사이에 공유된 공통적 문화적 지식은 당연한 것으로 받아 들여져 종종 생략된다.[74] 이와 같은 문화적 지식은 흔히 참여자의 행동의 동기, 사건의 중요성 그리고 사람과 사물의 특징 등을 포함한다. 틀은 문화적 특성을 지니고 있기 때문에 청자로 하여금 암시적으로 진술된 것을 명확하게 이해하도록 하며, 문장 사이(between)와 문장 안에서(within) 생략된 요소들을 채우고 참여자의 행동 이면에 있는 의미를 추측하게 할 수 있다. 마가복음 15:1-2은 적절한 예를 제공한다(관련 틀은 진한 글씨로, 번역은 개정개역을 따랐다).

> 새벽에 대제사장들이 즉시 장로들과 서기관들 곧 온 공회와 더불어 의논하고 예수를 결박하여 끌고 가서 **빌라도**(**Πιλάτῳ**)에게 넘겨 주니 **그 빌라도**(**ὁ Πιλᾶτος**)가 묻되 네가 유대인의 왕이냐...

빌라도에게 예수를 넘겨주는 대제사장의 행동과 이어지는 예수님에 대한 빌라도의 질문의 의미는 청자가 빌라도가 누구이며 어떤 직책에 있는 사람인지를 알기 전까지는 애매한 정보로 남을 수밖에 없다. 그러나 텍스트는 "빌라도"가 마가의 내러티브 담화 전체에서 처음 거론되는 담화 신정보임에도 불구하고 그에 관한 어떤 정보도 현재 제공하고 있지 않다. 이것은 텍스트가 **빌라도** 틀(아래를 보라)이 청자의 장기기억에 이미 알려진 정보이기 때문에 그들이 그 인칭 틀을 환기함으로서 현재 절과 뒤따르는 절을 쉽게 이해하고 처리할 수 있을 것으로 여기고 있다는 것을 보여준다.

1983), 266-65.

74) Dan Sperber and Deirdre Wilson, *Relevance: Communication and Cognition* (Oxford: Blackwell, 2nd ed, 1986), 38; Kathleen Callow, *Man and Message* (Lanham: University Press of America, 1998), 130-31.

〈표 3〉 빌라도 틀

틀 제목	빌라도
원형적 인물 정보	유대지역을 담당하는 로마 총독
원형적 행동	로마법을 어긴 관할지역의 사람을 재판하고 법정 최고형을 구형할 수 있는 권한을 행사

청자는 이러한 인칭 틀과 원형적 정보를 사용하여 빌라도에게 예수를 "넘겨주는" 유대 지도자들의 행위는 예수님의 재판권을 로마 총독에게 넘겨주면서 그의 죄목을 로마법의 위반(즉 반란죄 그러므로 십자가 형)과 연관시키려는 조치로 이해하였다. 그리고 이어지는 예수님에 대한 빌라도의 질문("네가 유대인의 왕이냐?")은 그러한 '재판'의 한 절차로 이해했을 것이 분명하다. 이것은 뒤따르는 텍스트 상의 증거("십자가에 못 박게 하소서," 12절; "빌라도가...예수님은...십자가에 못 박히게 넘겨 주니라," 15절)에 의해 확증된다.

마찬가지로 현대의 독자들이 이해하려면 필연적인 것처럼 보이는 정보이지만 원 청자의 문화적 지식이라 추측하였기에 생략한 채 화자가 이야기를 발전시켜 나가고 있다는 것을 보여주는 또 다른 예는 마가복음 3:1-6이다. 먼저 3:6을 보자(청자 구 지식 표지는 밑줄 그어져 있다).

> <u>그 바리새인들(οἱ Φαρισαῖοι)</u>이 나가서 곧 헤롯당과 함께 어떻게 하여 예수를 죽일까 의논하였다.

바리새인들은 이 이야기의 이전 담화에서는 결코 언급된 적이 없는데 이야기 말미에서 (현대인들에게는) 갑작스러워 보이는 출현을 하고 있다. 이전 담화에서 예수님의 적대자들은 비 전방 조응적(non-anaphoric) 동사와 대명사("사람들이...주시하고 있거늘," καὶ παρετήρουν, 2절; "그들에게 이르시되," λέγει αὐςτοῖς, 4절; "그들이 잠잠하거늘," οἱ δὲ ἐσιώπων, 4절 등)로 지시되어 있다는 것에 주의하라. 비 전방 조응적 동사와 대명사의 사용 후 바리새인의 현존에 대한 돌출 정보는 텍스트에 의해 바리새인들이 현재 이야기의 원형적 참여자로 처음부터 '전제' 되어져 왔다는 것을 의미한다. 이야기의 장소배경을 설명하는 시작(3:1)부터 열려 있는 **회당** 틀은 화자의 이와 같은 담화 서술 방식이 어떻게 가능한 지를 설명할 수 있게 해 준다.

"예수께서 **그 회당**(**τὴν συναγωγήν**)에 들어가시니."

바리새인들은 유대 종교지도자로서 종교 집합장소인 회당의 원형적 참여자였기 때문에[75] 이미 열려진 **회당** 틀을 가진 청자에게 6절에 나오는 바리새인들의 급작스러운 출현에 관한 정보는 결코 비 결속성을 가진 정보로 여겨질 수 없다. 이러한 사실은 명사구 "그 바리새인들"(**οἱ Φαρισαῖοι**)가 이 이야기에서 처음 소개됨에도 불구하고 청자 구 지식 표지인 헬라어 관사로 시작되고 있다는 사실에 의해서도 확증된다. 즉 그 관사에 의해 소개되고 있는 명사의 지시물(바리새인)은 이미 열려진 청자의 **회당** 틀의 원형적 참여자이기 때문에 담화 신 정보(discourse-new information)를 위해 청자 구 지식 표지가 사용될 수 있는 것이다.

4. 나가는 말

어떤 방법론이 특정한 텍스트를 분석하는 데 있어서 발견적 도구

75) Emil Schürer *The History of the Jewish People in the Age of Jesus Christ* (175 B.C.-A.D. 135) vol. 2 (Edinburgh: T. and T. Clark, 1979), 402; Moore, *Judaism*, vol 1, 287.

(a heuristic tool)로 사용될 수 있는지 아닌지는 그 방법론이 텍스트 자체의 성격과 독특한 특징들을 설명할 수 있는지의 능력 여부에 의해 결정되어야 한다. 마가복음의 문서적 성격과 관련해서 우리는 그것이 고대 구술·청각적 의사소통 문화의 산물로서 화자와 청자 사이에 공유된 배경지식 또는 전승들에 의존해서 의미전달이 이루어지도록 의도되었다는 것을 밝혔다. 그리고 우리는 인지과학의 틀이론이 이런 마가의 문서적 성격과 특징을 이해하기 위한 적절한 언어학적 도구가 될 수 있다는 것을 설명하고자 먼저 이 이론의 특징을 소개했다. 즉 틀은 특정한 영역(domain)과 관련된 문화·사회적 경험을 통해 상호 연결된 일련의 개념들의 덩어리(chunk)로서 언어 사용자가 낱말, 문장, 문단 그리고 담화의 의미 이해과정(그러므로 의사소통)을 거칠 때 그것들의 배경지식으로 열려진 후 언어 사용자의 텍스트 정보 처리를 이끄는 역할을 수행한다. 이 이론을 토대로 우리는 구체적으로 어떻게 원 청자가 틀을 기초로 마가의 구술·청각적 내러티브 담화를 이해할 수 있었는지를 보여주기 위해 청자의 문법·언어적 구 지식 표지들을 예로 들어 논증을 했다. 뿐만 아니라 구술·청각적 내러티브 담화 처리를 위해 중요한 장치로 생각해 왔던 예상과 추론적 능력은 바로 틀을 기초로 한 정보 처리 과정임을 밝혔다.

끝으로 마가복음의 해석에 있어서 학자들에 의해 사용되어 왔던 기존의 방법론들과 틀이론의 관계가 언급될 필요가 있다. 첫째로, 지난 세기 복음서 해석에 주도적 역할을 해 왔던 양식비평은 복음서 전승들과 그것들의 양식(form)이 '익명의 공동체'에 의해 형성된 것으로 믿을 뿐, 그 양식이 어디로부터 왔는지를 결코 설명하지 않는다. 그러나 틀이론은 마가복음이 가지고 있는 (문법과 언어로 구성된) 다양한 이야기 형태는 개별적 인간이 인지모형에 의하여 정보를 처리할 때 사용하는 의사소통 방식임을 밝혔다는 점에서 양식비평의 한계를 극복하였다. 둘째로, 틀이론은 청자가 어떤 인지과정을 거쳐 텍스트를 이해하였는지에 관심을 가진다는 점에서 독자반응 비평과 유사한 점이 있다고 볼 수 있다. 그러나 두 방법론 사이에는 근본적 차이가 있다. 독자반응 비평에서 '독자'는 역사적 저자와 공동체의 상황을 모르는 현대의 문학적 고안물로서 그/그녀의 읽기를 텍스트에 부과하는 방법을 택한다. 그러나 이 장에서 언급한 청자는 역사적 화자와 문화 · 사회적 배경지식을 공유하고 있는 역사적 청자로서 자신의 읽기를 텍스트에 강요하기보다는 청자의 틀지식을 환기시키고자 화자에 의해 사용된 다양한 텍스트 지시어들(낱말, 문법적 항목 그리고 정보구성 형식)을 근거로 텍스트 읽기를 시도한다. 이런 점에서 틀이론은 독자반응 비평이 가진 주관성을 극복하여 마가복음 텍스트 읽기에 대한 보다 객관적인 도구로서 언어학과 언어 사용자의 인지적 작용을 통합하는 방법론을 시도하고 있다. 셋째로, 틀이론은 담화분석에도 중요한 공헌을 할 수 있다. (신약성경) 담화분석가들은 현저성(prominence)과 경계표지들(boundary markers), 그리고 결속성(cohesion)을 텍스트 분석에 중요한 이슈로 삼으면서 주로 그것들을 언어 · 문법 · 통사적 지표들 안에서 찾고자 시도해왔다.[76] 그러나 담화를 처리하는 사람의 인지과정을 고려하지 않은 채 본문상의 특징을 통해서만 담화의 현저성과 경계표시 그리고 결속성을 찾을 수 있다고 생각하는 것은 구조주의 언어학의 방법론적 한계를 되풀이 하는 것이다. 따라서 언어 사용자의 머릿속 지식구조를 통한 담화처리를 분석하는 데 있어서 언어적 요소(linguistic features)와 언어 외적 요소(exta-linguistic features)를 방법론적으로 통합시키는 틀이론은 담화분석의 방법론적 한계를 극복하도록 도움을 줄 수 있다.

---

76) Porter, *Idioms*, 304-307. Jeffrey T. Reed, "The Cohesiveness of Discourse: Towards a Model of Linguistic Criteria for Analyzing New Testament Discourse," in *Discourse Analysis and the New Testament: Approaches and Results*, eds., Stanley E. Porter and Jeffrey T. Reed (JSNTSup 170; Sheffield: Sheffield Academic Press,1999), 28.

신약성경 언어의 의사소통 기술

The Discourse Devices of the New Testament Language

3장

문맥(Context)에 기초한 본문 읽기

제 3 장
문맥(context)에 기초한 본문 읽기[1)]

1. 들어가는 말

지난 세기에 괄목할만한 발전과 성장을 거듭한 성경신학, 특히 성경본문 주석에서 가장 많이 언급된 언어학적 용어들 중 하나가 문맥(context)이다.2) "낱말의 의미는 문맥 안에서 그것이 활용된 용법에 의해서 결정된다."는 명제는 성경읽기에 관심 있는 이들에게 하나의 주석적 원리로 작용해 왔다. 씨슬튼(Anthony C. Thiselton)은 "언어로서 성경언어는 그것의 문맥과 관련하여서만" 이해될 수 있기 때문에 "신약성경이 제시하고 있는 진술들(propositions)을 그것들이 언급되고 있는 특정한 상황과 분리해서" 다루는 것은 "나쁜 신학 (bad theology)" 일뿐만 아니라 "나쁜 언어학 (bad linguistics)" 이라고 주장한다.[3)] 주해가들이 성경을 해석할 때 보여왔던 문맥에 대한 깊은 의존과는 달리 그 용어에 대한 언어학적 명료화 작업은 성경학계에서 거의 이루어지지 않았던 것이 사실이다. 그 결과로

1) 아래 글은 Canon & Culture 3권1호 (2009년), 241-74 에 실렸던 저자의 논문("신약성서 본문[Text]의 문맥[Context]에 대한 인지언어학적 고찰")을 수정 보완한 것임을 밝혀 둔다.

2) 데이빗 A. 블랙, 『신약성경 헬라어와 일반언어학』, 이상일 역 (서울: 총신대학교출판부: 1998), 201.

3) Anthony C. Thiselton, "Semantics and New Testament Interpretation," in *New Testament Interpretation*, ed., I. Howard Marshall (Grand Rapids: Eerdmans, 1977), 79.

때때로 문맥이라는 개념은 해석자의 특정한 본문이해를 정당화하고자 임의적으로 정보를 불러들이는 도구로 사용되어 왔던 것은 부인할 수 없다.[4)]

사실 지난 세기 동안 현대 언어학은 엄청난 발전을 거듭해왔음에도 성경학자들은 현대 언어학의 발전된 이론들을 유용하는 데 놀라울 정도로 느린 것처럼 보인다.[5)] 특히 성경이 언어와 문법적 요소와 같은 기초 위에서 의미전달이 이루어지고 있기 때문에 발전된 현대 언어학에 대한 학자들의 관심은 성경신학 자체의 발전을 위해서 더욱 더 절실하다. 게다가 성경본문의 의미는 문맥에 의존되어 있다는 일반적 합의를 고려한다면 그것에 대한 의미탐구를 보다 명확한 방법론의 토대 위에서 논하기를 원하는 성경학자들이 현대 언어학의 문맥이론에 대한 선지식을 가지는 것은 필연적 사항으로 받아 들여져야 한다. 우리는 현대 언어학 특히 인지언어학에서 논의되어 온 문맥에 대한 연구를 살펴보고 거기서부터 나온 통찰들을 사용하여 신약성경 본문 읽기를 시도하고자 한다.

---

4) 이것은 바울 신학계에서 뜨거운 논쟁이 되고 있는 주제인 πίστις Χριστοῦ(그리스도를/의 믿음)를 논의하면서 Χριστοῦ를 목적격 소유격(그러므로 '예수를 믿음')을 따르는 학자들이나 주격 소유격('예수님의 믿음')을 지지하는 학자들 모두 그들의 입장을 증명하기 위해 그 구(phrase)가 나오고 있는 본문의 문맥에 호소하고 있다는 사실에 의해서도 분명히 드러나고 있다. 학자들의 이러한 경향에 대해서는 참조하라. R. B. Hays, *The Faith of Jesus Christ: The Narrative Substructure of Galatians* 3:1-4:11 2nd ed. (Grand Rapids, Michigan / Cambridge, U.K: Eerdmans, 1983). 특히 그의 책 부록은 중요한 정보를 제공해 준다.

5) 현대 언어학의 다양한 이론들에 대한 소개와 신약본문 주석에 그것들을 적용한 탁월한 신약성경을 위해서는 참조하라. E. A. Nida, "Implications of Contemporary Linguistics for Biblical Scholarship," *Journal of Biblical Literature* 91 (1972), 73-89; Jeffrey T. Reed, "Modern Linguistics and The New Testament: A Basic Guide to Theory, Terminology, and Literature," in *Approaches to New Testament Study*, eds., Stanley E. Porter & D. Tombs (JSNTSup, 120; Sheffied: JSOTPress, 1995), 222-65; 국내 성경학자들 중에서 현대 언어학의 많은 이론들을 사용하여 성경 본문의 해석을 시도들이 있어왔다. 예를 들면 본문 언어학적(담화분석) 방법을 예레미아 본문 주석에 적용한, 장성길, 『이스라엘의 구원과 회복의 드라마』(서울: 이레서원, 2007).

2. 현대 언어학의 문맥에 대한 관심의 시작: 소쉬르

우리는 이미 현대 언어학에서 문맥은 한 낱말, 문장 그리고 담화가 본문 안에서 어떻게 의미를 만드는 지를 설명하는 데 있어서 가장 중요한 요소들 중의 하나로 여겨져 왔다는 것을 지적했다. 사실 문맥에 대한 관심은 현대 언어학의 창시자로 알려진 소쉬르(Ferdinand de Saussure)에게로 거슬러 올라가야 한다. 소쉬르는 언어적 기호(linguistic sign)의 자의성(arbitrariness), 통시적(diachronic) 및 공시적(synchronic) 언어접근과 통합체적(syntagmatic)및 동치적(paradigmatic) 언어의 상호관계 등과 같은 개념들을 사용하여, 언어적 단위들의 의미는 그것들이 다른 정보와 가지는 연관성 속에서만 밝혀질 수 있다는 명제를 만들었다.[6] 소쉬르에 따르면 언어기호와 그것의 의미(signification) 사이의 관계는 고정된 것이 아니라 관습적 성격을 띠고 있기 때문에 한 낱말이 어떤 의미로 사용되고 있는지 알기 위해서 의미 형성의 한 단위인 낱말에만 집중하기보다는 그것이 맺고 있는 다른 어휘와의 관계에 관심을 가져야 한다.[7]

한 낱말의 의미가 다른 낱말 또는 문장과의 관계에 의해 결정된다는 소쉬르의 주장은 현대 언어학의 의미론 연구에서 문맥의 중요성을 급부상시키는 동력이 되어 왔다. 더 나아가 소쉬르의 언어이론은 신약성경 언어 특히 그것의 의미론 연구에 뚜렷한 발전을 가져왔다.[8] 신약성경 언어 연

---

6) Saussure, *General Linguistics*, 65-132.

7) Saussure, *General Linguistics*, 67-9, 121-25; A. C. Thiselton, "Semantics and New Testament Interpretation," in *New Testament Interpretation*, ed., Howard Marshall (Grand Rapids: Eerdmans, 1977), 85.

8) 참조하라. James Barr, *The Semantics of Biblical Language* (Oxford: Oxford University Press,1961); Eugene A. Nida and C. R. Taber, *The Theory and Practice of Translation* (Leiden: Bril, 1974); G. B. Caird, *The Language and Imagery of the Bible* (London: Gerald Duckworth, 1980); J. Gibson, *Biblical Semantic Logic: A Preliminary Analysis* (New York: St Martin, 1981); J. P. Louw, *Semantics of*

구에 의미론적 접근을 시도한 탁월하지만 등한시되어 온 논문, *Semantics and New Testament Interpretation*, 에서 씨슬튼은 소쉬르 이전의 18-19세기 언어학의 결함으로서 논리적 구조와 문법적 구조를 동일한 것으로 보는 논리-문법 병행(logico-grammatical parallelism)의 오류를 지적한다.[9)] 예를 들면 논리-문법 병행 이론은 헬라어의 명령법을 화자가 청자들에게 명령하고자 할 때 사용하는 문법적 범주로 본다. 빌립보서 3:1과 4:4에 나오는 절인 "주안에서 기뻐하라(χαίρετε)" 에서 동사 χαίρετε는 현재 시제 능동태 명령법 2인칭 복수로 되어 있다. 많은 주석가들은 고전적 언어학의 이론인 논리-문법 병행의 원리에 따라 이 절이 명령법으로 사용되어졌기에 바울은 그의 청자들이 기뻐하도록 '명령' 하고 있다고 본다. 그러나 씨슬튼은 문법적 형태는 임의적 성격을 지니고 있다는 소쉬르의 언어학적 이해에 따라 χαίρετε의 의미(명령형 '기뻐하라' 또는 '단순한 인사')는 문법 그 자체에 달린 것이 아니라 그 낱말이 언급되어지고 있는 "문맥(context)" 과 "상황(situation)" 에 달려 있다고 주장 한다(구체적 논의를 위해서는 아래를 보라).[10)] 그렇다면 한 낱말과 그것의 문법적 형태의 의미를 결정하는 문맥 또는 상황이란 무엇인가? 문맥은 언어적 정보인가 아니면 언어 외적 요소인가? 인지언어학은 이러한 문제에 답을 줄 수 있다.

New Testament Greek (Atlanta: Schorlas Press, 1982); Moses Silva, Biblical Words, Biblical Words and their Meaning: An Introduction to Lexical Semantics (Grand Rapids: Zondervan, 1983); J. P. Louw and Eugene A. Nida, *Greek-English Lexicon of the New Testament Based on Semantic Domains* 2 vols. (New York: United Bible Societies, 1988); P. Cotterell and M. Turner, *Linguistics and Biblical Interpretation* (Downers Grove, IL: Inter Varsity Press, 1989), Chapters 2-5; Porter, "Studying Ancient Languages," 147-72; idem, "Greek Language and Linguistics," *ExpTim* 103.7 (1992), 202-208.

9) Thiselton, "Semantics," 76-8.

10) Thiselton, "Semantics," 77.

3. 현대 언어학에서 문맥

3.1. 문맥에 대한 인지언어학적 접근

2장에서 살펴본 것처럼 인지언어학은 언어의 의미형성이 인간의 인지 모형, 개념적, 경험적 지식 구조와 같은 인지과정과 구분될 수 없다고 주장한다. 이러한 인지언어학의 전제들은 언어의 의미를 이해하는 데 있어서 필수적 사항으로 받아들여져 온 문맥에 대한 새로운 이해를 가능하도록 한다. 인지언어학자들에 따르면 문맥은 해석의 틀을 만들고 해석에 제약을 주는 정보 역할을 한다.[11] 브라운과 율(G. Brown and G. Yule)은 어떤 문장이 의미 있는 것으로 받아들여질 수 있는지의 여부는 그것이 수락될 수 있는 어떤 상황의 문맥(context of situation)을 언어 사용자가 구성할 수 있는지에 달려 있다고 본다.[12] 그렇다면 언어 사용자가 어떻게 그러한 상황의 문맥을 형성하는가? 구조주의 언어학에서는 문맥을 순수 본문적(textual) 혹은 언어적(linguistic) 정보로 이해해 왔다.[13] 하지만 구조주의 언어학자들에 의해 문맥적 상황구성에 결정적 역할을 하는 것으로 믿어져 온 언어적 항목(단어, 구, 문장 담화와 같은 근접 문맥) 각각은 사실 그 자체 안에 광범위한 정보(개념)를(을) 포함하고 있다는 것을 기억할 필요가 있다. 그렇기 때문에 요구되는 것은 단어의 여러 개념들 중 담화의 정보 처리를 위해 필요한 개념들이 선택되고 사용되는 과정에 대한 설명이다. 이러한 설명을 위해서 우리는 인간의 언어적 능력과 일반적 인지능력

---

11) 이노우에, "언어적 문맥," Y. Tsuji 편, 『인지언어 학 키워드 사전』, 임지룡, 요시코토 하지메 · 이은미 · 도카 도모유키 공역 (서울: 한국문화사, 2004), 135.

12) Brown and Yule, *Discourse*, 25-26. 또한 참고하라. A. J. Sanford and S. C. Garrod, *Understanding Written Language: Explorations of Comprehension Beyond the Sentence* (Chichester: John Wiley and Sons, 1981), 8-9.

13) Teun A. van Dijk, *Discourse and Context: A Sociocognitive Approach* (Cambridge: Cambridge University Press, 2008), 30-4.

을 동일한 것으로 보는 인지언어학자들의 주장에 주의할 필요가 있다. 브라운과 율이 제시한 "근접해석과 유비의 원리들(the principles of 'local interpretation' and of 'analogy')"에 따르면 청자는 언어적 요소 안에 있는 다양한 정보들 가운데서 본문의 해석에 가장 적절한 것들을 유용하기 위해 그 언어에 의해 표현되어지고 있는 사건들과 '유사한' 머릿속 세상지식(world knowledge) 또는 백과사전적 지식(encyclopaedic knowledge)과 같은 비 언어적 또는 사회적 정보를 사용한다고 주장한다(아래의 표를 보라).[14]

〈표4〉 언어 사용자의 머릿속 문맥형성에 공조적 역할을 하는 두 요소

문 맥 형 성	
언어적 요소(linguistic features)	비 언어적 요소(extra-linguistic features)
이전 담화 근접 본문(co-text)-낱말 주위의 구와 문장 낱말의 동치적, 통합체적 관계 담화의 장르	참여자(화자와 청자)에 대한 지식(지위, 성별, 직업, 민족성, 거주 지역) 참여자의 사회적 상황 참여자의 사회적 통념이나 공유된 지식

이런 이유 때문에 사회인지언어학자 검페르즈(J. Gumperz)는 "문맥화(contextualization)"를 화자와 청자가 상대방의 의도를 평가하고 또 대화참여(conversational involvement)를 계속 유지하기 위하여 필요한 대화의 전제들을 떠올리기 위해, 언어적 요소들을 사용하여 과거 경험을 통해서 축적된 배경지식(비 언어적 정보)에 그 대화내용을 연결하는 인지작용으로 이해한다.[15] 그는 성공적 의사소통을 위해서는 화자와 청자 사이에 동일한

14) Brown and Yule, *Discourse*, 35-67. 또한 참조하라. Croft and Cruse, *Cognitive Linguistics*, 102-103; 이노우에, "언어적 문맥," 135; idem, "사회적 문맥," 103.

15) J. J. Gumperz, "Contextualization and understanding," in *Rethinking Context. Language as an interactive phenomenon*, eds., A. Duranti & C. Goodwin

"문맥화 관습들(contextualization conventions)"이 공유되는 것이 필연적이라고 주장한다.[16)]

문맥을 형성함에 있어서 언어적 요소와 비 언어적 요소가 공조한다는 이론을 증명하고자 브라운과 율에 의해 사용된 예를 참고해 보자:

The baby cried.
The mommy picked it up.[17)]

해석자는 이 두 문장이 상호 관련이 없는 독립적 사건들을 각각 언급하고 있다고 볼 수 있다. 그러나 근접 해석과 유비의 원리는 언어 사용자로 하여금 두 문장에 나오는 각각의 사건들을 하나의 문맥 안에 상호 연결된 사건으로 처리하도록 인도한다. 그러므로 the mommy는 첫째 문장에서 언급된 the baby의 어머니를 의미하며 둘째 문장에 있는 대명사 it은 근접 문맥에서 언급된 the baby를 가리키는 것으로 처리된다. 또한 비록 두 사건들이 일어난 시간과 장소에 대한 언급을 이 문장들이 포함하고 있지는 않지만 언어 사용자는 이 문장들을 통해 환기된 그들의 머릿속 문맥(상황)을 통해 그 두 사건이 시간과 장소적으로 바로 인접하여 일어나고 있는 것으로 해석한다.[18)] 이러한 해석이 가능한 이유는 문제의 사건과 유

(Cambridge: Cambridge University Press, 1992), 230, 마찬가지로 테일러(Taylor, *Linguistic Categorization*, 87)는 "낱말 의미들은 인지 구조들이며 지식과 신념으로 새겨진 형태들이다. 의미들을 특징짓는 문맥은 언어체계 자체를 뛰어 넘어 확대된다"고 주장한다.

16) Gumperz, "Contextualization," 246-47. 브라운과 율(Brown and Yule, *Discourse*, 61)은 만일 어떤 공동체의 규모가 작으면 작을 수록 그 구성원들은 더 많은 공유된 지식, 또는 문맥을 공유한다고 주장한다. 이러한 원리는 초대 교회 공동체에도 적용되어질 수 있다. 초대교회는 매우 상호 인격적인 나눔의 공동체였기 때문에 그들 사이에 공유되어진 상황적 지식은 분명히 견고하게 구축되었을 것이다.

17) Brown and Yule, *Discourse*, 60.

18) Brown and Yule, *Discourse*, 61.

사한 종류의 과거 사건들에 대한 개인적 경험을 통해 만들어진 지식체계가 언어 사용자로 하여금 본문에서 진행되고 있는 사건들에 대한 적절한 "문맥화"(컴페르즈의 용어를 사용하면)를 가능하게 하고, 그 결과 그러한 상황 안에 있는 원형적(prototypical)[19] 사람, 사물 그리고 발생 가능한 사건들이 무엇인지에 대한 기대를 가능하게 하기 때문이다.

위의 관찰을 근거로 우리는 인지언어학에서 정의하고 있는 문맥이란 언어 사용자가 담화를 이해하기 위해 언어적 혹은 본문정보를 사용하여 개념적으로(conceptually) 혹은 머릿속으로(mentally) 구상(envisionment)하는 '의사소통 상황' 으로 보고 있다고 정리할 수 있다.[20] 사실 위에서 언급된 문맥에 대한 고찰은 인지언어학의 틀의미론(frame semantics)을 통해 이론적으로 체계화되어 왔다.[21]

3.2. 틀의미론(Frame Semantics)과 문맥

앞 장에서 이미 틀이 무엇인지에 대한 개념을 정리했다. 본 장에서는 문맥과 관련된 틀의 개념을 논하고자 한다. 이미 언급한 바와 같이 틀은 특별한 영역에 연관된 개념들의 덩어리로 구성된 지식구조를 의미한다.[22]

---

19) 인지언어학에서는 '원형' 을 "그 범주를 대표할 만한 가장 '전형적,' '적절한,' '중심적,' '이상적,' '좋은' 보기"로 정의한다. 참조하라. 임지룡, 『인지언어학』, 64.

20) van Dijk, *Context*, 16.

21) 굳윙과 듀란티(C. Goodwing and A. Duranti, "*Rethinking context: an introduction,*" *in Rethinking Context. Language as an interactive phenomenon*, eds. A. Duranti & C. Goodwin [Cambridge: Cambridge University Press, 1992], 3)는 말하다: "The context is thus a frame...that surrounds the event being examined and provides resources for its appropriate interpretation." 또한 보라. L. Lindstrom, "Context contests: debatable truth statements on Tanna(Vanuatu), in *Rethinking Context. Language as an interactive phenomenon*, eds., A. Duranti & C. Goodwin (Cambridge: Cambridge University Press, 1992), 103-104; Taylor, *Linguistic Categorization*, 87-93; van Dijk, *Discourse and Context*, 68, 71.

사람, 사건, 장소에 관한 사회 문화적 지식은 일련의 반복된 경험을 통해 발췌(abstract)되어 인간의 지식구조로 저장된 후 필요할 때마다 주위에서 일어나는 사건뿐만 아니라 언어를 이해하기 위해 사용되어진다.[23] 인지과학 분야에서 일반적으로 받아들여진 가설에 따르면 사람들이 실제 세계뿐만 아니라 이야기 세계에서 일어나고 있는 일들을 이해할 수 있는 것은 바로 이러한 틀지식을 근거로 들어오는(incoming) 정보를 처리할 수 있기 때문이다.[24] 틀의미론은 낱말의 의미와 기술은 그 언어 공동체의 경험, 지식, 사고방식, 가치관 그리고 신념과 같은 개념적 지식을 전제로 할 때 비로소 이해될 수 있는 것이라고 믿는다.[25] 필모어에 따르면 weekend의 의미는 한 주는 칠일 주기로 구성되어져 있으며 그 주기 안에서 "상대적으로 긴 요일들의 단위는 공적인 일에 할당되고 이들간의 연속적 요일들은 사적 생활에 할당된다는 사회 관습적 지식(conventional knowledge)의 맥락"에서만 제대로 이해될 수 있다. 만일 언어 사용자가 그와 같은 배경지식에 익숙하지 않다면 weekend라는 단어를 이해할 수 있는 기초를 그/그녀는 가지고 있지 않은 것으로 보아야 한다.[26] 이런 이유 때문에 틀이론은 담화처리 시에 언어 사용자는 어휘항목들(lexical items)을 사용하여 상황적

22) 임지룡, 『인지언어학』, 123-37.

23) van Dijk, *Text and Context*, 159; Taylor, *Linguistic Categorization*, 90, 93.

24) R. Schank and R. P. Abelson, *Scripts, Plans, Goals and Understanding An Inquiry into Human Knowledge Structures* (Hillsdale, New Jersey: Lawrence Erlabaum Associates, 1977), 36-68; David Rumelhart, "Schemata: The Building Blocks of Cognition," in *Theoretical Issues in Reading Comprehension: Perspectives from Cognitive Psychology, Linguistics, Artificial Intelligence and Education*, eds., Rand J. Sapiro, Bertran A. Bruce, and William F. Brewer (Hillsdale, New Jersey: Lawrence Erlbaum B. Associates, 1980), 33-48.

25) Fillmore, "Frame Semantics," 122. 인지언어학에서 낱말은 개념 자체가 아니라 개념의 꼬리표(label to a concept)로 이해된다. 참조하라. Croft and Cruse, *Cognitive Linguistics*, 14; Robert W. Howard, *Concept and Schemata. An introduction* (Cassell: London, 1987), 17-19.

26) Fillmore, "Frame Semantics," 119.

지식구조, 또는 틀을 환기한 후 이 환기된 틀을 근거로 뒤따르는 정보를 이해하고자 시도한다고 믿는다.

신약성경의 예를 보자. 누가복음 4:16-20에 언급된 "예수께서 안식일에 자기 규례대로 회당에 들어가 성경을 읽으려고" 서셨다는 정보(16절)를 이해하기 위해 **회당** 틀에 연결된 다양한 배경지식을 필요로 한다. 예수님은 왜 '안식일' 에 회당을 방문하며, 그러한 방문이 "자기 규례"(κατὰ τὸ εἰωθὸς)를 따르고 있다는 것은 또 무엇을 의미하는가? 방문 이후 이어지는 예수님의 행동("성경을 읽으려고 서시매," ἀνέστη ἀναγνῶναι)은 기대되어진 정보인가? 만일 그렇다면 어떤 근거에서 그렇다고 말할 수 있는가? 특히 아무런 부연 설명 없이 본문 중간에 갑작스럽게 등장하는 참여자 정보("그에게," αὐτῷ [17절];"그 맡은 자," τῷ ὑπηρέτῃ [20절]와 "회당에 있는 자들," οἱ ὀφθαλμοὶ ἐν τῇ συναγωγῇ [20절])은 어떻게 이해해야 하는가? 비록 본문은 이런 배경정보에 대한 보충 설명을 주지 않지만 1세기 화자와 청자는 이 본문을 통해 의사소통을 하는 데 별 어려움이 없었던 것처럼 보인다. 그것은 "회당에 들어가사"(16절)라는 언어적 표현을 통해 '열려진' **회당방문** 틀이 개별적이고 독립적인 단일 개념으로 존재하지 않기 때문이다. 오히려 그것은 일상적 종교 경험을 통해서 회중(참석자) · 회당 장(참석자들의 계급적 구조) · 안식일(모임 날) · 기도 · 토라 읽기와 연구(일어나는 사건들) 등의 개념들과 상호 연결되어 언어 사용자의 지식구조를 형성하고 있다.[27] 그러므로 본문 서두에서 상기된 **회당방문** 틀은 그것과 연관되어 본문 속에서 이어지는 다양한 정보를 처리하고 앞으로 언급될 정보를 예상하도록 이끌면서 언어 사용자의 본문 이해과정을 돕는다.

위의 모든 관찰은 문맥이란 주어진 본문이해를 위해 언어 사용자가 인

27) 제2성전기 유대사회에서 회당의 기능과 사용에 대해서는 참조하라. E. P. Sanders, *Judaism: Practice and Belief, 63 BCE-66 CE* (London: SCM; Philadelphia: Trinity Press International, 1992), 198-202.

지적 틀을 사용하여 구상한 의사소통 상황으로서 담화처리 시 구체적 언어적 항목에 의해 환기되어져 정보의 이해과정을 돕는 역할을 하는 것으로 결론 내리도록 허락한다.[28]

4. 틀을 기초로 한 문맥이해(이하, 틀문맥)와(과) 헬라어 신약성경 본문에 대한 문맥적 읽기

이 장에서 우리는 어떻게 틀이 신약성경의 다양한 문법적 항목과 어휘 그리고 담화 요소의 문맥을 찾는 데 도움을 줄 수 있는지를 보여줄 것이다.

4.1. 문법이해[29]

4.1.1. 서술적 분사(Predicative Participle)와 주동사의 관계

신약성경 헬라어 문법학자들은 서술적 분사의 사건은 주동사의 사건에 개념적으로 의존되어 시간적(주동사의 사건을 선행하는 그리고 뒤따르는), 화용적 관계(양보, 원인, 조건, 도구 또는 수단, 목적, 보충 등)를(을) 맺고 있는 것으로 설명해 왔다.[30] 그러나 무엇이 주동사와 분사의 이러한 관계를 가능하게 하는가? 분사가 주동사와 맺고 있는 다양한 통사적 관계들(syntactical relations)은 부분적으로 이 질문에 대한 답을 줄 수 있다.[31] 또한 대부분의 문법학자들은 주동사와 분사의 화용적 관계에 대한 유추는 그것들이 만들어 내는 "문맥"을 토대로 이루어진다는 데에도 이견을 보이지 않는

---

28) 위도우슨, 『언어학』, 91.

29) 틀이 문법적 항목을 결정하는 데 미치는 영향을 위해서는 3장을 보라.

30) C. F. D. Moule, *An Idiom-Book of New Testament Greek* (Cambridge: Cambridge University Press, 1971), 99; 어니스트 D. 버튼, 『신약성경 헬라어 구문론』, 권성수 역 (서울: 기독지혜사, 1988), 230-7; Porter, *Idioms*, 190-92.

31) Stanley E. Porter, *Verbal Aspect in the Greek of the New Testament with Reference to Tense and Mood* (Studies in Biblical Greek 1; New York: Peter Lang, 1989), 385-87; idem, *Idioms*, 188-90.

다.[32] 우리는 이미 문맥이란 언어 사용자가 텍스트 안에 나오는 언어적 정보를 매개로 떠올리는 틀지식과 다른 것이 아님을 설명하였다. 그렇다면 서술적 분사가 개념적으로 주동사에 의존되어 있다는 것을 가정할 때, 서술적 분사와 주동사의 화용적 관계를 결정하는 문맥이란 언어 사용자가 주동사의 사건을 근거로 떠올리는 틀지식 또는 "상황적 스크립트(situational script)"로 설명되어야 한다.[33] 그러므로 호이일(R. Hoyle)은 "헬라어는 주동사를 사용하여 시나리오[틀] 안에 있는 핵심 사건을 나타내고, 분사 또는 종속절의 동사들을 통해서는 주동사의 시나리오[틀]에 개념적으로 종속된 다른 사건들을 언급한다."고 주장한다.[34] 마가복음 2:8의 예를 보자(헬라어에서 분사는 밑줄 그어져 있으며, 주동사는 진한 글씨체로, 그리고 종속절은 들여쓰기로 표시되어 있다).

καὶ εὐθὺς ἐπιγνοὺς ὁ ’Ιησοῦς τῷ πνεύματι αὐτοῦ

    ὅτι οὕτως διαλογίζονται ἐν ἑαυτοῖς

λέγει αὐτοῖς· τί ταῦτα διαλογίζεσθε ἐν ταῖς καρδίαις ὑμῶν;

    저희가 속으로 이렇게 의논하는 것을

예수께서 곧 그의 영으로 아시고

이르시되 어찌하여 이것을 마음에 의논하느냐?

실제 삶의 경우에서 어떤 사람이 다른 사람과 그/그녀의 발화의 내용을 먼저 '인지하는' 것은 그 사람에게 '말하는' 행동의 원형적 필수조건이다. 그러므로 통사적으로 주동사에 선행하는 2부정과거 분사의 사건(ἐπιγνοὺς, "아시고")은 주동사 사건(λέγει, "이르시되")이 발생하기 전에 일

32) BDF, § 417; Moule, *Idiom*, 99; Porter, *Verbal Aspect*, 374; idem, *Idioms*, 190.

33) "상황적 스크립트"라는 용어에 대해서는, Schank and Abelson, *Scripts*, 41-50, 을 보라. 그들은 이 용어를 사건들의 순서, 위치, 대행인들 그리고 소품들을 그것의 원형적 요소들로 가지고 있는 지식구조로 설명한다.

34) Hoyle, "Scenarios," 88-94.

어나는 사건으로서 주동사의 사건 틀에 원형적으로 부속되는 사건이다. 따라서 언어 사용자의 주동사 사건에 대한 틀지식은 서술적 분사 사건의 문맥으로서 후자의 전자에 대한 화용적 관계를 적절하게 이해하게 해 주는 역할을 할 수 있다. 또 다른 예는 사도행전 8:27이다(주동사는 진한 글씨체로, 분사는 밑줄이 그어져 있다).

ἐληλύθει προσκυνήσων εἰς Ἰερουσαλήμ
내시가 예배하러 예루살렘으로 **왔다가**

버튼은 주동사를 따르고 있는 미래 분사(προσκυνήσων, "예배하러")를 목적 분사로 분류한다.[35] 결과적으로, 이 절에서 분사의 사건은 주동사의 행동(ἐληλύθει, "왔다가")의 목적을 나타내고 있다. 그러나 필자의 주장은 분사의 목적적 기능에 대한 1세기 그리스도인 청자들의 문맥적 추론은 '예배행위' 를 그 사건의 원형적 목적으로 가지고 있는 **예루살렘에 올라감**이라는 사건 틀을 환기할 때 비로소 가능해진다는 것이다.

4.1.2. 접속사 해석

헬라어는 많은 접속사를 가지고 있다. 접속사는 문장 속에 위치하여 구와 구 그리고 문장과 문장을 연결시키는 중요한 문법적 역할을 하기 때문에 접속사의 적절한 용법을 아는 것은 개별 단어와 구 그리고 절뿐만 아니라 전체 담화의 흐름을 파악하는 데 필수적이다. 그러나 헬라어 접속사를 해석하는 데 있어서의 어려움은 소수의 접속사(예. 거의 고정적으로 반의적 용법으로 쓰이는 ἀλλά을 제외하고는 καί δέ와 같은 헬라어 접속사들이 하나 이상의 용법들을 가지고 있기 때문에 발생한다. 비록 로버트슨(A.T. Robertson)이 δέ는 반제와 대조의 개념을 포함하고 있지 않다고 주장했음에도 불구하고[36] 대부분의 문법학자들은 그것의 주요 용법을 반

35) 버튼, 『구문론』, 232.

의적인 것으로 인정하기 때문에 δέ의 의미역할은 상대적으로 단순한 것처럼 보인다.[37] 로버트슨에 따르면 καί는 일반적으로 세 가지 용법으로 사용된다: "부가(also)," "강조(even)," "연결(and)."[38] 하지만 포터는 καί의 세 가지 용법 외에 '반의적' 의미를 추가한다.[39] 중요한 것은 어떤 문장 속에 δέ와 καί가 나타날 경우 그것들의 다양한 사전적 용법들 중에서 현재 담화를 보다 적절하게 이해하도록 돕는 것이 어느 것인지를 설명할 수 있는 이론적 근거를 정립하는 것이다. 로버트슨은 καί의 사용과 관련하여 그것의 의미가 무엇인지에 대한 결정은"전적으로 문맥에 달려 있다"고 주장한다.[40]

필자는 로버트슨의 의견에 전적으로 동의한다. 그러나 많은 문법학자들이 그러하듯 로버트슨 역시 그 "문맥"을 어떻게 설정한 것인지에 대한 설명을 하지 않는다. 본서의 주장은 담화에서 접속사의 기능을 바르게 이해하도록 돕는 문맥은 텍스트 안에서 분명하게 혹은 암시적으로 언급되어진 틀에 의해서 더 잘 설명되어질 수 있다는 것이다. 누가복음 5:34-35를 보자(관련된 접속사는 진한 글씨체로 되었다).

34절 μὴ δύνασθε τοὺς υἱοὺς τοῦ νυμφῶνος ἐν ᾧ ὁ νυμφίος μετ᾽ αὐτῶν ἐστιν· ποιῆσαι νηστεῦσαι;
혼인집 손님들이 신랑과 함께 있을 때에 너희가 그 손님으로 금식하게 할 수 있느뇨?

---

36) Robertson, *Grammar*, 1184.

37) BDF, § 447; Maximilian Zerwick S.J., *Biblical Greek* (Rome: Pontifical Biblical Institute, 1963), 157; Porter, *Idioms*, 208. Zerwick과 Porter는 δέ가 빈번하게 "진행적(progressive)," "설명적(explanatory)," "연결(connective)"과 "강조(emphasis)"의 용법으로 사용된다고 지적한다.

38) Robertson, *Grammar*, 1181.

39) Porter, *Idioms*, 211.

40) Robertson, *Grammar*, 1181.

35절 ἐλεύσονται **δὲ** ἡμέραι καὶ ὅταν ἀπαρθῇ ἀπ' αὐτῶν ὁ νυμφίος

그러나 그 신랑이 그들로부터 빼앗기는 날들이 이르리니 그 날에는 금식할 것이니라.

한글 개역성경, 개역개정과 NIV는 35절의 접속사 δέ를 반의적 의미('그러나,' but)로 번역하고 있는 반면 RSV는 그것의 번역을 생략하고 있다. 만일 우리가 한글 개역성경과 개역개정본의 번역을 지지하기를 원한다면 어떤 이론적 근거 위에서 그렇게 할 수 있는지 설명해야 한다. 틀을 기초로 한 담화 이해는 이러한 질문에 답을 줄 수 있다. 즉, 1세기 유대 결혼 관습에서 결혼식장을 떠나는 사람은 신랑이 아니라 신랑의 친구들이었기 때문에, 34절의 "혼인집 손님들"(τοὺς υἱὸς τοῦ νυμφῶνος)에 의해 환기된 **결혼식** 틀은 1세기 청자들로 하여금 그 틀의 원형적 참석자인 신랑의 "빼앗김"(ἀπαρθῇ) 을 언급하고 있는 35절의 내용을 유대 사회의 결혼식에서 일어날 수 있는 일련의 관습적 사건들에 대한 기대의 위반(violation of expectation)으로 처리 하도록 한다.[41] 그 결과 청자는 이러한 비 전형적 사건을 토대로 35절의 도입부에 위치한 접속사 δέ를 반의적으로 사용하도록 이끌 수 있다.

또 다른 예로 요한복음 6:70을 보자(해당 접속사는 짙은 글씨로 되었다).

ἀπεκρίθη αὐτοῖς ὁ 'Ιησοῦς οὐκ ἐγὼ ὑμᾶς τοὺς δώδεκα ἐξελεξάμη; **καὶ** ἐξ ὑμῶν εἶς διάβολός ἐστιν.

예수께서 대답하시되 내가 너희 그 열둘을 택하지 아니하였느냐.

41) 1세기 유대 결혼 관습에 대해서는 참조하라. Nineham, *Mark*, 102; Guelich, *Mark 1-8:26*, 112.

그러나 너희 중에 한 사람은 마귀이다.

한글 개역성경과 개역개정은 καί를 대립적 연결사인 "그러나"로 번역하고 RSV는 단순 연결사 and로 번역한다. 만일 우리가 καί를 반의적 접속사로 번역하는 개역개정의 번역을 지지한다면 어떤 근거에서 그렇게 할 수 있는가? 틀의미론은 이 질문에 답을 줄 수 있다. 틀은 일련의 사건의 예상된 혹은 전형적 정보들을 포함하고 있기 때문에 만일 담화에서 발화된 어떤 정보가 틀에 위반된 것으로 판단되면 청자는 접속사 καί를 반의적으로 처리할 수 있다. 접속사 καί를 선행하는 절의 "내가 열둘을 택하지 아니하였느냐"(δώδεκα ἐξελεξάμην)는 분명 초대 교회 청자들에게 **제자 부름** 틀을 떠올리도록 언급되어졌다.[42] 그러나 καί에 의해 뒤따르는 절은 그 열두 제자 중 하나는 사탄이라는 뜻밖의, 그렇기 때문에 놀라운 사실을 밝힌다. 물론 이 발화가 청자들에게 예상 밖으로 들릴 수 있는 이유는 이 문장에서 환기되어진 **제자 부름** 틀 안에서 사탄은 전형적 참여자가 아니라는 정보(그러므로 틀 이탈[frame deviation]) 때문이다. 따라서 그것의 전형적 정보와 예상 밖 정보를 제공해줄 수 있는 틀 문맥은 청자로 하여금 **제자 부름** 틀 이탈 내용을 제공하는 정보("너희 중의 한 사람은 마귀니라")를 시작하는 접속사 καί를 '그러나'로 번역하게 한다.

4.1.3. 동작주 부재 구문(Agentless Construction)의 해석

신약성경 헬라어는 자주 비 전방 조응적(non-anaphoric) 인칭 동사 형태

---

42) "내가 너희를 택하지 아니하였느냐"라는 예수님의 말을 요한의 청자들이 이해하기 위해선 그들에게 예수께서 열두 명을 자신의 제자로 삼으셨다는 지식구조를 가지는 것은 필연적이다. 그러나 공관복음서(마 10:1; 막 3:14; 눅 6:13)와는 달리 요한복음에는 예수께서 열두 제자를 택하는 사건이 나오지 않는다. 그럼에도 불구하고 요한복음 저자가 6:29과 같은 정보를 사용할 수 있다는 것은 예수님의 **제자부름** 틀이 청자들에게 있었고 그 틀을 사용하여 현재 본문을 어려움 없이 처리할 수 있을 것으로 추측하고 있다는 것을 보여준다.

들과 대명사를 사용하여 어떤 사건의 참여자를 묘사할 때가 있다. 해석자의 임무는 그러한 동사들과 대명사의 의미적 동작주(semantic agent)를 언어학적 기초 위에서 추론하는 것이다. 틀의미론에 따르면 만일 공동 텍스트에 의해 열려진 틀의 어떤 정보가 화자와 청자에 의해 공통적으로 공유된 전형적 구성요소여서 청자들이 필요할 때마다 유추적 과정을 통해 떠올릴 수 있는 것이라면 틀을 기초로 하는 이야기는 그 정보를 빈번히 생략한다.[43] 그렇다면 비 전방 조응적 주어와 명사를 가진 동사와 대명사의 사용은 그 텍스트 안에 관련된 틀이 전제되어 있어, 청자는 그 틀을 환기할 경우에만 적절하게 그 본문(그것들의 의미적 동작주)을(를) 이해할 수 있다는 것을 의미한다. 예를 들면 마태복음 19:13을 보자(비 전방 조응적 동작주를 가진 수동형 동사는 밑줄이 그어져 있다).

> τότε <u>προσηνέχθησαν</u> αὐτῷ παιδία ἵνα τὰς χεῖρας ἐπιθῇ αὐτοῖς καὶ προσεύξηται
> 때에 예수께서 안수하시고 기도해주시도록 어린 아이들이 <u>이끌려 왔다.</u>

동사(προσηνέχθησαν, [문자적 번역] "그들이 이끌려오다")가 지시하는 사건의 수용자(παιδία, "아이들")가 문법적 주어 역할을 하고 있는 반면, 그 사건의 의미상 동작주의 정체에 대한 언급은 본문 그 어디에도 없다. 그런데 동사의 의미상 주어의 신분에 대한 정보를 처리할 수 있는 언어학적 근거는 있다. 부모들이 자신의 아이들이 종교지도자들로부터 축복을 받도록 데려오는 것은 1세기 유대인들의 문화적 관습이었기 때문에 그 수동태 동사의 의미상 주어를 이해하기 위한 인지모형으로서 그 배경지식 구조(틀)가(이) 환기되도록 의도된 것이다.[44] 그렇다면 문화적 지식을 원형적

---

43) Brown and Yule, *Discourse Analysis*, 256-71.

정보로 포함하고 있는 상황적 틀은 1세기 청자들로 하여금 προσηνέχθησαν 의 의미상의 동작주(즉, 아이들을 데려오는 이의 신분)를(을) 그 아이들의 부모들로 쉽게 추론할 수 있게 한 것으로 보아야 한다.

틀은 수동형 동사의 의미상 동작주 뿐만 아니라 능동형 동사와 대명사의 동작주를 밝히는 문맥이 될 수 있다. 마가복음 3:1-2, 4를 보자(틀은 진한 글씨체로, 그리고 비 전방 조응적 동작주를 가진 동사와 대명사는 밑줄 그어져 있다).

1절 καὶ εἰσῆλθεν πάλιν εἰς **τὴν συναγωγήν**...
예수께서 다시 **그 회당에** 들어가시니...
2절 καὶ παρετήρουν αὐτόν εἰ τοῖς σάββασιν θεραπεύσει αὐτόν ἵνα κατηγορήσωσιν αὐτοῦ
사람들이 예수를 고소하려 하여 그 안식일에 그 사람을 고치시는가 엿보거늘.
4절 καὶ λέγει αὐτοῖς...
그러나 저희에게 이르시되...

2절의 3인칭 복수 동사(παρετήρουν, "엿보거늘")와 3인칭 복수 동사(κατηγορήσωσιν, "송사하려")의 의미상의 동작주가 누구인지에 대한 정보는 선행하는 본문에서는 주어져 있지 않다. 마찬가지로 예수님의 질문을 받고 있는 대상을 언급하기 위해 4절에서 사용된 3인칭 복수 대명사(αὐτοῖς, "저희에게") 역시 선행명사 없이 사용되었다. 이것은 그의 안식일 치료행위를 고소할 목적으로 예수를 감시하는 중에 그의 질문을 받고 있는 동작주의 신분에 관한 정보는 전적으로 청자의 추론에 맡겨져 있다는

44) 고대 유대인들의 이러한 문화적 관습에 대해서는 참조하라. Ulrich Luz, Matthew 8-20 (Minneapolis: Fortress Press, 2001), 504.

것을 보여준다. 논쟁의 장소적 배경으로서 회당에 대한 정보가 1절에서 이미 주어져 본문에서 **회당** 틀이 이미 열렸다는 것을 고려한다면, 유대 종교와 법 전문가로서 바리새인들은 회당집회의 원형적 참석자이기 때문에(참조하라. 막 1:22; 마 13:6, 34; 눅 11:43)[45] 청자들이 안식일 법 준수의 문제로 적대적 감시를 취하는 동작주를 바리새인들로 추론하는 것은 어렵지 않다. 이러한 틀문맥적 추론은 이 에피소드의 종결부(6절)에서 바리새인의(**회당** 틀이 없는 현대인들에게는) 갑작스러워 보이는 출현을 언급하는 본문상의 증거(ἐξελθόντες οἱ Φαρισαῖοι εὐθὺς, "바리새인들이 나가서 곧...")에 의해 확증된다.[46]

4.1.4. 수사의문(Rhetorical Question)

비크만(J. Beekman)과 콜로우(J. Callow)에 의하면 신약성경은 대략 1,000개 정도의 의문문을 포함하고 있으며 그 중의 약 70퍼센트는 수사의문으로 분류된다.[47] 실제의문(real question)은 대화 상대자로부터 어떤 정보를 끌어내기 위해 사용되지만 수사의문은 일반적으로 질문에 대한 답변이 없이 대화 상대자에게 어떤 "정보를 주거나 그 정보에 주의를 집중시키기 위한 목적"으로 사용된다.[48] 그러나 수사의문의 이러한 목적은 오직 그 정보가 청자의 지식구조에 이미 저장되어 있는 경우에만 달성될 수 있다.[49] 화자는 청자가 이미 알고 있는 배경지식(문맥 또는 틀지식)을 떠올

45) Moore, *Judaism*, 286-87.

46) 마르쿠스(Joel Marcus, *Mark 1-8* [AB, 27A; New York: Doubleday, 2000], 219)는 막 3:6의 바리새인의 출현을 '예상 밖' (unexpected)이라고 한다. 그러나 그들의 출현은 회당 틀을 가진 1세기 청자들에게는 '예상된' 사건임을 기억해야 한다.

47) John Beekman and John Callow, *Translating the Word of God: with Scripture and Topical Indexes* (Grand Rapids, Michigan: Zondervan, 1974), 229.

48) Beekman and Callow, Word of God, 238.

49) 그러므로 호이일(Hoyle, "Scenarios," 174)이 적절하게 지적하고 있는 것처럼 화자가 수사의문을 사용할 때는 다음을 추측하고 있다: 1) 청자는 그 질문에 대한 정확

려 그 화자 자신의 의견과 태도를 받아들이도록 촉구하고자 수사의문을 사용하기 때문이다. 마태복음 8:25-26에 나오는 수사의문(밑줄 그어진)을 보자:

25절 καὶ προσελθόντες ἤγειραν αὐτὸν λέγοντες· κύριε, σῶσον, ἀπολλύμεθα.
그리고 그들이 나아와 깨우며 가로되 주여 우리를 구원하소서 우리가 죽겠나이다

26절 τί δειλοί ἐστε, ὀλιγόπιστοι;
어찌하여 무서워하느냐, 믿음이 적은 자들아

제자들은 바다 여행 중에 만난 폭풍으로 침몰 직전인 배 안에서 예수께 구원을 외친다. 이에 예수님은 "어찌하여 무서워하느냐, 믿음이 적은 자들아?"와 같은 질문으로 반응하신 후(제자들로부터의 어떤 대답을 기대하지 않은 채) 계속 말을 이어간다. 예수님의 제자들을 향한 질문의 의도는 제자들로부터 그들이 '두려워하고 있는 이유'를 알아내기 위해서가(그러므로 실제의문이) 아니라 그들이 폭풍 속에서 '두려워하지 말아야 하는 이유'를 환기시키기 위해서였다는 것(수사적 질문)이 분명하다. 다시 말하면 예수님은 제자들에게 요구된 기본적 특성인 '스승인 자신의 힘과 동행에 대한 믿음'을 불러내고자 이 수사의문을 사용하고 있는 것이다.[50] 그러나 만일 청자들이 예수님이 누구인지 그리고 예수님에 대한 어떤 자세가 제자들에게 요구되어졌는지에 대한 틀문맥을 아직 가지지 못했다면, 이 본

한 답이 무엇인지 알고 있다. 2) 청자는 화자가 답을 알고 있다는 것을 알고 있다. 3) 청자는 청자가 알고 있다는 것을 화자가 알고 있다는 것을 알고 있다.

50) 마태복음에 나오는 제자부름 틀의 원형적 지식이 '염려 없이' 예수님의 힘과 권위에 대한 믿음과 그의 동행에 대한 확신을 포함하고 있다는 본문상의 증거에 대해서는 참조하라. 6:25-34; 10:1; 18:20; 28:18, 20.

문에서 수사의문을 통한 의사소통은 실패로 돌아가고 예수님의 수사의문은 실제의문으로 잘못 이해될 수밖에 없다. 따라서 청자들이 구절 안에 있는 수사의문을 그것이 의도된 것처럼 적절하게 이해하기 위해서는 그 질문이 어떤 틀을 배경으로 작용하고 있는지 먼저 인지한 후 그 틀을 배경으로 그 정보를 처리하는 것이 필수적이다.[51)]

4.2. 어휘이해

4.2.1. 명사적 정보(사람, 사물, 장소, 시간, 물질)의 이해

텍스트는 그것의 일관성 있는 정보 처리를 위해서 필연적인 것처럼 보임에도 불구하고 상황, 사물, 그리고 사람 등에 관한 어떤 핵심적 정보를 언어화하지 않는 경향이 있다는 점에서 함축적이다. 텍스트의 이런 함축적 경향은 텍스트의 일관성 있는 해석을 위해 추론을 필수 불가결한 인지과정으로 만든다. 특히 틀의 추론적 기능은 특히 사람, 사물, 장소에 관한 명사적 정보를 이해하는 데 있어서 절대적으로 요구되어진다. 요한복음 18:28-29을 보자(장소와 인물 틀은 진한 글씨로 되어 있다):

28절 ἄγουσιν οὖν τὸν ’Ιησοῦν ἀπὸ τοῦ Καϊάφα ἐις **τὸ πραιτώριον**·
ἦν δὲ πρωΐ· καὶ αὐτοὶ οὐκ εἰσῆλθον εἰς **τὸ πραιτώριον**
ἵνα μὴ μιανθῶσιν ἀλλὰ φάγωσιν τὸ πάσχα.
저희가 예수를 가야바에게서 **그 관정**으로 끌고 가니 새벽이라
저희는 더럽힘을 받지 아니하고 유월절 잔치를 먹고자 하여 **그 관정**에 들어가지 아니하더라.

---

51) 예수님의 신적 신분과 그에 따른 충성과 신뢰가 초대교인들의 종교적 경험의 핵심으로 자리 잡고 있었다는 사실과 관련해서는 빌 2.6-11; 고전 8:6; 계 2:10, 13; 엡 1:21-22. 또한 참조하라. Larry W. Hurtado, *One God, One Lord*, 2nd edn., (T & T clark: London, 1998), 117-24.

29절　ἐξῆλθεν οὖν **ὁ Πιλᾶτος** ἔξω πρὸς αὐτοὺς
그러므로 **그 빌라도**가 밖으로 저희에게 나아가서

유대인들은 예수를 "관정"(τὸ πραιτώριον)으로 끌고 간 후 자신들은 그 장소에 들어가지 않는다. 본문은 그 이유를 "더럽힘을 받지 않기"(μὴ μιανθῶσιν) 위한 것으로 설명한다. 본문은 유대인들의 행동에 대한 이유(ἵνα)를 설명 하고 있지만 이 본문이해에 필요한 정보는 여전히 주어져 있지 않은 것처럼 보인다. '더럽힘을 받는다는 것'은 어떤 차원에서 말해진 것인가? 종교적 혹은 물리적 더럽힘을 의미하는가? 그리고 왜 유대인들은 관정에 들어가는 것이 자신을 더럽히는 경우가 될 수 있다고 생각하는가? 사실 "관정"이라는 낱말은 요한복음 전체에서 이곳에 처음으로 등장하고 있지만 본문은 결코 그 장소가 어떤 곳인지에 대한 부가적 설명을 주고 있지 않다. 틀의미론에 따르면 이러한 텍스트의 침묵은 그 정보가 화자와 청자 사이에 공유된 문화적 지식이기 때문에 청자가 그들의 **정결법** 틀과 **관정**에 관한 장소 틀을 환기함으로서 그 정보를 처리할 수 있는 것으로 화자가 추측하고 있다는 것을 의미한다.[52] 그러므로 유대인들의 행동의 이유를 설명하는 ἵνα 절은 유대인들의 **정결법** 틀이라는 문맥을 떠올릴 때에만 이해될 수 있다(요 2:6; 4:9; 19:31; 비교. 행 10:28). 또한 유대에 주둔하고 있는 '이방인' 로마총독의 공식적 사택(유대인들에게 정결치 못한 장소)이라는 의미적(semantic) 정보를 포함하고 있는 장소 틀 **관정**[53]은 유대인들이 관정에 들어가지 않으려는 행동의 이유를 이해 가능한 정보로

---

52) 다양한 종류(인물 · 장소 · 사물 · 이야기) 틀과 그것의 쓰임에 대해서는 참조하라. Park, *Mark's Memory Resources*, 93-9.

53) 고대 유대인들은 이방인의 주택을 정결하지 못한 장소로 생각했다는 논의를 위해서는 참고하라. Raymond E. Brown, *The Gospel according to John XII-XXI* (AB29a; Garden City, New York: Doubleday, 1970), 846-47; L. Morris, *The Gospel according to John Revised* (Grand Rapids, Michigan: Eerdmans, 1995), 675-76.

처리하도록 허락한다. 마찬가지로 그 장소의 원형적 참여자로서 로마 총독을 가지고 있는 **관정** 틀은 그 당시 빌라도를 그 장소의 기대된 거주자로 전제하고 있는 29절의 정보 역시 이해할 수 있게 한다. 이에 더하여 빌라도는 요한복음에서 처음으로 등장하고 있다는 것을 고려할 때 그가 누구이며, 왜 그곳에 살며, 그리고 사람들은 왜 예수를 빌라도에게 데리고 갔어야 했는지에 대한 설명도 필수적이다. 따라서 주둔지의 사람을 사형에 처할 수 있는 권위(비교. 18:31)를 가지고 예수 시대에 유대에 부임한 로마 총독에 대한 의미적 정보를 포함하고 있는 인물 틀 **빌라도**는 기대된 참여자로 관정으로부터 나오는 29절의 묘사와 뒤따르는 그의 재판행위에 대한 이해를 이끄는 추가적 문맥 역할을 하고 있다고 보아야 한다.

4.2.2. 다의어(Polysemy)의 해석

하나의 어휘항목이 둘 이상의 관련된 의의(sense) 또는 의미를 가질 경우 언어학자들은 그 낱말이 다의 관계에 있는 것으로 설명한다.[54] 관련주제와 연관하여 언어학자들의 관심들 중의 하나는 다의적 관계에 있는 낱말의 의미경계를 어떻게 정할 것인가에 집중되어 있다.[55] 틀의미론은 다의어의 의미경계를 정하는 데 중요한 역할을 할 수 있다. 인지언어학에 따르면 "만일 한 낱말의 상이한 사용에 대한 설명을 위해서 다른 두 영역[틀]들에 대한 지시(reference)가 필요하다면 이것은 문제의 어휘항목이 다의적이라는 것을 보여주는 분명한 표지이다."[56] 동일한 낱말이 다른 의미를 가지는 경우가 그 낱말의 의미쓰임이 각각 다른 틀에서 이뤄지기 때문이라면 담화 처리 시 적절한 틀문맥의 환기는 다의어 관계에 있는 낱말의 특정한 의미 사용 이해에 결정적 역할을 한다.[57] 이를테면 school이

54) Taylor, *Linguistic Categorization*, 102-103.
55) Croft and Cruse, *Cognitive Linguistics*, 109-110.
56) Taylor, *Linguistic Categorization*, 103. 강조는 저자의 것.
57) Fillmore, "Frame Semantics," 124.

라는 영어 낱말의 의미는 '학교,' '학파,' '물고기 떼'로 분류될 수 있고, 이것은 곧 school은 세 가지 다른 틀을 배경으로 그것의 의미들을 이해할 수 있다는 것을 의미한다.[58] 신약성경의 예와 관련하여 위에서 이미 언급된 헬라어 동사 χαίρε 또는 χαίρετε의 경우를 다시 고려해보자. 로우와 나이다(J. P. Louw and E. A. Nida)는 신약성경에 나오는 χαίρω는 rejoice (25.125)와 greetings(33.22)이라는 두 개의 다른 의미영역(semantic domain, 각각 25 Attitudes and Emotions와 33 Communication)을 가진 것으로 분류한다.[59] 필자의 관심은 문장 속에서 다의어 χαίρω의 두 개의 의미("기뻐하라"는 명령문과 단순한 인사말) 사이에서 적절한 선택이 어떻게 일상 · 문화 · 사회적 경험을 통해 만들어진 배경지식 구조인 틀문맥에 의해 이뤄지는지를 보여주는 것이다.

마태복음 26:49의 예를 보자. 그 곳에서 가룟 유다는 일정시간 예수와 떨어져 있은 후(마지막 만찬 후 그는 대제사장의 무리들을 이끌어 오기 위해 예수를 떠났었다) 다시 그를 만나는 첫 시점에 있기 때문에(47과 49절을 참조하라. "유다가 왔는데"; "곧 예수께 나아와,") 청자는 이 상황에서 **만남** 틀이라는 문맥을 떠올릴 수 있다. 그렇게 환기된 틀은 예수님에게 건넨 가룟 유다의 첫 마디 χαίρε를 일상에서 두 사람이 만났을 때 주고받는 의례적 첫 인사("안녕하십니까," greetings)의 의미로 이해할 수 있도록 해준다.[60] 마찬가지

58) Taylor, *Linguistic Categorization*, 103.

59) J. P. Louw and E. A. Nida, *Lexical Semantics of the Greek New Testament* (Atlanta, Georgia: Scholars Press, 1992). 로우와 나이다의 의미영역이론과 틀의미론은 둘 다 낱말의 의미를 영역 또는 틀과 연관시켜서 이해한다는 점에서 공통점을 가지고 있다. 그럼에도 불구하고 의미영역 이론은 낱말의 의미구분을 그것이 공유하고 있는 의미적 특징들의 수(number)와 형태(type)에 기초하고 있지만 틀의미론은 청자와 화자의 일상 혹은 문화와 사회적 삶을 통해 축적된 경험적 개념지식인 틀에 기초하여 낱말의 의미를 이해하고 있다는 점에서 중요한 차이가 있다.

60) 마태복음에서 χαίρω의 유사한 사용(greetings or hail)에 대한 다른 예는 참고하라. 27:29; 28:9

로 빌립보서 3:1에서 χαίρετε는 서신이 종결부로 가고 있다는 것을 알려 주는 지시어 τὸ λοιπόν("마지막으로")에 뒤따라 언급되고 있으며, 4:4에서도 역시 그 낱말은 고대 서신체의 종결부를 구성하는 인사말 형식(4.1-3) 직후에 나오고 있기 때문에 그 언어적 지시어들은 청자들에게 **헤어짐/결론** 틀을 떠올리기에 충분하다.[61] 따라서 3:1과 4:4의 χαίρετε의 의미는, 마지막 인사를 원형적 사건 정보로 가지고 있는 서신체의 형식과 전후 공동 본문에 의해 열린 **헤어짐/결론** 틀을 고려하여, 작별인사에 대한 지시어(farewell 또는 good-bye)로 보는 것이 타당할 것이다.[62]

4.2.3. 은유적 연결 짓기(Metaphorical Mapping)

일상 대화에서 은유를 통한 의사소통은 아주 자연스러운 현상 중의 하나이다. 그러나 이러한 은유를 통한 의사소통이 청자의 머릿속 지식구조에 기초한 인지작용의 결과라는 사실에 주의를 기울이기 시작한 것은 아주 최근의 일이다.[63] 아리스토텔레스 이후 은유는 일반적으로 "두 가지 사물이나 개념 사이에 유사성이 성립할 때 한쪽 형식으로 다른 한쪽을 표현하는" 비 일상적, 시적 문체로 이해되어 왔다.[64] 그러나 어휘 의미론(lexical semantics)의 관점에서 본다면 비교되고 있는 두 개념 영역들이 서

---

61) Reed, "Modern Linguistics,"; idem, "Identifying Theme in the New Testament: Insights from Discourse Analysis," in *Discourse Analysis and Other Topics in Biblical Greek*. eds. S. E. Porter & D. A. Carson (JSNTSup, 113; Sheffied: Sheffield Academic Press, 1995), 90, 은 서신체라는 장르에 대한 청자들의 인지적 도식(cognitive script) 안에 서신의 시작과 종결을 알리는 언어적 정보에 대한 지식을 포함하고 있다고 주장한다.

62) 이러한 해석을 위해서는 참조하라. F. W. Beare, *The Epistle to the Philippians* (London: Adam & Charles Black, 1959), 100, 145-46; BDAG, cai,rw 2.

63) 은유에 대한 이러한 이해는 G. 레이코프, M. 존슨(『삶으로서 은유』, 노양진 · 나익주 역 [서울: 박이정, 2006])에 의해 시작되었다.

64) Nomura, "은유," 『인지언어학 키워드 사전』, 158-59.

로 관련이 없어 보이는 요소를 포함하고 있을 때가 많다는 것을 유념해야 한다. 그렇다면 이런 경우 청자는 텍스트가 의도한 것처럼 두 개념들 사이의 은유적 연결 짓기를 어떻게 처리할 수 있는가? 인지언어학자 레이코프(G. Lakoff)는 "언어적 표현으로서 은유가 가능한 것은 바로 인간의 개념체계 안에 은유가 존재하기 때문이라" 고 주장하면서 은유를 하나의 개념(목표영역[target domain])을 다른 개념(근원영역[source domain])으로 연결 짓는(mapping) 인지작용으로 이해하였다.[65] 표면적으로는 별 상관없어 보이는 두 영역사이의 은유적 연결 짓기는 청자의 일상 삶을 통해 체득된 목표영역과 근원영역 사이에 존재하는 유사성에 대한 사회 문화적 지식에 의해 이뤄진다.[66]

마가복음 1:24의 경우를 보자. 이 구절에서 귀신들린 사람은 ἦλθες ἀπολέσαι ἡμᾶς; "우리를 멸하러 왔나이까?" 라고 외친다. 이 질문은 어휘적 차원에서 본다면 두 적대자들 사이에 벌어지는 '전투' 를 지시한다. 그러나 예수와 귀신들린 사람 사이에서 물리적 전투는 일어나지 않는다. 그렇다면 청자들은 이 문장이 예수님과 귀신과의 물리적 싸움 또는 실제 군사적 행위에 관한 지시가 아니라는 것을 어떻게 알 수 있는가? 청자의 인지처리 과정에서 일어나는 은유적 연결 짓기가 바로 그 답이다. 청자는 이 문장을 처리할 때 **귀신축출**(exorcism) 또는 **영적전쟁**이라는 목표영역을 실제 **군사전투**라는 근원(즉 **귀신축출**을 이해하는 문맥이 되는)영역의 관점에서(in terms of) 이해하고 경험한다.[67] (이러한 은유적 연결 짓기의 본문상의 증

---

65) 레이코프 & 존슨, 『삶으로서 은유』, 24-25 (인용은 25쪽).

66) 레이코프 & 존슨, 『삶으로서 은유』, 26-30, 211-22, 254-64; Taylor, *Linguistic Categorization*, 138-41.

67) 예를 들면, 군사전투 틀의 원형적 요소는 다음과 같다: 참가자(두 적대자), 부분(군사적 공격과 방어 혹은 방어와 역 공격), 단계(직면, 전투행위, 종결), 인과(하나의 행동은 다른 행동의 시작을 유발), 목적(사람과 영토를 획득 또는 사람과 영토를 지킴). 위 분석은 레이코프와 존슨(『은유』, 289, 287-280)이 제시한 하나의 사건을 이해할 때 언어 사용자가 사용하는 체험적 게슈탈트의 내용을 토대로 이루어졌다.

거에 대해서는 막 3:32-37을 보라. 여기서 예수님은 **군사전투** 영역과 **귀신축출** 영역 사이의 직접적 연결을 시도한다. 즉 **영적전투**는 **군사전투**의 관점에서 개념화되고 이해되며, 그리고 말해진다).

〈표 5〉 군사전투와 영적 전투 틀 비교

틀 / 원형적 정보	군사전투	영적전투
참여자	아군 vs 적군	예수 vs 사탄
사 건	공격과 방어	공격과 방어
무 기	칼과 활 등	예수님의 말씀과 사탄의 언어 또는 폭력적 저항
목 적	영토와 노략물 획득	사람과 지역 확보
결 과	승과 패	예수님의 승리 사탄의 물러남

마가복음에 나오는 여러 축사 이야기에서 예수님은 귀신을 내어 쫓는 공격자이며, 악한(demonic) 영들은 예수님에 의해 어떤 사람 또는 특정 지역으로 물러나는 예수님의 적들이다(1:26, 34; 5:10-13; 7:30; 9:26); 싸움은 사람과 땅을 차지하는 것과 관련되어 있다(1:25-25; 5:8, 15, 19; 9:27); 공격자의 행동 또는 명령은 그의 적으로부터 폭력적 저항을 동반하게 된다(1:26, 27; 5:5, 7, 13; 9:26); 싸움은 항상 귀신들을 어떤 사람이나 장소로부터 몰아내는 데 있어서 공격자 예수님의 승리로 끝난다.[68]

4.2.3. 이야기 이해: '흥미로운' 이야기의 결정적 요소로서 틀문맥

사람들은 종종 그들 주위에서 일어나고 있는 어떤 사건들을 '이상한'

68) 초대 교인들이 악한 영과의 영적전투를 물리적 전투에 기초해서 이해하였다는 사실을 보여주는 예를 위해서는 참조하라. 고전 15:24-28; 엡 6:10-17; 갈 5:16-17; 계 12:7-17.

또는 '터무니없는' 것들이라고 판단한다(예, 승복을 입은 불교 승려가 예배당에서 드려지는 예배에 참석하고 있는 경우를 생각해보라). 이와 같은 사고방식은 사람들이 어떤 상황에서 당연히 혹은 일반적으로 받아들여질 수 있는 것이 무엇인지에 대한 전형적(또는 표준적) 지식을 가지고 있기 때문에 가능한 것이다.[69] 만일 그들의 전형적 기대, 즉 틀지식이 위반되었다고 판단하면 그들은 그 일 또는 사건을 터무니없는 것으로 추론한다. 틀은 어떤 영역에서의 반복된 경험을 통해 상호 연결된 일련의 개념으로 구성된 지식체계이기 때문에 그것은 어떤 상황과 관련되어 언급되어지고 있는 정보가 예상된 것인지 아닌지를 결정할 수 있다. 틀의 이러한 속성은 사람들이 일상과 이야기 세계에서 어떤 일과 사건이 흥미롭다는 인지를 어떻게 하는지를 설명해준다. 한 이야기가 흥미롭기 위해서는 그것의 내용이 예측 가능한 일상적 활동과 사건으로만 채워져서는 안 된다. 그와 같은 이야기는 무미건조할 수밖에 없다. 대신에 흥미로운 이야기는 예측 가능한 일상적 활동과 사건 속에 기대하지 못한 사건 또는 일상으로부터 벗어난 사건, 즉 틀이탈(frame deviation)을 포함해야 한다. 물론 만일 한 이야기가 예상치 못한 사건을 너무 많이 포함하고 있다면 청자의 정보 처리는 길어지고 결국 이야기의 내용을 따라가는 것이 불가능해질 수밖에 없다. 그럼에도 불구하고 필자는 이야기가 틀문맥의 범위 안에서 예상 밖의 사건들을 '일정하게' 포함하고 있다면 이 사건들은 청자들로 하여금 이야기에서 흥미와 긴장을 경험하도록 인도한다고 주장할 것이다.[70]

예를 들어 중풍병자 치유 이야기(막 2:1-12)를 보자. 이 에피소드에서 청자들의 긴장감은 중풍병자를 메고 온 사람들이 "문 앞에" (2절)까지 모여

---

69) Howard, *Concept and Schemata*, 39.

70) R. Schank, "Interestingness: Controlling Inferences," *Artificial Intelligence* 12 (1979), 273-97; Sanford and Garrod, *Understanding*, 171-175; S. Hidi and W. Baird, "Interestingness-A Neglected Variable in Discourse Processing," *Cognitive Science* 10 (1986), 179-94.

든"무리를 인하여"(4절) 예수님께서 계신 집 안으로 들어갈 수 없다는 정보를 듣는 시점에서 고조된다. 이것은 '문을 통한 집 출입'이라는 원형적 정보를 가진 **이웃집 방문** 틀이 청자들로 하여금 그와 같은 상황에서는 중풍병자 친구들의 목적(예수 또는 그가 계신 집 방문)이 좌절될 수밖에 없다는 추론을 유도할 수 있기 때문이다. 그러나 그 친구들이 지붕을 뚫고 그 병자를 예수님께 "내려놓았다"라고 하는 계속된 정보(4절)를 들었을 때 청자들은 놀라움이 동반된 흥미를 느꼈을 것이 틀림없다. 이는 **이웃집 방문** 틀이 청자로 하여금 어떤 사람을 만나기 위해 지붕을 뚫는다는 것은 예상치 못한 일이며, 그러므로 틀위반으로 처리하도록 이끌기 때문이다. 더 나아가 집 출입의 방식에 대한 원형적 행동을 포함하고 있는 **이웃집 방문** 틀은 네 친구의 행동을 "믿음"의 표출로 보는 예수님의 반응과 치료(5, 11절)를 이해할 수 있도록 해준다. 다시 말하면, 비록 그 당시의 문화적 관습은 그 방문자들이 '정상적인' 집 방문의 길이 막혔을 때 예수님과의 만남 시도를 포기하도록 했지만, 예수님의 치료능력에 대한 그들의 신뢰는 그러한 문화적 고정관념(social stereotype)을 뛰어넘도록 했고 결국 예수님으로부터 칭찬과 치료의 반응을 이끌어 냈다.

위의 관찰은 이야기의 흥미로움은 틀문맥을 기초로 한 청자들의 정보처리 능력에 의존했을 때 발생하는 것임을 분명하게 보여준다. 마찬가지로 문법적으로 완벽한 어떤 이야기가 어떤 문화권에서는 흥미와 긴장을 주지만 다른 문화권에 있는 사람들에 의해서는 동일한 평가를 받지 못하는 이유 역시 본문 안에 전제된 이야기 이해를 위해 필요한 틀문맥을 그 청자/독자들이 공유하지 못한 것과 무관하지 않다. 그러므로 거의 이천년의 시간과 공간의 간격이 신약성경의 언어와 현대 독자들 사이에 존재하고 있다는 점을 고려할 때 성경 안에 전제된 틀문맥의 이해와 공유는 현대인들의 성경을 통한 의사소통의 성공여부를 결정할 수 있는 중요한 언어적 능력인 것이 명백하다.

5. 나가는 말

지금까지 신약성경 본문의 문법, 어휘 그리고 이야기를 이해하는 데 중요한 역할을 하는 것으로 알려진 문맥을 언어학적 바탕위에서 새롭게 정의하고자 시도했다. 종래에 신약성경 학자들이 본문을 해석할 때 문맥이라는 이름으로 가정해왔던 정보에는 임의적 성격이 없지 않아 있었다. 그러나 틀의미론에 입각한 문법과 어휘 그리고 이야기와 관련된 문맥적 정보 분석은 신약성경 본문주해를 보다 더 엄격한 방법론적 토대위에서 시도할 수 있도록 허락한다. 그러므로 본서의 연구 성과는 다음과 같이 정리할 수 있다.

(1) 신양성경 헬라어의 다양한 문법적 항목들(서술적 분사, 접속사 [καί δέ], 동작주 부재구문, 수사의문)은 틀을 전제로 사용되고 있기 때문에 청자의 입장에서 그러한 문법적 사용을 통한 의미전달이 성공하려면 경험적 지식을 기반으로 한 틀문맥에 익숙해지는 것이 필수적이다.
(2) 신약성경의 명사 또는 명사구의 의미, 다의어, 은유적 표현의 의미 이해는 사전적 지식을 뛰어넘어 문화적, 관습적 지식으로 구성된 틀문맥을 환기할 때만 가능해진다
(3) 틀문맥은 이야기 이해 특히 이야기의 흥미로움과 긴장을 유발하도록 하는 지식구조이다.

구조주의 언어학은 문맥을 순수 본문 혹은 언어적 정보로 다루어 왔다는 점에서 언어분석의 방법론으로서 그것의 한계점이 지적되어 왔다. 구조주의의 방법론적 한계를 극복하고자 탄생한 분야가 인지언어학이다. 특히 틀의미론에 바탕을 둔 인지언어학은 언어적 정보를 기초로 떠올린 배경지식을 사용하여 언어 사용자가 구상한 머릿속 또는 개념적 지식구조로

문맥을 이해하고자 시도한다. 이러한 인지언어학의 틀이론을 방법론으로 사용하여 신약성경 본문의 문맥에 대한 고찰을 한 본서를 통해 국내 성경 학계에 신약성경 본문의 문맥에 대한 관심과 그것의 연구 방법론으로서 인지언어학적 언어분석 모델에 대한 관심이 일어나기를 기대한다.

신약성경 언어의 의사소통 기술

The Discourse Devices of the New Testament Language

4장

현저성(Prominence)에 기초한 본문 읽기

제 4 장

현저성(Prominence)에 기초한 본문 읽기[1]

1. 들어가는 말

성경신학은 언어와 문법을 기초로 하고 있는 성경 텍스트에 대한 이해와 분석을 토대로 하고 있다. 따라서 성경신학의 발전은 청자와 화자의 의사소통의 도구인 텍스트에 대한 이해를 심화시켜 주는 언어학 이론에 대한 이해와 실질적인 사용 능력과 불가분의 관계에 있다. 이것이 우리가 신약성경 헬라어 담화가 가진 현저성 지표에 관심을 가져야 하는 이유이다. 담화의 현저성(prominence/salience)은 담화분석(또는 본문 언어학)에서 지속적으로 주목을 받아 온 주제이다. 롱에커(Robert Longacre)는 담화를 분석함에 있어 현저성을 파악하는 일의 중요성을 보여 주는 유머스러운 예를 제공해 준다. "현저성이 없는 담화는 검은 마분지 조각을 가리키며 그것을 한밤중에 검은 모래 위를 횡단하고 있는 검은 낙타에 대한 그림이라 주장하는 것과 같은 것이다."[2] 그의 예는 현저성 없는 담화는 이해 불능이 필연임을 알려준다. 그러므로 어떤 낱말과 구 그리고 문장과 주제의 초점화(focalization)가 어떻게 이루어지는지를 판단할 언어학적 역량을 갖

1) 아래 글은 『신약연구』 9권6호 (2010년), 309-335에 실린 저자의 논문("신약성서 헬라어의 현저성 표지들[Prominence Markers]),") 수정 보완한 것임을 밝혀 둔다.

2) Robert E. Longacre, "Discourse Peak as Zone of Turbulence," in *Beyond the Sentence: Discourse and Sentential Form*, ed., J.R. Wirth (Ann Arbor, Mi: Karoma, 1985), 83.

추는 일은 텍스트 이해를 주요 기초로 삼는 신약학자와 주해가에게 필수적이다. 사실 신약성경 본문 주해가들에게 텍스트의 현저성이라는 개념은 그렇게 낯설지만은 않다. 성경 주해에 관심 있는 사람이라면 본문이 '강조' 하는(즉 현저성을 가지는) 바가 무엇인지를 찾는 일을 주된 과제들 중의 하나로 여겨왔기 때문이다. 그럼에도 불구하고 텍스트 이해를 위해 강조된 담화 정보를 찾는 일에 의존했던 높은 비율과는 달리 현저성 자체에 대한 언어학적 명료화 작업은 진행되지 않아, 결과적으로 신약성경 본문 주석에 그 용어의 적용은 임의적 성격을 띠어 왔던 것이 현실이다. 본서는 헬라어 신약성경 본문의 현저성을 결정하는 다양한 요소들을 연구함에 있어서 현대 언어학 이론들이 어떻게 도움을 제공할 수 있는지 보여 주고자 한다. 코이네(koine) 헬라어로 기록된 신약성경 텍스트가 그것의 정보를 현저하게 만드는 방식에 대한 관심은, 비록 제한적이기는 하지만, 현대 언어학 특히 담화분석으로부터 온 통찰력을 신약성경 텍스트 분석에 적용하고자 시도해 온 몇몇 성경 신학자들에 의해서 꾸준히 유지되어 왔다. 리드(Jeffrey Reed)와 포터는 그 대표적 학자들이다.[3] 그들의 분석이 신약성경 헬라어 담화의 현저성을 찾는 연구에 중대한 공헌을 한 것이 사실이지만, 담화정보 처리 이해에 많은 진보를 가져온 현대 인지언어학으로부터 온 통찰력을 그들의 분석에 포함시키는 데는 실패했다. 본 연구는 종래의 문법 · 언어적 요소와 함께 인지언어학으로부터 온 통찰력을 접목하여 신약성경 헬라어 텍스트가 어떻게 현저성을 만드는지 보여줄 것이다.

2. 현저성이란

리드에 따르면 현저성이란 어떤 담화의 주제와 개념 그리고 모티브가

3) Porter의 책, *Idioms*, 은 담화분석을 염두에 두고 쓰였기에 그의 책 전체를 통해 현저성에 대한 도움을 받을 수 있다. 또한 참고하라. Reed, "Identifying Theme," 75-101.

근접 요소보다 상대적으로 더 높은 문법 · 의미적 초점화 현상을 가지는 것을 일컫는 말이다.[4)] 성공적 의사소통을 위해서 화자는 의미적으로 중요하다고 판단한 정보에 청자/독자의 주의를 집중시키기 위해 다양한 문법 · 언어적 장치를 선택한다. 만일 화자가 현저성을 담화에 적절하게 부여하지 못하거나, 청자가 텍스트 내에 그리고 텍스트를 통해 만들어지고 있는 현저성을 파악하지 못할 경우 담화는 흥미 없는 매체로 전락하게 되며, 결국 텍스트를 통한 화자와 청자 사이의 의사소통은 실패로 돌아갈 수밖에 없다.

3. 신약성경 헬라어의 현저성 표지들

성공적 담화이해는 언어 · 문법 · 의미 · 인지적 노력을 요하는 종합적 정보처리 능력의 결과이다. 그렇기 때문에 담화의 현저성을 발견하는 일 역시 담화를 구성하는 다양한 단위 전체에서 진행되어야 한다.

3.1. 문단에서 담화정보의 현저성

내러티브에서 한 문단의 경계를 결정하는 정보인 인물 · 장소 · 시간 · 주제에 관한 정보를 초프(Wallace Chafe)는 배경지식이라고 했다.[5)] 이 배경지식이 없이는 청자/독자는 문단정보를 적절하게 처리할 수 없다. 배경지식은 문단의 서두에 위치해 문단의 시작과 끝을 알려주는 지표역할을 한다. 일단 배경지식이 문단에 소개되면 특별한 일이 없는 이상 이어지는

4) Kumashiro, "현저성(prominence / salience)," Y. Tsuji 편, 『인지언어학 키워드 사전』(서울: 한국문학사, 2004), 252.

5) Wallace Chafe, "The Flow of Thought and the Flow of Language," in *Syntax and Semantics. vol. 12: Discourse and Syntax*, ed., Talmy Givón (New York: Academic Press, 1979), 176-80; Park, *Mark's Memory Resources* , 184-85.

이야기는 이런 정보에 대한 중복적 언급 없이 진행된다. 그런데 배경지식으로 소개된 정보 그 자체 혹은 그 정보에 개념적으로 종속된 정보는 이어지는 이야기에서 다시 언급되기도 하는데, 이렇게 반복된 배경지식 혹은 그것의 부분 정보는 문단차원에서 현저성을 부여받게 된다.

요한복음 4:3-42이 들려주는 예수님과 사마리아 여인을 둘러싼 에피소드에서 저자는 이야기의 장소적 배경이 되는 정보를 시작부에 소개해 주고 있다(지역 정보는 밑줄 그어져 있다).

> 4절. 사마리아(τῆς Σαμαρείας)를 통과하여야 하겠는지라… 사마리아(τῆς Σαμαρείας)에 있는 수가라 하는 동네에 이르시니…

이런 정보 제공을 통해 화자는 청자가 이어지는 이야기의 장소가 사마리아이며, 등장인물들 역시 사마리아인이라는 정보를 기본 값(default)으로 처리할 수 있게 한다. 그러나 화자는 이미 문단 초반에 장소에 관한 정보를 주었음에도 불구하고 7절과 9절에서 우물가에 물을 길으러 오는 여인을 그녀가 살고 있는 지역으로 각각 중복 범주화하고 있다(반복된 현저성 정보에 밑줄 그어져 있다).

> 7절. 사마리아로부터 온 한 여인이(γυνὴ ἐκ τῆς Σαμαρείας) 물을 길으러 왔으매...
> 9절. 사마리아 여인인 그 여인(ἡ γυνὴ ἡ Σαμαρῖτις)이 이르되…사마리아 여자(γυναικὸς Σαμαρίτιδος)인 나에게 물을 달라 하나이까.

예수님의 대화 상대자인 그 여인이 사마리아인이라는 정보는 7절에서 이미 함축적으로 제공되었는데도 9절은 다시 그 여인을 사마리아 여자로 소개하고 있다. 특히 7절은 그 여인이 "사마리아로부터 온"(ἐκ τῆς

Σαμαρείας) 사람이라고 소개한 반면, 9절은 그 여인을 "사마리아 여자"(ἡ Σαμαρῖτις)로 표현함으로써 보다 더 직접적으로 그 여인을 사마리아와 연관시키고 있음을 볼 수 있다. 이것은 예수님의 대화 상대자의 출신지역을 문단 차원에서 초점화하는 정보처리 방식이다. 그렇게 함으로서 저자는 청자가 현 문단을 처리하는 과정에서 예수님의 대화 상대자가 속한 지역인 사마리아에 대한 정보에 집중하도록 유도하고 있다. 물론 Σαμάρεια라는 낱말은 그것이 가진 수많은 의미의 꼬리표(label)에 불가하기에[6] 어떤 의미가 현 이야기를 이해하는데 필수적인 정보인지 아닌지를 어떻게 알 수 있는지에 관한 문제가 생긴다. 이런 정보는 보통 화자와 청자 사이에 공유된 지식이기에 본문의 배경지식으로 전제되기도 하며(아래를 보라), 또 때로는 9절 후반("당신은 유대인으로서 어찌하여 사마리아 여자인 나에게 물을 달라 하나이까 하니 이는 유대인이 사마리아인[Σαμαρίταις]과 상종하지 아니함이러라")에서처럼, 반복된 기록을 통해 현저성을 가지게 된 Σαμάρεια를 통해 청자가 환기해야 하는 전형적 지식(stereotype)을 텍스트가 제공하기도 한다.

마가복음 2:13-17은 또 다른 예를 제공한다. 예수님은 세관에 앉아 있는 알패오의 아들 레위를 제자로 부르신다. 이후 본문은 예수께서 "그의 집에"(ἐν τῇ οἰκίᾳ αὐτοῦ) 들어가 식탁교제를 나누시는 이야기로 이어진다.[7] 화자는 예수님의 식탁교제 참여자들을 그들의 직업과 법적 도메인

---

6) 낱말과 그것의 의미와의 관계에 대해서는 Croft and Cruse *Cognitive Linguistics*, 14; Park's, *Memory Resources*, 100-20, 특별히 100-101을 보라.

7) 물론 명사구 "그의 집"(τῇ οἰκίᾳ αὐτοῦ)에서 3인칭 대명사가 예수님을 가리키는지 아니면 레위를 지시하는 것인지는 불분명하다. 하지만 대명사는 레위를 가리키기 위해 사용된 것이라는 점을 믿어야 할 본문상의 이유가 있다. 막 1:16-17과 1:29-31은 예수님에 의해 부름을 입은 제자들(시므온과 안드레)이 예수님에게 식탁교제를 베푸는 초대자(a host) 역할을 하는 것을 이미 보여 주었다. 따라서 현재 식탁교제는 예수님에 의해 부름을 입은 레위가 초대자가 되어 그의 집에서 예수님에게 베풀어지는 것으로 이해할 수 있다. 참조하라. Marcus, *Mark 1-8*, 225; Park, *Mark's Memory Resources*, 192.

으로 범주화한다(초점화가 이루어진 호칭은 밑줄 그어져 있다).

15절. 세리와 죄인들(τελῶναι καὶ ἁμαρτωλοὶ)이 예수와 그의 제자들과 함께 앉았으니

16절. 바리새인의 서기관들이 예수께서 그 죄인 및 세리들(τῶν ἁμαρτωλῶν καὶ τελωνῶν)과 함께
잡수시는 것을 보고 그의 제자들에게 이르되 어찌하여 그 세리 및 죄인들(τῶν τελωνῶν καὶ ἁμαρτωλῶν)과 함께 먹는가?

17절. 예수께서 들으시고 그들에게 이르시되...나는... 죄인(ἁμαρτωλούς)을 부르러 왔노라 하시니라.

레위를 포함한 식탁교제에 동참한 이들은 "세리"로, 그리고 그 당시에 그 직종에 종사한 사람에게 전형적으로 가해진 평가적 호칭인 "죄인"으로 15절에서 소개된다. 이러한 명칭은 다시 화자와 "바리새인의 서기관들"에 의해(16절) 연속적으로 반복 언급된 후, 이야기 종결부에서 예수님에 의해 법적 도메인("죄인") 하나로 최종 초점화가 이루어졌다(17절). 이처럼 에피소드 도입부에 주로 언급되는 인물의 직업적 혹은 법적 신분이 이야기의 중간과 말미에 반복적으로 등장하여 예수님의 식탁교제에 참석한 사람들의 직업 · 종교적 신분을 문단 차원에서 초점화시키고 있다.

3.2. 현저성을 드러내는 언어적 표현

신약성경 헬라어는 텍스트의 어떤 정보에 좀 더 두드러진 주의를 기울이도록 이끄는 언어적 표현을 가지고 있다(예. 인칭대명사 ἐγώ, σύ, αὐτός와 αὐτός, καί,[8] ἰδού). 인칭대명사의 사용은 잘 알려진 것처럼 그 자체에

8) 신약성경에서 καί의 접속사의 기능을 제외한 다른 여러 사용례에 대해서는 참조하라. BDAG, καί 1. ή

인칭을 포함하고 있는 헬라어 동사의 동작주(agent)에 현저성을 주기 위한 용법으로 이해되어 왔다.[9] 갈라디아서 2:19-21의 예를 보자(강조적 인칭대명사는 밑줄 그어져 있다).

> 내가 그리스도와 함께 십자가에 못 박혔나니
> 그런즉 이제는 내가 사는 것이 아니요
> 오직 내 안에 그리스도께서 사시는 것이요.
> Χριστῷ συνεσταύρωμαι
> ζῶ δὲ οὐκέτι ἐγώ
> ζῇ δὲ ἐν ἐμοὶ Χριστός

일인칭 대명사 ἐγώ는 동사 ζῶ 안에 이미 일인칭 주어가 내포되어 있음에도 불구하고 동일한 동작주를 다시 지시하고자 사용되었다. 이런 인칭대명사 사용은 바울이 ζῶ δὲ οὐκέτι의 주어, 즉 '더 이상 삶의 주도권을 행사하지 않는 자신'을 부각시키고자 한 의도의 표현으로 보아야 한다. 바울은 이 구절에서 사는 Χριστός와 죽은 ἐγω를 반제적 위치에 놓고 설명하고 있다. αὐτός(αὐτή αὐτό)는 일반적으로 알려진 것처럼 인칭대명사 용법을 제외하고 그것에 의해 수식되는 낱말을 강조하기 위해서도 사용된다. 로마서 7:25의 예를 보자(강조적 αὐτός는 밑줄 그어져 있다).

> 내 자신이(αὐτὸς ἐγὼ) 마음으로는 하나님의 법을 육신으로는 죄의 법을 섬기노라.

---

9) 헬라어 인칭대명사가 강조적 용법을 가지고 있느냐에 대한 논쟁이 헬라어 문법학자들 사이에 있어온 것이 사실이다. 하지만 Porter, *Idioms*, 129, 에 의해 지적된 것처럼 인칭대명사가 동사의 인칭을 부각시키는 것은 의심의 여지가 없다. 또한 참조하라. Robertson, *Grammar*, 287.

이 문장에서 αὐτός는 또 다른 강조적 일인칭 대명사(ἐγὼ)를 부각시키기 위한 언어 사용자의 의도가 문법화된 것이다. 결과적으로 바울은 두 개의 강조적 언어 ἐγὼ와 αὐτός를 사용하여 "마음으로는[τῷ νοΐ] 하나님의 법을, 육신으로는[τῇ σαρκὶ] 죄의 법을" 섬길 수밖에 없는 분열된 자아를 가진 "내 자신"(αὐτὸς ἐγὼ)에 이중 현저성을 부여하고 있다.

καί는 많은 경우에서 접속사의 기능을 수행하지만 종종 그것에 의해 수식되는 낱말 자체를 강조하기 위해 사용되기도 한다.[10] 마태복음 8:8-9를 보자(현저성이 주어진 낱말은 밑줄 그어져 있다).

> 8절. 백부장이 대답하여 이르되 주여 내 집에 들어오심을 나는 감당하지 못하겠사오니 다만 말씀으로만 하옵소서. 그리하면 내 하인이 낫겠사옵나이다.
>
> 9절. <u>나</u> <u>자신</u> <u>역시</u>(<u>καὶ</u> γὰρ <u>ἐγὼ</u>) 남의 수하에 있는 사람이요 내 아래에도 군사가 있으니

8절에서 백부장은 자신의 하인을 치료하기 위해 예수님이 직접 방문하시는 것보다 말씀하시는 것만으로 족하다고 고백했다. καὶ γὰρ로 시작되는 9절은 그가 한 고백의 동기를 이해하기 위한 필수적 지식을 제공한다.[11] καὶ ἐγὼ ("나 자신 역시")에 의해 이중 강조된 주어를 가진 9절이 주의를 집중시키는 정보는 바로 백부장 자신의 권위에 대한 경험이다. 다

---

10) H. E. Dana and J. R. Mantey, *A Manual Grammar of The Greek New Testament* (Toronto: Macmillan, 1927), 250-52.

11) 담화 분석적 관점에서 마태복음의 접속사(καί, δέ, τότε, γάρ, σῦν) 사용에 대한 탁월한 연구를 한 후 Stephanie Black, *Sentence Conjunction in the Gospel of Matthew: καί, δέ, τότε, γάρ, σῦν and Asyndeton in Narrative Discourse* (JSNTSup 216; Sheffield: Sheffield Academic Press, 2002), 259은 마태복음에서 γὰρ는 이미 말한 무엇 혹은 앞으로 말할 무엇을 이해하기 위해 반드시 필요한 정보를 소개할 때 사용되는 것으로 결론 내린다.

시 말하자면 예수님의 (말의) 권위에 대한 백부장의 온전한 신뢰는 자신 역시 권위 체계 하에서 권위의 힘을 경험한 사람이기 때문에 가능한 것으로 설명된다. ἰδού는 그 자체 안에 어떤 의미적 무게를 담고 있는 것이라기보다는 화자의 의사소통 행위 자체 혹은 화자가 발전시키고 있는 주제에 독자의 주의를 끌기 위해 종종 사용된다.[12] 콜로우(K. Callow)는 청자의 주의를 '집중' (focus)시키는 표현은 마치 화자가 청자의 뺨을 때리며 '집중해! 이것은 너무나 중요하단 말이야!' 라고 외치는 것과 같은 것임을 비유적으로 설명한다.[13] 고린도전서 15:50-51의 예를 살펴보자(관련된 단어는 밑줄 그어져 있다).[14]

> 50절. 형제들아 내가 이것을 말하노니 혈과 육은 하나님 나라를 이어 받을 수 없고 또한 썩는 것은 썩지 아니하는 것을 유업으로 받지 못하느니라
>
> 51절. <u>보라(ἰδοὺ)</u> 내가 너희에게 비밀을 말하노니 우리가 다 잠 잘 것이 아니요…순식간에 홀연히 다 변화되리니

바울은 35-49절에서 한편으로는 몸의 부활은 일어날 수 없다는 주장(35절)에 반대 논증을 하고, 다른 한편으로는 부활이 일어난다면 어떤 몸이 될 것인지에 대해 일반적 진술을 하고 있다. 부활에 대한 이와 같은 일반적 논증을 마친 후 바울은 50-57절에서 주 예수께서 다시 나타나실 때 살아 있는 자들에게 일어날 일들에 대해 마지막으로 설명해준다. 이를

---

12) 하지만 EDNT (vol.2, 173)에서는 이 접사의 기능을 세분화시켰다: 1) 새로운 것을 소개할 때(마 1:20; 2:1, 13), 2) 연설 한 복판에서(마 23:34; 행 2:7;13:11; 20:22, 25), 3) 주제의 중요성을 강조하기 위해(마 10:28; 눅 13:16; 15:29; 19:8), 4) 좀 더 세심한 고려와 관찰을 요구할 때(마 10:16; 11:8; 22:4; 막 14:41; 눅 2:48; 7:25).

13) K. Callow *Discourse Considerations in Translating the Word of God* (Grand Rapids: Zondervan, 1974), 54.

14) 번역은 개역개정을 따랐다.

위해 바울은 50절에서 부정문의 형식으로 "혈과 육," 즉 부패로 되돌아 갈 현재의 육체를 입은 상태로는 하나님 나라를 유업으로 받을 수 없다고 지적한다. 그러면 하나님 나라를 유업으로 받기 위해서는 그 날에 살아남아 있는 자들에게 무슨 일이 일어나야만 하는가? 51절은 바로 이러한 문제에 답을 주고 있다. 즉 살아 있는 자는 부활되어야 할 것이 아니라 변화되어야 한다는 것이 바울의 답이다.[15] 그러므로 부활 날에 살아 있는 자에게 일어날 일을 밝히고 있는 51절은 당연히 바울의 논증의 핵심을 차지하고 있으며 이러한 핵심적 주장에 그는 ἰδοὺ를 사용하여 고린도 교인들의 주의를 집중시키는 것이 필요하다고 판단했음이 분명하다.[16]

3.3. 문법적 현저성

언어 사용자의 현저성에 대한 관심은 다양한 문법화 과정에도 영향을 미친다.[17] 우리의 관심을 먼저 어순과 절 구조에 집중시켜 보자.

---

15) N. T. Wright, *The Resurrection of the Son of God* (Minneapolis: Fortress, 2003), 356-60.

16) 바울이 50절에서 새로 시작되는 주제에 청자들의 주의를 특별하게 집중시키고자 의도했다는 주장은 이 문단 시작부(50-51절)에 집중적으로 사용된 다른 언어적 표지들에 의해서도 추가적으로 지지될 수 있다: 1) 50절은 접속사(de,)로 시작한다. de,의 여러 기능이 있지만 콜로우(K. Callow, "The Disappearing de,, in 1 Corinthians", in *Linguistics and New Testament Interpretation Essays on Discourse Analysis*, ed., David Alan Black (Nashville, Tennessee: Broadman Press, 183-193)가 밝힌 것처럼 고린도전서에서 그것은 주제적 발전을 나타내는 역할을 하기도 한다, 2)바울은 50절에서 직접적으로 청자를 호격형태(ἀδελφοί "형제들아")로 부르며 청자의 시선을 집중시킨다, 3) 화자가 단정적으로 어떤 것을 말하고자 할 때 종종 사용하는(참조. 고전 7:29) φημί가 50절에서 사용되고 있다.

17) 언어 사용자의 세상에 대한 이해와 의도가 문법화되어 가는 과정은 인지언어학의 주된 관심사들 중 하나이다. 참고하라.『언어의 문법화와 문법화의 언어학』(서울: 제32차 담화인지언어학회, 한국외대 언어 연구소 40주년 기념 공동학술대회, 2009년 11월 14일), 1-66.

3.3.1. 어순(Word Order) · 절 구조(Clause Structure) · 문장 구조(Sentence Structure)

(1) 어순(명사와 형용사의 관계 혹은 개별적 낱말들 상호 관계)

신약성경 헬라어의 어순이 상당히 유동적이라는 것은 잘 알려진 사실이다. 그럼에도 불구하고 절(clauses) 구조 안에서 명사와 형용사의 관계 그리고 개별 낱말들의 배열순서는 어느 정도의 규칙성을 띠고 있다. 일반적으로 알려진 무표적(unmarked) 어순은 다음과 같다.[18)]

● **명사+형용사**: 누가복음과 마가복음의 경우 약 75%의 형용사는 수식하는 명사 뒤에 위치한다.[19)] 바울서신의 경우에는 그 반대의 어순, 즉 형용사가 명사 앞에 위치하는 경우가 대략 65%에 이른다. 그러므로 누가복음과 마가복음에서 만일 형용사가 수식하는 명사 앞에 나올 경우 수식하는 형용사에 현저성이 있으며, 바울서신의 경우에는 수식받는 명사가 형용사 앞에 나올 경우 그 명사에 현저성이 있다. 이를테면 마가복음 3:3의 τὴν ξηρὰν χεῖρα("마른 손") 명사 구에서 형용사는 명사 χεῖρα를 선행하고 있다. 이런 어순 구조는 화자가 그 사람의 손의 상태를 초점화하기 위한 의도가 일반적 어순구조의 도치로 표현된 것으로 보아야 한다.

---

18) 아래에서 언급될 통계 수치는 Porter, *Idioms*, 290-92, 의 조사를 따랐다.

19) 복음주의 신약학회 논문 발표에서 본 글이 발표되었을 때 장석조 박사께서 통계학적으로 무표 · 유표적 어순을 결정하는 것이 어떤 점에서 그 정당성을 부여받을 수 있는지 질문하셨다. 언어사용을 화자/저자의 인지과정의 한 방식으로 보는 인지언어학에 따르면 통계적 수치는 각 저자 자신의 언어 · 문법적 선택과 경향이 어떠한지를 드러내주는 좋은 자료가 될 수 있다. 동일한 사건 혹은 사물을 표현함에도 각 저자에 따라 다른(때로는 상반된) 언어 · 문법적 항목이 사용되는 것 역시 저자가 언어와 문법을 자신의 의도를 전달하기 위한 소통 전략으로 사용하고 있음을 드러낸다. 그렇기 때문에 언어 사용자의 일반적 언어사용 경향을 반영하는 높은 통계적 수치를 가진 문법 · 언어적 표현보다 낮은 통계적 수치를 가진 표현에 저자의 의도성이 더 많이 부각된(그러므로 현저성이 주어진) 것으로 보아야 한다. 이는 적은 빈도수를 가진 문법과 언어에는 더 많은 인지적 노력을 요하기 때문이다.

바울은 고린도전서 5:7에서 "묵은 누룩[τὴν παλαιὰν ζύμην]을 내버리라"고 말한 반면, 8절에서는 그 표현 방식을 달리한다(현저성이 주어진 명사에 밑줄이 그어져 있고 수식 형용사는 이탤릭으로 되어 있다).[20]

> ὥστε ἑορτάζωμεν μὴ ἐν ζύμῃ *παλαιᾷ* μηδὲ ἐν ζύμῃ *κακίας* καὶ *πονηρίας* ἀλλ' ἐν ἀζύμοις *εἰλικρινείας* καὶ *ἀληθείας*.
> 그러므로 우리가 명절을 지키되 *묵은* 누룩으로도 말고 *악하고 악의*에 찬 누룩으로도 말고 누룩이 없이 오직 *순전함*과 *진실함*의 떡으로 하자.

7절은 무표적 어순인 형용사+명사로 되어 있지만 8절은 유표적(marked) 어순인 명사+형용사 구조 형태를 취하여 명사 ἀζύμοις(누룩 없는 떡)에 현저성이 주어져 있다. 이런 8절의 표적어순을 통해 바울은 두 개의 명사 ζύμη(누룩)과 ἀζύμοις(누룩 없는 떡)에 현저성을 주어, 고린도 교회가 지켜가야 할 공동체적 순결을 유월절 공동체의 '누룩과는 관계없는 떡' 먹는 관습에 빗대어 강조하고 있다.

● **명사+소유격 명사(구)**: 신약성경 헬라어에서 소유격의 형태로 명사를 수식하는 단어의 위치는 바울 서신의 경우 98%, 누가복음의 경우 99%가 수식하는 명사 후면에 위치해 있다. 로마서 11:13의 예를 보자(소유격 명사는 밑줄 그어져 있다).

> 내가 이방인의 사도(ἐθνῶν ἀπόστολος)인 만큼 내 직분을 영광스럽게 여기노니.

바울은 명사+소유격 명사 혹은 수식구라는 일반적 어순을 따르는 대

---

20) 번역은 개역개정을 따랐다.

신 소유격 명사 ἐθνῶν을 수식하는 명사 ἀπόστολος를 전면에 두어 소유격 명사에 현저성을 부여하고 있다. 이런 어순의 변화를 통해 바울은 사도로서의 자신의 사역의 수혜자가 이방인이라는 사실에 주의를 집중시키고 있다.

● **지시대명사+명사** : 대략 바울서신의 85%와 누가복음의 78%의 경우 지시대명사는 그것의 명사 후면에 위치해 있다. 그렇기 때문에 만일 지시대명사가 수식하는 명사를 선행할 경우 수식하는 지시 대명사 자체에 초점화가 이루어지게 된다. 누가복음 5:35의 예를 보자(지시 대명사에는 밑줄 그어져 있다).

그러나 그 날에 이르러 그들이 신랑을 빼앗기리니
<u>그</u> 날에는(ἐν <u>ἐκείναις</u> ταῖς ἡμέραις) 금식할 것이니라.

이 문장에서 현저성은 지시대명사가 가리키는 금식할 구체적인 날, 즉 '신랑을 빼앗기는 일이 일어나는' 날에 주어졌다.

(2) 절 구조(주어 · 동사 · 목적어 관계)

헬라어 절 구조의 구성요소는 신약성경 헬라어 문법 학자들 사이에서 가장 논쟁적인 분야 중 하나이다. 전통적으로 문법 학자들은 코이네 헬라어의 표준적 절 구조가 V(동사)+S(주어)+O(목적어)의 형식을 가진 것으로 보아왔다. 하지만 위의 절 구조를 표준으로 보는 것은 실제적으로 신약성경 헬라어 절 구조의 양상을 무시하는 것이라고 최근 학자들에 의해 지적되어 왔다.[21] 대신에 리드는 아래의 형태를 무표적 절 구조로 제시했다.[22]

---

21) Porter, *Idioms*, 286-97; Reed, "Identifying Theme," 87-8.
22) Reed, "Identifying Theme," 88.

〈표 6〉 무표적 헬라어 절 구조

주어가 없는 경우	주어가 있는 경우
V	SO
VO	SVO
OV	SOV

헬라어 절 구조에서 그 서두는 의미적으로 가장 중요한 요소가 차지하기 때문에 해석자는 절 서두에 나타나고 있는 요소에 유념하여 절 정보를 처리할 필요가 있다. 절 단위에서의 현저성 역시 이러한 일반적 절 서두의 내용변화에 따른 설명이 가능하다. 때론 문장이 다음의 유표적 구조로 나타난다. OSV · OVS · VOS · OS. 주어를 가진 절의 경우 일반적으로 주어가 서두에 오지만, 간혹 목적어 혹은 동사가 서두를 차지하고 있는 경우이다. 이것은 절의 현저성이 서두에 오는 목적어와 동사에 주어진 예이다. 그러나 포터는 이런 절 구조가 가지는 V · VO · OV 형태와의 유사성 때문에 이런 입장에 동의하지 않는다.[23] 하지만 주어가 절의 구성요소로 나올 경우 그것이 절 서두에 위치하는 것이 일반적이기 때문에, 주어가 둘째 혹은 셋째 자리로 물러가고 그 대신에 목적어와 동사가 절의 서두를 차지한다는 것은 분명 코이네 헬라어 절 구조의 전형적 형태를 벗어나는 것임을 기억할 필요가 있다. 따라서 유표적 어순과 절 구조가 발견될 경우 해석가가 현저성이 담화에 표출되고 있는지 어떤지를 묻는 것은 합법적이다. 빌립보서 1:20의 예를 보자(현저성이 주어진 절의 서두 낱말에 밑줄이 그어져 있다).

... 내 몸에서 그리스도가 존귀하게 되게 하려 하나니

... μεγαλυνθήσεται Χριστὸς ἐν τῷ σώματί μου

23) Porter, *Idioms*, 296-97.

주어(Χριστὸς)가 동사(μεγαλυνθήσεται) 후면에 위치하고 있다. 이 절에서의 초점화는 Χριστὸς라는 인칭보다는 그리스도에게 부여되는 존귀에 주어졌다.

(3) 문장구조(주절과 관계절 혹은 종속절의 관계)

바울서신의 93%, 누가행전의 96%의 경우 관계절은 그것의 지시물(referent) 혹은 주절을 뒤따르고 있다. 현저성은 이러한 헬라어 문장구조에 변화가 있을 때 만들어진다. 다음의 표를 보자.

〈표7〉 헬라어 문장 구조

무표적	주동사 + 관계절(종속절)
유표적	관계절 + 주동사

로마서 7:15-16을 살펴보자(관계절은 밑줄 그어져 있고 주절은 진하게 되었다).

ὃ γὰρ κατεργάζομαι **οὐ γινώσκω·**
οὐ γὰρ ὃ θέλω τοῦτο **πράσσω,**
ἀλλ' ὃ μισῶ τοῦτο **ποιῶ.**
εἰ δὲ ὃ οὐ θέλω τοῦτο **ποιῶ**, σύμφημι τῷ νόμῳ ὅτι καλός.

내가 행하는 것을 **내가 알지 못하노니**
곧 내가 원하는 것은 **내가 행하지 아니하고**
도리어 미워하는 것을 **내가 행함이라**
만일 내가 원하지 아니하는 그것을 **내가 행하면** 내가 율법이 선한 것을 시인하노니

주어진 예에서 바울은 네 개의 관계절을 주절 앞에 위치시키고 있다.

그의 서신의 대부분의 경우에 나타나는 절 구조 순서인 주절+관계절 형식의 이탈이 이곳에서 일어나고 있다는 것을 알 수 있다. 바울은 이러한 이탈 구조를 통해 문장 서두에 위치해 있는 관계절("내가 행하는 것," "내가 원하는 것," "내가 미워하는 것," "내가 원하지 않는 것")에 현저성을 부여하고 있다. 학자들이 로마서 7장의 핵심 주제로 여겨온"내가" 원하는 것을 행하지 못하는"나"(ἐγώ)의 딜레마[24)]는 위의 문장구조의 변화를 통해 관계절에 부여된 초점화를 통해 문법적으로도 증명될 수 있다.

3.3.2. 동사상(verbal aspect)과 현저성의 관계[25)]

동사상은 화자가 어떤 동작에 대한 관점을 문법화하고자 동사체계 안에 있는 특별한 시제형태(현재 · 미완료 · 과거 · 완료)[26)]를 선택하여 사용하는 일종의 의미적 범주(semantic category)이다.[27)] 전통적으로 신약성경 헬라어는 완료 · 미완료 · 상태상과 같은 세 가지 동사상을 가지고 있는 것으로 알려져 왔으며 각 상이 가지는 현저성 정도는 아래 <표 8>과 같다.[28)] 현저성이 가장 많이 주어지는 것은 완료시제(상태상), 그 다음으로는 현재와 미완료 과거(미완료상) 그리고 과거시제(완료상) 순이다.

---

24) 참고하라. Brendan Byrne, S. J. *Romans* (Collegeville, Minnesota: A Michael Glazier Book, 1996), 227-8.

25) 6장에서 우리는 동사상에 기초한 현저성 정도를 빌레몬서를 통해 심도 있게 살펴볼 것이다.

26) 현재 미래시제만을 갖고 있는 εἰμί는 동사상의 범주에 들지 않는다.

27) Porter, *Verbal Aspect; Buist M. Fanning, Verbal Aspect in New Testament Greek* (Oxford: Clarendon, 1990).

28) Porter, *Verbal Aspect*, ch.2; idem. *Idioms*, 20-49.

〈표 8〉 헬라어 동사상 이해

시제	상(aspect)	현저성	담화적 기능
과거	완료 (perfective)	배경 (background)	언어 사용자가 어떤 동작이 완료되었고 어떤 뚜렷한 변화의 과정이 없는 것으로 여길 경우 그 동작은 과거시제 형태로 문법화된다. 신약성경 헬라어에서 과거시제는 기본 값(default) 시제로 알려져 있다. 즉 다른 어떤 시제를 선택할 이유가 없을 경우 과거시제로 어떤 사건을 표현한다.
현재 & 미완료 과거	미완료 (imperfective)	전방 (foreground)	언어 사용자가 어떤 동작이 진행 중인 것으로 판단할 경우 그 동작은 현재와 미완료시제의 형태로 문법화된다. 완료상을 사용하지 않고 미완료상을 사용하여 동작이나 사건을 묘사했다는 것은 상대적으로 더 많은 의미적 중요성을 그것들에 부과하고 있음을 드러낸다.
완료	상태 (stative)	최전방 (frontground)	언어 사용자가 어떤 동작이 이미 정해진 상태에 머물고 있는 것으로 판단할 경우 완료시제나 과거완료 시제로 문법화한다. 이 경우 가장 많은 의미적 무게를 지닌다.

마찬가지로 동사상을 기초로 우리는 현저성에 대한 이해를 다음 <그림 1>과 같이 가질 수 있다.

〈그림 1〉 헬라어 시상의 현저성 구조

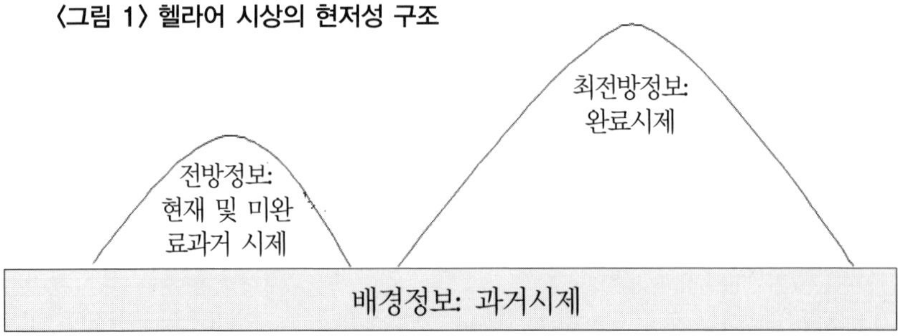

마가복음 7:24-30의 예를 살펴보자(배경정보는 짙은 글씨로, 전방정보는 이탤릭으로, 최전방정보는 밑줄 그어져 있다).

24절. 예수께서 **일어나사(ἀναστὰς)** 거기를 떠나 두로 지방으로 **가서(ἀπῆλθεν)** 한 집에 **들어가(εἰσελθὼν)** 아무도 **모르게**(οὐδένα **γνῶναι**) *하시려 하나(ἤθελεν)* **숨길 수 없더라(οὐκ ἠδυνήθη)**.

25절. 이에 더러운 귀신 *들린(εἶχεν)* 어린 딸을 둔 한 여자가 예수님의 소문을 **듣고(ἀκούσασα)** 곧 **와서(ἐλθοῦσα)** 그 발아래에 **엎드리니(προσέπεσεν)**

26절. 그 여자는 헬라인이요 수로보니게 족속이라 자기 딸에게서 귀신 **쫓아내 주시기를(ἐκβάλῃ)** *간구하거늘(ἠρώτα)*

27절 예수께서 *이르시되(ἔλεγεν)* 자녀로 먼저 **배불리 먹게 할지니(ἄφες χορτασθῆναι)** 자녀의 떡을 **취하여(λαβεῖν)** 개들에게 **던짐이(βαλεῖν)** 마땅치 아니하니라.

28절. 여자가 **대답하여(ἀπεκρίθη)** *이르되(λέγει)* 주여 옳소이다마는 상 아래 개들도 아이들이 먹던 부스러기를 *먹나이다(ἐσθίουσιν)*.

29절. 예수께서 **이르시되(εἶπεν)** 이 말을 하였으니 *돌아가라(ὕπαγε)*. 귀신이 네 딸에게서 나갔느니라(ἐξελήλυθεν) 하시매

30절. 여자가 집에 **돌아가(ἀπελθοῦσα)** **본즉(εὗρεν)** 아이가 침상에 누웠고(βεβλημένον) 귀신이 나갔더라(ἐξεληλυθός).

위의 분석에 대한 정리를 다음과 같이 할 수 있다. 이야기의 기본 뼈대를 형성시키는 사건(인물의 이동과 출현)은 과거시제(완료상의)로 되어 있다(아래 그림을 보라). 예수님의 의도("모르게 하시려 하나," 24절), 수로보니게 여인으로 하여금 예수를 찾도록 한 그녀의 딸의 상태("더러운 귀신 들린," 25절), 여인의 딸 치료를 위한 간구(26절)와 예수님의 비유적 대답(27절),

그리고 예수님의 치료선언을 이끌어 내는("이 말을 하였으니," 29절) 여인의 재치 있는 비유적 응답(28절), 치료받은 딸에게 여인을 돌려보내는 예수님의 명령("돌아가라," 29절) 등과 같은 주제적 사건(topical events)들은 현재와 미완료과거(미완료상으)로 문법화되어 상대적으로 더 높은 현저성을 가지고 있다. 이 이야기에서 최고의 초점화는 완료시제(상태상으)로 문법화된 사건들, 즉 여인의 딸 치료를 위한 예수님의 선언(29절, "나갔느니라")과 치료된 딸의 상태 묘사에 이루어졌다.

〈그림2〉 헬라어 시상의 현저성 구조

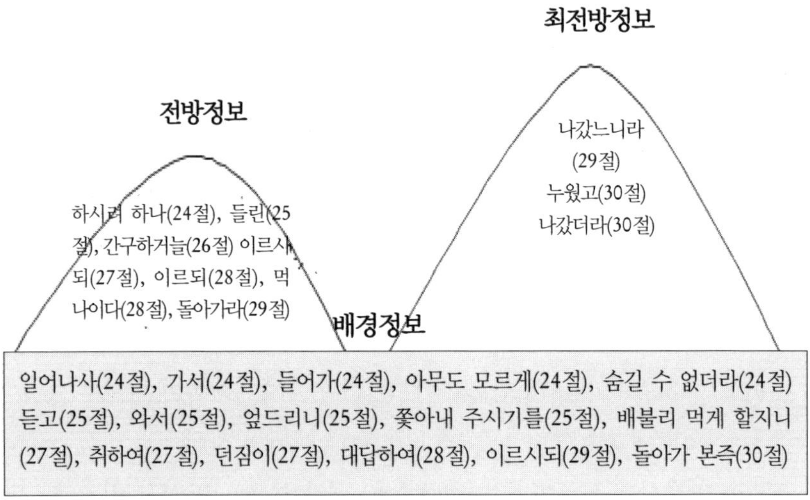

3.3.3. 헬라어 관사

관사의 가장 일반적 기능은 지시적이다. 이런 까닭에 항상 그런 것은 아니지만 담화에서 처음 나오는 명사는 일반적으로 관사 없이 사용된다. 그러나 어떤 정보는 공동 본문(co-text)에서 처음 나오지만 관사와 함께 사용되기도 하는데 이는 그 정보가 청자의 장기 기억(long term memory)에 의해 알려졌거나 아니면 이전 담화를 통해 유추될 수 있기 때문이다.[29] 때때로 유추에 의해 알려질 수 있는 정보가 관사 없이 사용되기도 하는데 이 경우 현저성은 관사 없는 명사에 주어진다.[30] 추가적 인지처리 노력이 그 정보 이해에 요구되기 때문이다.

신약성경 헬라어에서는 공동 본문에서 이미 언급된 정보가 다시 등장하는 경우에도 관사 없이 사용되는 경우를 종종 볼 수 있다. 레빈손(S.H. Levinsohn)에 따르면 이것은 관사 없는 명사 혹은 명사구에 현저성이 주어지는 경우이다.[31] 독자에게 그 정보가 알려졌음에도 불구하고 마치 새로운 정보인 것처럼 관사 없이 사용되었기 때문이다. 갈라디아서 2:9, 11의 예를 보자(무 관사 명사는 밑줄 그어져 있다).[32]

9절. 또 기둥 같이 여기는 야고보와 게바(Κηφᾶς)와 요한도 내게 주신 은혜를 알므로 나와 바나바에게 친교의 악수를 하였으니…

11절. 게바(Κηφᾶς)가 안디옥에 이르렀을 때에 책망 받을 일이 있기로 내가 그를 대면하여 책망하였노라.

9절에서 바울은 게바를 포함한 예루살렘 교회 지도자들이 자신의 이방사역을 지지해준 사실을 밝히고 있다. 이어지는 11절에서 바울은 게바가 이전에 보여준 친 이방인 태도와 맞지 않는 행동을 한 것을 지적하기 위해 다시 이름으로 그를 언급한다. 흥미로운 것은 11절에 다시 등장하고 있는 **Κηφᾶς**는 관사를 가지고 있지 않다는 것이다. 결과적으로 청자가 11절을 처리할 때는 보통 담화에서 무 관사로 처음 등장하는 명사에게 기울

29) Park, *Mark's Memory Resources*, 124-27.
30) Levinsohn, *Discourse Features*, 99.
31) Levinsohn, *Discourse Features*, 27.
32) 번역은 개역개정을 따랐다.

이는 것과 동일한 정도의 주의를 무 관사 Κηφᾶς에 부여하며 그 절의 정보를 처리하게 된다. 이런 관사 사용을 통해 바울은 이방인을 향해 이중적 자세를 드러낸 게바를 주제적(topical) 인물로 부각시켜 할례 받지 않은 이방인 역시 예수 그리스도의 복음 안에서 하나님의 언약 백성이 될 수 있다는 자신의 주장을 논증하고 있다.

3.3.4. 수동태

신약성경 헬라어에서 태의 빈도수는 대략 능동태 20,697회, 중간태 3,500회, 수동태 3,930회의 비율로 나타난다.[33] 헬라어 수동태는 의미상 목적어(동작의 수혜자)가 문법적 주어가 되며 의미상의 주어(동작주)는 문법적 목적어의 위치에 가게 된다. 헬라어의 직선적(linear) 문장 구조에서 첫 자리는 절 정보 중 가장 중요한 요소가 차지하기 때문에[34] 수동태 문장에서 현저성은 당연히 문법적 주어의 위치에 온 동작의 수혜자에게 주어진다. 마가복음 1:9을 보자(문법적 주어의 위치에 있는 동작 수혜자는 밑줄로, 문법적 목적어 위치에 있는 동작주는 이탤릭으로, 수동태는 진한 글씨로 표시되었다).

> 그 때에 <u>예수께서('Ιησοῦς)</u>...요단 강에서 *요한에게(ὑπὸ Ἰωάννου)* **세례를 받으시고(ἐβαπτίσθη)**

세례라는 동작의 수혜자인 'Ιησοῦς(예수)가 문법적 주어의 위치에, 세례를 베푸는 동작주인 'Ιωάννης(요한)는 문법적 목적어의 위치에 놓여 있다. 이러한 수동태 문장에서 현저성은 세례의 수혜자임에도 문법적 주어의 자리에 위치해 있는 예수님에게 주어져 있다. 마가복음 1:1에서 이미 하나님의 아들 그리스도로 알려졌고 또 세례요한 자신에 의해서도 "나보다 능력 많으신 이"(7절)로 소개된 예수님이 오히려 요한에게 세례를

33) Reed, "Identifying Theme," 85.

34) Porter, *Idioms*, 296.

받고 있다는 역절적 의미가 수동태 문장을 통해 강조적으로 표현된 것이다.

3.4. 인지과정(cognitive processing)과 의미적 현저성

우리는 지금까지 에피소드 단위에서 이야기 정보의 현저성을 결정하는 문법·언어적 요소에 대해 살펴보았다. 이러한 세 요소에 더하여 우리는 담화의 현저성은 '텍스트 안에' 나오는 낱말 자체가 가진 의미 혹은 문법적 항목의 사용상의 변화뿐만 아니라 '텍스트 앞에' 있는 언어 사용자의 인지과정에 의해서도 결정되어진다는 사실에 주목하고자 한다. 최근 인지 언어학의 발달로 인해 인간의 언어적 능력은 언어 영역 밖의 세상을 이해하기 위해 사용하는 일반적 인지능력과 구분될 수 없는 것임이 밝혀졌다.[35] 그렇다면 우리에게는 텍스트 이해가 어떻게 이루어지는지에 대한 새로운 이해가 필요하다. 텍스트 밖에 펼쳐진 가시적인 세상이 그러하듯 텍스트 역시 언어 사용자에게 그것을 이해하기에 필요한 모든 정보를 제공하지 않는다. 텍스트는 생략 함축적 언어로 되어 있다. 그러므로 언어 사용자가 텍스트를 이해하기 위해서는 담화를 구성하는 어휘 항목들을 사용하여 그것들에 대한 이해를 가능하도록 하는 언어 사용자의 머릿속 배경지식(혹은 틀)을 환기해야 한다. 이렇게 떠오른 틀지식은 언어 사용자로 하여금 뒤따르는 담화를 이해 가능한 정보로 처리하도록 해준다. 이것이 가능한 이유는 틀지식이 어떤 상황에 대한 기본 값(default) 지식을 가지고 있어 어떤 사물에 대한 정보가 사건의 진행 혹은 어떤 사람의 행동을 예측하게 해주기 때문이다.[36] 마찬가지로, 일상에서나 담화에서 일어나고 있는 일들이 '터무니없다' 혹은 '예상치 못한 놀라운 일이다' 라고 말할 수

35) Park, *Mark's Memory Resources*, 10-16; Croft and Cruse, *Cognitive linguistics*, 2.
36) Howard, *Concept*, 39.

있는 것 역시 그것들에 대한 전형적 지식을 제공해주는 틀지식을 근거로 사물이나 사건 그리고 상황 정보를 처리하기 때문이다. 그러므로 이야기의 흥미 유발은 대개 틀지식에 위배되는 일의 발생과 관련되어 있다고 말할 수 있다.[37] 이런 흥미를 유발하는 정보는 당연히 현저성이 주어지기에 담화의 현저성 결정은 틀지식의 적절한 사용에 의존해 있다.

혈루증을 앓고 있는 여인을 치료하는 이야기를 다루고 있는 마가복음 5:24-34의 예를 보자. 이 치료 이야기에서 예수님의 옷에 손을 대는 여인의 행위는 네 명의 다른 인물에 의해 각각 반복 언급된다.

27절. 그의 옷에 손을 대니(ἥψατο)--저자
28절. 내가 그의 옷에만 손을 대어도(ἅψωμαι)--여인
30절. 누가 내 옷에 손을 대었느냐(ἥψατο)--예수
31절. 누가 내게 손을 대었느냐(ἥψατο) 물으시나이까--제자들

먼저 마가는 병의 종류에 따라 묘사된 여인("혈루증으로 앓아 온 한 여자," 25절)이 그녀의 절망적 상황(26절)에서 예수님의 옷에 손을 대는 행위를 한 것임을 보여주고 있다. 여인의 그런 행위는 다시 그런 동작의 이유에 대한 언급("이는 내가...구원을 받으리라...")과 함께 여인의 생각 속에서 발화된 독백 형태로 다시 등장한다(28절). 이에 자신에게서 능력이 나간 것을 안 예수님은 자신의 옷에 손을 댄 사람을 밝히려는 질문 안에서 여인의 행동이 무엇이었는지 다시 언급한다(30절). 예수님의 질문에 대한 제자들의 답변을 통해 네 번째로 여인의 행동이 반복 언급된다(31절). '예수님의 옷에 손을 대는 여인의 행위' 자체가 이 사건에서 차지하는 중요성은 그 행위를 지시하는 동일한 언어(ἅπτω)가 이 사건에 개입된 네 명의 주요 참여자 모두에 의해 반복 표현되었다는 사실을 통해서 확인할 수 있다.

---

37) Park, *Mark's Memory Resources*, 154.

결과적으로 네 번 반복된 표현 ἅπτω에 언어적 현저성이 주어진 것이다.

이러한 언어적 현저성은 의미적 현저성으로 보충 설명되어야 할 필요가 있다. 그러면 여인의 손을 대는 행위에 대한 반복적 표현은 어떤 의미적 정보를 부각시키기 위한 것일까? 이 질문에 대한 답을 틀의미론이 줄 수 있다. 언어 그러므로 이야기는 그것을 만들어낸 사회의 관습과 세계관의 반영이기 때문에 위의 이야기에서 반복된 언어적 표현을 통해 드러내고자 한 의미적 현저성은 이야기가 배경으로 하고 있는 유대 사회의 혈루증과 관련된 틀지식을 적절하게 환기할 때만 파악될 수 있다. 유대 사회의 정결법에 따르면 여인에게 유출이 있는 동안은 부정한 사람으로 취급되어져 격리되어야만 했다(레 15:19-28; 11Q Temple 45:7-17; 46:16-18; 48:14-17; Josephus, *Antiquities*. 3:261). 자신이 부정할 뿐만 아니라 그 여인과 접촉하는 사람까지 부정해지기 때문이었다(레 15:19-24).

본문에 등장하는 여인이 12년 간 혈루증을 앓아왔다는 사실을 이야기 서두에 밝히고 있기에(25절) 그녀가 의식적으로 부정한 사람이라는 정보가 이미 환기되도록 언어적으로 의도되었다. 이야기가 진행됨에 따라 여인은 자신의 병 치료를 위해 예수님의 옷에 '손을 대는 행동' 을 시도한다. 이 시도는 분명히 뜻밖이며 그러므로 긴장과 흥미를 유발한다. 피 흘림 중에 있던 여인의 그런 시도는 분명 유대 정결법을 어기는 행동일 뿐만 아니라 다른 사람까지 부정하게 만들 수 있는 위험한 일이었기 때문이다. '그럼에도 불구하고' 여인은 그 일을 감행했고 여인의 손은 예수님의 옷에 닿았다. 따라서 **정결법** 틀은 본문 정보 중 피 흘림의 상태에 있었던 여인이 (의식법을 어기며) 대중 속으로 들어왔다는 묘사("무리 가운데 끼어," 27절)에 일차적 현저성을 부여할 뿐만 아니라 담화 전체에서 반복적으로 묘사된 예수님의 옷에 뒤에서 손을 대는 그녀의 행위(ἅπτω)를 '도발적인' 것으로, 그렇기 때문에 초점화된 정보로 처리하도록 이끈다. 이런 틀지식을 기초로 한 정보처리를 위해 본문은 이야기 서론(25절)에 그 여인을 그녀가 앓고 있는 병으로 범주화함으로("혈루증으로 앓아 온 한 여자") 이어지는 담화 정보 이해에 필요한 **정결법** 틀을 환기하도록 유도하고 있다. 그러므로 이야기의 의미적 현저성은 예수님의 옷에 손을 내민 여인의 행동에 주어져 있고 네 번 반복된 ἅπτω는 언어적으로 이러한 사실을 확증해주고 있다.

4. 나가는 말

현저성이 없는 담화는 정보 이해 처리를 불가능하게 한다. 반대로 모든 정보에 현저성이 주어진 담화 역시 이해할 수 없는 정보로 처리할 수 밖에 없다. 가장 이상적인 담화는 배경 정보와 현저성을 가진 정보가 균형 있게 배열된 구조를 갖추어야 한다. 마찬가지로 중요한 것은 언어 사용자가 담화 정보의 현저성을 결정하는 다양한 장치들에 익숙해지는 것이다. 본서는 처음부터 그와 같은 목적을 염두에 두고 작성되었다. 지금까지 우리의 관심은 신약성경 헬라어 담화에서 현저성을 만들어 내는 항목들로서 문단의 배경지식의 반복적 언급, 다양한 언어적 표현, 문법적 항목 그리고 틀지식을 기초로 한 언어 사용자의 담화처리 과정에 집중했다. 물론 어떤 특정한 항목 하나에만 의존하여 신약성경 본문에서 어떤 정보가 강조되고 있는지를 결정하는 것은 위험한 일일 것이다. 오히려 위에서 제시한 여러 담화 · 언어 · 문법 · 인지적 요소가 담화에서 어떻게 사용되고 있는지를 염두에 두고 담화의 현저성이 결정되어야 한다.

무엇보다 위의 연구의 공헌은 담화의 현저성을 결정하는 데 있어서 언어 사용자의 인지처리 과정이 어떤 역할을 하는지를 밝혔다는 점이다. 담화의 의미를 결정하는 것은 구조주의자에 따르면 담화의 언어 체계 자체로, 또 변형생성 문법학자들에 의해서는 인간의 내재화된 언어체계라고 믿어져 왔다. 하지만 최근 인지언어학의 발달로 인해 언어의 의미 형성과 정보처리는 인간의 인지과정을 해석하지 않고는 설명될 수 없는 것으로 밝혀졌다. 비록 우리는 담화의 현저성 영역을 결정하는 영역에 연구를 제한시켰지만, 인지언어학이 언어와 문법으로 구성된 신약성경 본문에 대한 더 나은 이해에 어떻게 공헌할 수 있는지를 밝히는 일은 성경 해석가들에게 주어진 과제로 남아 있다.

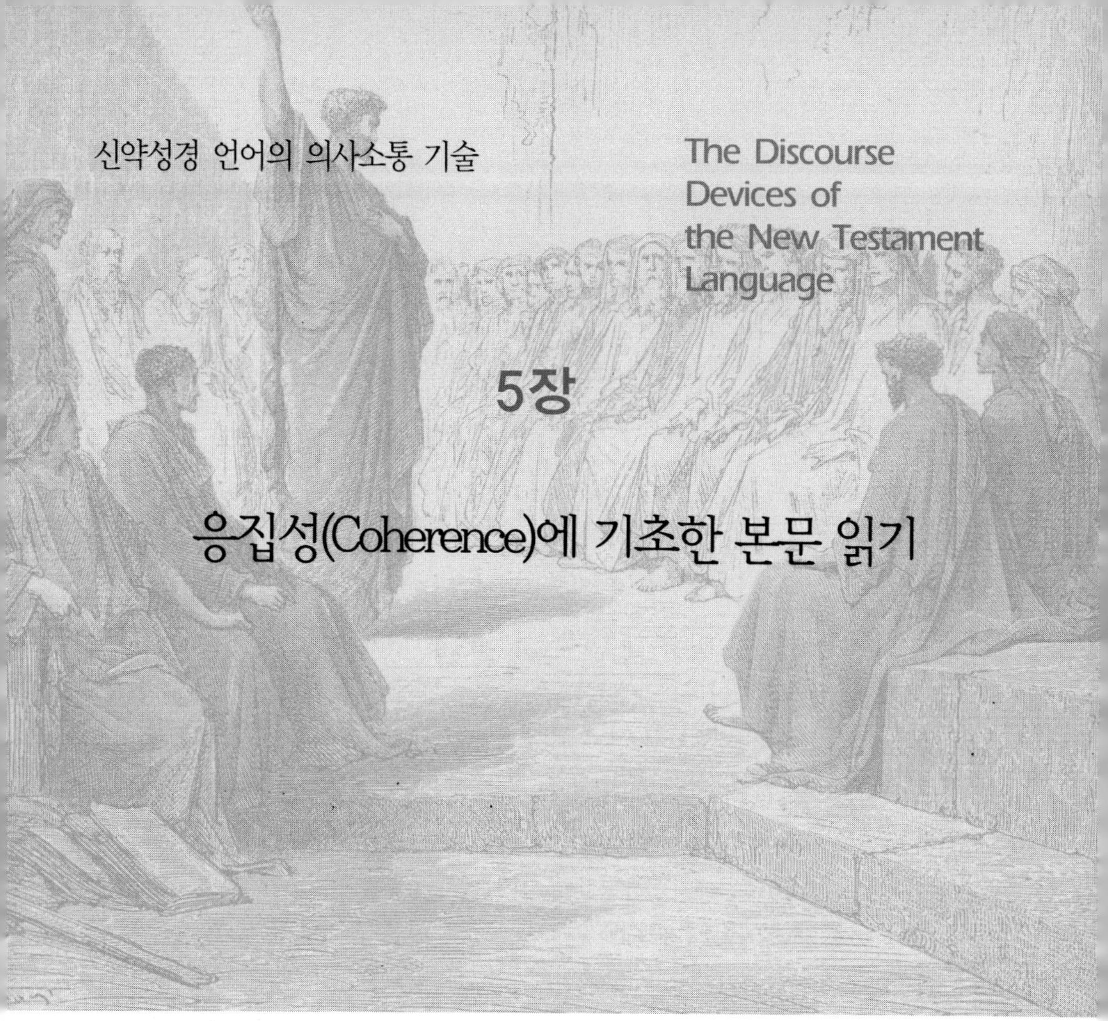

5장

응집성(Coherence)에 기초한 본문 읽기

제 5 장

응집성(Coherence)에 기초한 본문 읽기[1]

1. 들어가는 말

전화번호부와 이야기의 차이는 무엇인가? 무엇이 한 텍스트를 단순한 낱말 모음집이 아닌 통일성 있는 단일 이야기로 만드는가? 담화분석가들은 이 질문에 답하고자 응집성(cohesion) 혹은 결속성(coherence)이라는 언어학적 개념을 제시한다.[2] 텍스트를 구성하는 단어, 절, 문장 및 문단이 하나의 의미 있는 전체가 되는 것은 그것들 사이에 응집성과 결속성이 있을 때이며, 텍스트를 이해한다는 것은 그러한 텍스트 구성요소들을 상호 결속력 있는 정보로 처리할 수 있다는 것을 의미한다.[3]

내러티브 이해와 응집성의 관계에 대한 바른 이해를 정립하는 일의 중

---

1) 아래 글은 『성경과 신학』 58권 (2011년), 69-96에 실린 저자의 논문("응집성과 문단: 틀 의미론(frame semantics)에 기초한 마가복음 1:16-20 연구")을 수정 보완한 것임을 밝혀 둔다.

2) 어떤 언어학자(R. A. de 보그란드. W. 드레슬러, 『본문언어학 입문』 [서울: 한신문화사, 1995], 6-8)는 응집성(cohesion)과 결속성(coherence)를 구분하여 응집성은 텍스트의 표층구조(언어와 문법)에 통일성을 주는 개념으로 그리고 결속성은 텍스트를 의미적으로 통일성 있는 단위로 만드는 개념으로 이해하기도 한다. 하지만 다수의 학자들(예. Dijk, *Text and Context*, ch. 4; P. Cotterell and M. Turner, *Linguistics and Biblical Interpretation* [Downers Grove, IL: IVP, 1989), 230-31])은 텍스트에 통일성을 주는 역동성(dynamics)을 지시하는 개념으로 결속성과 응집성을 상호 교환적으로 사용한다. 우리는 후자의 입장을 따라 응집성과 연속성을 상호 교환적으로 사용할 것이다.

3) Brown and Yule, *Discourse Analysis*, 191.

요성은 신약성경이 기록된 1세기 의사소통 문화를 고려할 때 더욱 커진다. 로빈슨(Vernon. K. Robinson)은 인류가 발전시켜 온 의사소통의 문화를 구술문화(oral culture), 수사문화(rhetorical culture), 서기문화(scribal culture) 그리고 인쇄문화(print culture)로 나눈 후 1세기는 수사문화권 아래에 놓여 있었다고 주장한다.[4] 수사문화에서 기록된 문서는 구술수행(oral performance)과 청각수용(aural reception)을 위한 보조물의 역할을 수행하였다.[5] 즉 구술 수행(oral performance)시 화자는 기록된 문서의 내용을 사전에 온전히 이해한 후 기억 속에 저장하는 것이 선행 조건이었다.[6] 의사소통의 관점으로 본다면 신약성경은 구술 전달과 기록된 문서가 상호 의존했던 1세기의 소통 문화의 산물이기 때문에 기록된 문서와 화자의 기억과의 관계가 그대로 적용된다. 이를테면, 신약성경의 수많은 초기 사본들은 자간, 행간 혹은 문단 구분이 전혀 없는 낱말의 나열로 이뤄져 있다(아래를 보라). 이것은 1세기 신약성경과 같은 고대 문서의 정보 이해와 전달과 관련하여 화자와 청자가 의존한 매체에 주의를 기울이도록 해준다. 만일 화자가 그와 같은 문서적 성격을 가진 텍스트의 내용에 이미 익숙해져 있지 않다면 대중 앞에서의 구술 전달은 매우 힘든 작업이 될 수밖에 없었다. 그렇기 때문에 신약성경 텍스트는 그것이 전달되기 전에 먼저 화자의 기억(memory) 속에 저장되어야 했고, 이렇게 저장된 정보는 화자의 '소리(sound)'를 통해 (독자의 눈이 아니라) 청자의 '귀'에 전달되도록 기록되었다. 그렇다면 기억에 의존하여 소리로 의사소통을 해야 했던 1세기 문화에서 의사소통의 성공 여부를 결정하는 것은 무엇일까? 그것은 소리로 전달된 정보가 수용되는 과정에서 얼마나 효과적으로 하나의 응집성

---

4) Vernon K. Robbins, "Writing as a Rhetorical Act in Plutarch and the Gospels," in *Persuasive Artistry. Studies in New Testament Rhetoric in Honor of George A. Kennedy*, ed., D.F. Watson (JSNTSup 50; Sheffield: JSOT Press, 1991), 145.

5) Park, *Mark's Memory Resources*, 43-70.

6) Park, *Mark's Memory Resources*, 63-8.

있는 정보 덩어리로(a chunk of information) 처리될 수 있느냐와 무관하지 않다. 청자의 입장을 고려 해보자. 그들에게 정보 수용은 청각 매체가 전부였다. 따라서 들려지는 정보를 이해하고 수용하려면 그 정보를 결속력 있는 한 덩어리로 받아들여야 하는 것은 필연이었다. 그렇지 않으면 들려오는 정보는 소리의 사라짐과 함께 기억으로부터 사라져 버릴 수밖에 없었기 때문이다.

그러므로 응집성과 결속성이라는 언어학적 주제는 1세기 의사소통 문화에서 신약성경 텍스트를 통한 화자와 청자의 소통이 어떻게 이뤄졌는지에 관심 있는 사람들뿐만 아니라, 하나님의 계시로서 규범적 진리로 성경을 받아들이고 있는 복음주의 진영의 학자들이 성경해석을 할 때 결코 무시해서는 안 될 중요한 주제임이 분명하다. 우리는 마가복음 1:16-20의 에피소드/문단[7]을 중심으로 구술 · 청각 서사로서 마가복음이 어떻게 응집성 있는 담화로 처리되고 이해되었는지에 대해 인지언어학의 틀의미론(frame semantics)을 그 방법론으로 사용하여 고찰하고자 한다.

2. 문단의 중요성

2.1. 담화분석과 문단

텍스트를 통한 의사소통을 할 때 화자는 텍스트 정보뿐만 아니라 텍스트의 구조도 사용한다. 화자가 말하고자 하는 내용은 그것을 말하는 방식 혹은 배열하는 방식과 분리될 수 없다.[8] 이것이 텍스트 이해를 위해서는

---

7) 이 책은 Teun A. van Dijk, "Episodes as Units of Discourse Analysis," in *Analyzing Discourse: Text and Talk: Georgetown University Round Table on Languages and Linguistics 1981*, ed., Deborah Tannen (Washington, D. C., Georgetown University Press, 1982), 177-95을 따라 문단과 에피소드를 구분하지 않고 동일한 담화 단위로 취급할 것이다.

텍스트의 정보를 나누고 묶는 담화 단위들에 대한 이해가 선행되어야 한다고 주장하는 이유이다. 담화는 낱말, 구, 절, 문장 그리고 문단과 같은 미시구조와 이런 구조의 해석을 가능하도록 하는 주제적 정보 즉 거시구조로 구성되어 있다. 담화분석에 관심을 가진 사람은 미시구조를 그 출발점으로 삼든지 거시구조에서 시작하든지 간에 모든 단위에 대한 분석을 거칠 필요가 있다.[9] 이런 종류의 담화분석을 함에 있어서 문단의 정보처리 과정에 대한 이해는 필수적이다.[10] 문단은 한편으로는 그 안의 작은 단위의 담화적 요소(단어 · 구 · 절 · 문장 즉 미시구조)를 의미론적으로 결속된 요소들로 다룰 수 있도록 해주며, 다른 한편으로는 보다 큰 담화인 주제적 단위(즉 거시구조)를 형성하도록 돕는 역할을 하기 때문이다. 그러므로 아래에서 살펴 볼 것처럼 담화 분석가에게 문단 경계 표지(discourse boundary markers) 파악은 텍스트의 의미 분석에 있어서 핵심 과제로 이해되어 왔다.[11] 이와 맥을 같이하여 로우(J. P. Louw)는, 개별적 낱말을 담화분석의 가장 기본단위로 생각해온 전통적 언어학자와는 달리, 담화의 의미론적 분석의 가장 기본적인 단위를 문단(paragraph)으로 본다.[12] 문단이 그 하부 단위로서 낱말 · 구 · 절 · 문장을 내포하고 있다는 것을 고려할 때 담화분석에 있어서 문단에 대한 강조는 한 낱말의 의미를 그것이 속한 '문맥' 속에서 파악하고자 한 현대 언어학의 사조에도 부합하는 접근법이라고 볼 수 있다. 무엇보다 이미 지적한 것처럼 문단은 담화정보의 결속성을 결정하는 핵심적 의미단위(semantic unit)이기 때문에 담화의 응집성을 이해하기 위해서는 문단에 대한 이해가 요구된다.

---

8) Brown and Yule, *Discourse Analysis*, 96.
9) Porter, *Idioms*, 208-301.
10) Louw, *Semantics*, 117.
11) Brown and Yule, *Discourse Analysis*, 94-106.
12) Louw, *Semantics*, 98, 116-58.

2.2. 구술 · 청각 서사와 문단

응집성 있는 담화를 만드는 요소를 이해하기 위해서는 문단의 역할이 반드시 고려되어야 한다는 사실은 현재 우리의 관심인 신약성경(그러므로 마가복음)의 의사소통적 특징을 고려하면 더욱 더 분명해진다. 신약성경 저작들이 고대 구술 · 청각 문화의 산물이라는 것은 성경 신학자들 사이에서 더 이상 새로운 주장이 아니다. 그렇지만 고대 의사소통 문화에서 구체적 담화 양식이 화자와 청자의 이야기 정보 처리에 미치는 효과에 대한 연구는 상대적으로 덜 주목 받아온 것이 사실이다. 언어 철학가와 고대 문학가들은 고대 구술 · 청각 서사를 통한 의사소통의 기본 단위를 에피소드(episode)로 보고 있다.[13] 사실 눈으로 정보를 습득하는 독자를 염두에 둔 현대 소설은 하나의 단일 이야기 구조를 가진 채 일직선으로 발전되는 경향이 있지만 인구의 90%가 글을 읽고 쓸 수 없어 정보 전달과 수용을 소리에 의존하여 이야기를 이해하고 기억해야 했던 고대인에게는 다른 형태의 이야기 구조가 필요했다는 것을 기억해야 한다. 옹(Walter Ong)에 따르면 에피소드 중심적 이야기 형식은 구술 문화에서 화자가 공동체에서 전해져 내려오던 긴 서사를 전달하고 보관할 수 있었던 가장 편리하고 효과적 방법이었다.[14] 이러한 주장은 복음서의 담화 구조에도 적

---

13) Eric Havelock, *Preface to Plato* (Cambridge, Massachusetts: The Belknap Press of Havard University Press, 1963), 173-75; Ong, *Orality and Literacy*, 12-19; 이 주제에 관련한 좀 더 구체적 논의를 위해서는 참조하라. Park, *Mark's Memory Resources*, 85-86, 183-86.

14) *Ong, Orality*, 16. 인지과학자들은 에피소드 중심의 이야기는 '청자' 의 이야기 기억을 가장 효과적으로 도울 수 있는 구조라는 것을 여러 실험을 통해 증명해 보였다. 참조. van Dijk, "Episodes," 181, 19-92; John B. Black and Gordon H. Bower, "Episodes as Chunks in Narrative Memory," *Journal of Verbal Learning and Verbal Behavior* 18 (1979), 309-10; Valerie Abbott and Edward E. Smith, "The Representation of Scripts in Memory," *Journal of Memory and Language* 24 (1985), 179-99.

용될 수 있다. 최근 마가복음을 수사적, 문학적으로 분석하고자 시도해 오던 사람들은 그 안에 중앙집중식 형태(concentric patterns)와 삼 단계 발전(three-step progression)과 같은 형태로 이야기들이 서로 연결되어 있다는 것을 발견했으며 그러한 이야기 구조의 가장 기본적 단위는 개별적 에피소드였음을 주목하였다.[15] 듀위(Joanna Dewey)는 마가의 구술 서사를 "일련의 에피소드로 구성된 하나의 느슨한 연결체"로 규정했다.[16] 그러므로 마가의 구술 · 청각 서사의 기본 담화 구조는 에피소드이며 청자의 내러티브 이해과정 역시 그러한 단위에 기초해 있었다는 주장은 신약성경의 내용을 이해하려는 이들이 반드시 염두에 두어야 할 담화 구조이다.

일단 고대 내러티브 담화를 처리함에 있어서 문단이라는 의미적 단위가 담당한 역할의 중요성이 받아들여진다면 다음 과제는 마가복음의 텍스트 정보를 이해하고 처리하는 데 있어서 그 단위가 구체적으로 어떻게 기여하는지를 보여주는 것이다. 현대 신약성경 헬라어 텍스트에는 그 안에 담긴 정보를 나누고 구획화하는 경계표지들이 분명하게 형성되어 있다. 그러나 이것은 신약성경 원 텍스트의 모습을 반영하는 것이 아니다. 신약성경 원 문서에는 단어와 단어, 절과 절, 그리고 문단 사이를 구분하는 표지들이 없었다. 기원전 4세기의 것으로 추정되는 코덱스 시나이 사본(Codex Sinaiticus)의 요한일서 5:7-9은 원본의 문서 형태가 어떠했는지 보여준다(아래를 보라).

〈그림1〉

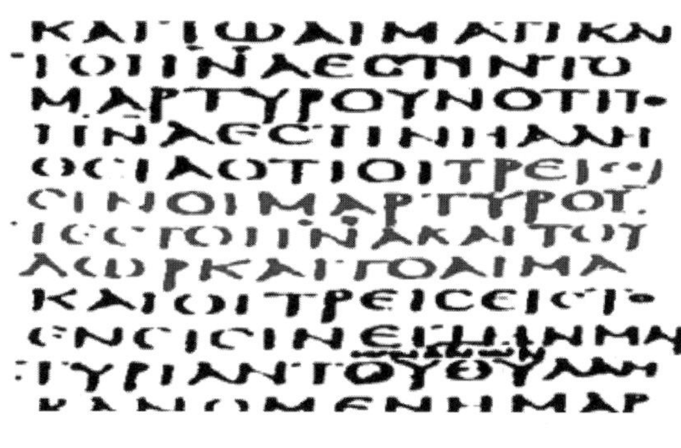

만일 우리가 요한일서 5:7-10의 원 문서 형태를 한글로 재현할 수 있다면 아래와 같은 구조를 띄게 될 것이다.

> 증언하는이가셋이니성령과물과피라또한이셋은합하여하나이니라만일우리가사람들의증언을받을진대하나님의증거는더욱크도다하나님의증거는이것이니그의아들에대하여증언하신것이니라하나님의아들을믿는자는자기안에증거가있고하나님을믿지아니하는자는하나님을거짓말하는자로만드나니이는하나님께서그아들에대하여증언하신증거를믿지아니하였음이라[개역개정성경]

이와 같은 문서 양식으로 된 텍스트 정보를 이해하고 기억(memory) 속에 저장한 후 기억하기(remembering) 위해서 언어 사용자는 반드시 위 정보를 낱말, 구, 절 및 문장으로 구분할 수 있어야 한다. 더욱 중요한 것은 이렇게 구획화된 정보를 다시 상호 응집력 있는 하나의 정보 덩어리로 처리할 수 있을 때에야 비로소 정보를 문맥 속에서 적절하게 이해하고 기억할 수 있다. 문단은 언어 사용자로 하여금 낱말 모음집과 같은 텍스트를 구획화하고 다시 상호 응집력 있는 정보로 응집시키는 촉매제 역할을 담당하는 담화 단위이다(아래를 보라).

3. 문단정보 처리와 응집성

지금까지의 연구를 통해 두 가지 사실이 분명해졌다. 첫째, 구술 · 청각 의사소통 문화에서 내러티브 담화를 통한 의사소통의 기본단위는 문단/

---

15) David Rhoads, Joanna Dewey and Donald Michie, *Mark as Story. An Introduction to the Narrative of a Gospel*, 2nd edn. (Philadelphia: Fortress Press, 1999), 51-5.

16) Joanna Dewey, "Mark as Interwoven Tapestry: Forecasts and Echoes for a Listening Audience," *Catholic Biblical Quarterly* 53 (1991), 221-36.

에피소드이다. 둘째, 에피소드 단위는 이야기를 한 덩어리로 기억하고 이해하는 데 가장 효과적인 담화 장치이다. 이제 우리의 관심을 무엇이 한 문단을 응집성 있는 덩어리로 처리하도록 만드는가에 집중해보자. 담화분석에서는 내러티브의 문단 담화를 응집성 있는 덩어리로 처리하고 이해하는 일에는 내러티브 · 문법 · 의미적(semantic) 요소가 관련되어 있는 것으로 본다. 먼저 내러티브적 정보가 어떻게 응집성을 만드는 일에 도움을 줄 수 있는지 살펴보자.

3.1. 내러티브의 구성 요소에 기초한 응집성[17)]

3.1.1. 전통적 접근

내러티브는 사건(plot) · 배경(장소와 시간) · 인물로 구성된다. 이것은 한 내러티브를 구성하고 있는 작은 단위의 이야기에도 그대로 적용된다. 서사 담화의 각 에피소드 혹은 문단은 그것의 경계표지(boundary markers)로서 시간 · 장소 · 인물 · 주제의 변화와 같은 담화 정보를 가진다는 것은 담화 분석가들 사이에 만들어진 일치된 견해이다.[18)] 반 딕(van Dijk)은 에피소드(episode)를 담화의 시작에 언어적으로 명시된 동일한 참여자 · 시간 · 장소 · 주제적 사건에 의해 일종의 주제적 통일을 만들어 가는 응집력 있는 문장의 연속으로 정의내리고 있다.[19)] 신약성경 텍스트의 문단 경계표지를 설정하고자 시도한 레빈손은 복음서 담화가 전체적으로 "주제적

17) 이 주제에 대한 더 자세한 논의를 위해서는 참조하라. Park, *Mark's Memory Resources*, 89-159, 163-256.

18) R. E. Longacre, "The Paragraph as a Grammatical Unit," in *Syntax and Semantics: Discourse and Syntax* 12, ed., Talmy Givón (New York: Academic Press, 1979), 115-20; Wallace Chafe, "The Flow of Thought and the Flow of Language," in *Syntax and Semantics: Discourse and Syntax* 12, ed., Talmy Givón (New York: Academic Press, 1979), 150-80.

19) van Dijk, "Episodes," 177.

연속성(thematic continuity)"을 유지하고 있지만 참여자 · 시간 · 장소 · 주제적 정보에 의해 유발된 "지엽적 불연속성(local discontinuities)" 또한 가지고 있음을 지적하면서 문단과 세션 같은 담화의 하부 단위들은 이러한 "지엽적 불연속성"에 의해 만들어지는 것으로 본다.[20)]

사실 전통적 문단 경계표지에 대한 연구는 '기록된' 담화를 분석하는 데 사용되어 왔던 것이 사실이다. 이미 지적한 것처럼 복음서는 1세기의 구술 · 청각 의사소통 문화의 산물이기 때문에, 우리는 '들려오는' 정보를 청각에만 의존하여 문단 정보를 인지적으로 처리해야 했던 1세기 청자의 '텍스트 경험' 을 고려하면서 복음서의 문단 경계표지 설정에 관한 논의를 할 필요가 있다. 이런 논의에 인지언어학은 좋은 기초를 제공해줄 수 있다. 인지언어학자들은 문단의 영역 안에 있는 정보의 응집성을 이해하는 데 있어서 인간의 인지과정이 어떻게 작용하는지 설명하는 데 관심을 가지기 때문이다.[21)] 인지언어학에 따르면 텍스트를 이해하기 위해 청자는 이어지는 텍스트가 말해지는 동안 시간 · 공간적 배경과 일관된 참여자들과 사건과 같은 정보를 사용하여 이야기 문맥에 대한 인지적 표상(cognitive representation)을 구성한다. 초프에 따르면 그와 같은 정보가 주어지지 않은 상태에서 특정 문맥 하에 있는 사건들이 발화될 때 "의식 사용자(the user of consciousness)"로서 "청자의 자아(the listener' s self)"는 불편해하며 방향 감각을 잃을 수밖에 없기 때문에, 이런 배경정보는 내러티브 서두에 위치하여 청자가 이어지는 내용을 그 정보를 근거로 하여 처리하도록 유도하는 "주변 의식(peripheral consciousness)" 역할을 한다.[22)] 초프의 주요 공헌은 이야기 이해과정에서 문단 경계표지의 역할을 청자/독

20) Levinsohn, *Discourse Features*, 13-6.

21) Catherine Emmott, *Narrative Comprehension: A Discourse Perspective* (Oxford: Clarendon Press, 1997), 103-94; Tuen van Dijk and W. Kintsch, *Strategies of Discourse* Comprehension (New York: Academic Press, 1983), 163, 338-39.

22) Chafe, "Consciousness," 41-2.

자의 모니터링이라는 인지과정으로 설명하였다는 것이다. 현대 인지언어학자들은 담화 처리에 관여하는(Chafe의 용어를 사용하자면) "청자의 자아"의 개념을 틀이론 혹은 틀의미론이라는 주제 하에서 더욱 발전시켜왔다.

3.1.2. 틀의미론적 접근

틀은 마가의 구술 · 청각 서사 안에 있는 에피소드 구조에 대한 인지과정을 설명할 수 있는 이론적 기초를 제공한다. 이미 언급한 것처럼 틀은 특정 상황과 관련된 인물, 장소, 시간과 같은 배경/문단 정보에 관한 원형적(prototypical) 지식이 머릿속에서 계급 구조적으로, 그리고 인과적으로 상호 연결된 개념 덩어리이다. 이것이 문단처리를 위해 가지는 의미는 무한하다. 첫째, 틀(혹은 스크립트)이(가) 포함하고 있는 원형적 정보는 청자로 하여금 한 에피소드를 개념적 혹은 의미론적으로 응집력 있는 단위로 처리하도록 하며, 기억할 때에(at retrieval) 문단 정보들이 하나의 독립된 덩어리로 떠올려지도록 인도한다.[23] 둘째, 상황 틀은 그것의 시간과 장소 그리고 인물에 관한 원형적 정보를 제공할 수 있기 때문에 새로운 이야기의 시작점과 종결점에 대한 인지처리를 가능하도록 하여 청자의 문단 경계 설정을 돕는다. 셋째, 문단 서두에 주로 위치해 있는 (언어와 문법적 항목에 의해 표시된) 주요 구성요소에 의해 일단 상황 틀이 열리면 청자는 그 환기된 틀을 기초로 이어지는 문단 정보를 이해하고 처리한다. 특히 각 틀 정보는 어떤 전형적 상황(stereotyped situations)과 관련하여 계급 구조적으로 상호 연결된 일련의 개념 덩어리이기 때문에 만일 틀이 언어적 혹은 문법적 요소(들)에 의해 환기되면 개념적으로 그 틀에 종속된 나머지 정보는 텍스트 처리를 위해 쉽게 떠오를 수 있다.[24] 뿐만 아니라 틀 안에 포함된 정보는 인과적으로 상호 연결되어 있기 때문에 그 틀을 기초한 문

23) Sanford and Garrod, *Understanding*, 129-31.
24) Schank and Abelson, *Scripts*, 22-35; Lakoff, *Women*, 54-55, 273-74, 283.

단 처리는 청자로 하여금 다음에 무엇이 뒤따를지를 쉽게 예상할 수 있게 하며, 후에 에피소드를 기억할 때 그것을 인과적으로 상호 연결된 하나의 덩어리로 떠 올리도록 한다.[25] 사실 텍스트는 아주 적은 분량의 배경정보를 담고 있기 때문에 이어지는 사건 이해를 위해 필요할 때마다 청자는 공간 · 시간적 틀로부터 원형적 정보를 추론해야만 한다. 그러므로 틀의 추론적 능력은 한 에피소드 범위 내에서 이런 배경정보가 모든 문장에서 혹은 텍스트가 새로운 정보를 언급할 때마다 언어적으로 발화되어야 할 번거로움을 덜어 준다. 이전에 열린 틀이 이어지는 사건들을 이해할 수 있는 구체적 정보를 제공할 수 있기 때문이다(예를 위해서는 아래를 보라).

3.2. 문법적 요소에 기초한 응집성 있는 문단정보 처리

문단은 절과 절의 결합으로 이뤄져 있다. 따라서 문단의 응집성에 대한 이해는 절 단위에서 어떻게 응집성이 결정되는지에 대한 이해의 전제조건이다. 담화분석가들은 절 단위에서 정보를 응집성 있게 만드는 다양한 표지들을 제시해 왔다. 모든 표지들을 언급하는 것은 현재 우리의 관심의 범위를 넘어서는 것이기 때문에 저자의 관심은 연어(collocation), 즉 어떤 일련의 낱말이 규칙적으로 함께 결합되어 사용되는 경우의 접속사와 헬라어 관사의 관계에 집중할 것이다. 필자의 주장은 이러한 한 문단 내에서 문법적 항목들에 의해 문단정보가 응집성 있는 정보로 처리될 수 있는 것은 그것들이 지시하는 낱말이 떠올려주는 틀 때문이며, 더 나아가 문단에 열려 있는 주된(global) 틀에 의해 문단 내 정보들이 통일성 있는 덩어리로 결합된다는 것이다.

25) Schank and Abelson, *Scripts*, 22-35.

4. 틀을 기초로 한 응집력 있는 문단정보 처리: 마가복음 1:16-20

우리는 틀이 어떻게 언어 사용자를 도와 구술 · 청각적 마가복음의 문단정보를 응집력 있게 이해하고 기억할 수 있었는지를 보여주기 위해 틀 의미론으로 마가복음 1:16-20의 문단정보를 분석할 것이다.

4.1. 틀의 공간적 정보 처리

현 에피소드는 이야기 서두에 예수님의 사역 장소가 "갈릴리 해변"으로 이동(참조. 막 1:14, "예수께서 갈릴리에 오셔서...") 되었음을 지시하는 언어적 표지를 세워두고 있다. 아래의 도표를 보자.

〈표 9〉 해변 틀

절	틀 제목	원형적 참여자/요소	원형적 사건
16	갈릴리 해변 (τὴν Θάλασσαν τῆς Γαλιλαίας)	어부(ἁλιεῖς)	바다에 그물질 (ἀμφιβάλλοντας ἐν τῇ θαλάσσῃ)
17		어부(ἁλιεῖς)	
18		그물(τὰ δίκτυα)	
19		배(τῷ πλοίῳ)	그물 수선 (καταρτίζοντας τὰ δίκτυα)
20		품꾼(τῶν μισθωτῶν)	

이러한 언어적 항목은 이어지는 사건의 공간적 배경에 대한 정보를 사용하도록 **해변** 틀을 환기하도록 이끄는 담화기술이다. 적절한 언어적 항목들에 의해 일단 **해변** 틀이 열리면(opening) 뒤따르는 많은 텍스트 정보는 그 틀의 전형적 참여자("어부," ἁλιεῖς, 16,17절; "품군," τῶν μισθωτῶν)와

행동("바다에 그물 던지는," ἀμφιβάλλοντας ἐν τῇ θαλάσσῃ; "그물을 깁고 있는," καταρτίζοντας τὰ δίκτυα, 16, 19절) 및 장비("그물," τὰ δίκτυα ; "배," τῷ πλοίῳ, 18, 19절)로 쉽게 처리될 수 있다.

19절은 다시 예수님의 이동 정보를 주고 있다: "조금 더 가신 후"(καὶ προβὰς ὀλίγον). 그렇지만 텍스트는 예수께서 분명히 어디로 이동하셨는지에 대한 구체적 장소 정보를 제공하지 않고 그가 다시 배라는 구체적 공간에서 그물을 깁고 있는 일련의 사람들을 보셨다고 묘사한다. 화자는 예수께서 다시 이동하신 공간에서 특정 장소에서만 벌어질 수 있는 정보를, 그 공간에 대한 정보를 주지 않음에도 불구하고, 어떻게 청자들이 응집성 있는(혹은 의미 있는) 정보로 처리할 수 있을 것으로 예상할 수 있었을까? 틀의미론은 이에 대한 답을 줄 수 있는 이론이다. 틀은 어떤 영역에 속한 전형적 지식을 포함하고 있는 개념 덩어리이기 때문에 일단 그것이 언어적 항목에 의해 환기되면 이어지는 담화 정보는 그 틀에 의해 응집성 있는(그러므로 이해 가능한) 정보로 처리된다. 즉 현 텍스트에서 화자는 청자가 이전 이야기에서 떠올린 **해변** 틀을 사용하여 텍스트가 말하는 것과 같은 그물 깁는 일과 배라는 사물 그리고 품꾼과 같은 특정 신분의 사람들의 등장에 대한 정보를 응집성이 있는 것으로 청자가 이해할 수 있을 것이라고 전제하고(믿으며) 이야기를 진행할 수 있다.

사실 현 텍스트에서 **해변** 틀이 열려 텍스트 정보 이해를 이끌고 있다는 언어 및 문법적 증거가 있다. 먼저 "그물을 깁는"(καταρτίζοντας τὰ δίκτυα)과 같은 연어 현상은 오직 **해변** 틀을 전제로 할 때에만 이해할 수 있는 언어적 연결이다. 둘째, 개역개정 성경은 예수께서 본 사람들이 "바다에 그물을 던지고 있었다"(ἀμφιβάλλοντας ἐν τῇ θαλάσσῃ)고 설명하고 있지만 사실 그 구(phrase)는 "그물"을 지시하는 목적격 낱말이 생략되었다(이 단어는 18절에 나온다). 우리는 어떤 언어학적 근거에서 그들이 바다에 던지고 있었던 물건이 "그물"이었는지 설명할 수 있어야 한다. 틀의미론은 이것을 설명할 수 있는 이론적 근거를 제공한다. 열린 **해변** 틀은 '그물을 바다에 던지는 것' 은 해변과 같은 장소에서 목격할 수 있는 어부들의 전형적 행동이라는 지식을 사용하여 동사 구 ἀμφιβάλλοντας ἐν τῇ θαλάσσῃ('바다에서 주위로 던지다') 에는 명시되지 않은 목적어 "그물"이라는 정보를 추론하게 만들 수 있다. 셋째, "배"(τῷ πλοίῳ)와 "그물"(τὰ δίκτυα) "품군"(τῶν μισθωτῶν)이라는 낱말들은 마가복음에서 처음 등장하는 정보임에도 불구하고 이곳에서 헬라어 관사와 함께 등장하고 있다. 이것은 서두에 선행적으로 열려진 **해변** 틀을 통해 화자와 청자에게 그 정보가 이미 알려진 것이었기 때문에 가능하다.

4.1.2. 사건 정보 처리

본 에피소드의 장소적 배경은 해변으로 소개되었지만, 그곳에서 벌어지는 주된(global) 사건은 예수께서 제자를 부르는 일이다.[26] 시몬과 그의 형제 안드레 및 야고보와 그의 형제 요한을 부르는 각각의 행동은 동일한 사건 순서로 진행되고 있다(아래를 보라). 이러한 사건 순서는 마가복음에 나오는 다른 제자 부름 이야기에서도 동일하게 발견된다. 아래의 도표를 보자.

〈표 10〉 마가복음의 **제자 부름** 틀[27]

원형적 행동	1:16-18	1:19-20	2:13-14	3:13-14
선생의 관찰	시몬과...안드레를 보시니 (εἶδεν)	야고보와...요한을 보셨다 (εἶδεν)	레위가 세관에 앉아 있는 것을 보셨다 (εἶδεν)	함축됨

26) 사실 3:13-14을 제외하고 마가복음에 나오는 세 개의 제자부름 사건(1:16-18; 1:18-20; 2:13-14)을 위한 장소적 배경은 모두 해변으로 소개되었다.

27) 물론 현 이야기에서는 제자라는 낱말이 등장하지 않는다. 마가복음에서 제자(μαθητής)라는 낱말이 처음 발화 되는 곳은 2:15이다. "...세리와 죄인들이 예수와

원형적 행동	1:16-18	1:19-20	2:13-14	3:13-14
선생의 부름	예수께서 나를 따라 오라 (δεῦτε ὀπίσω μου)고 그들에게 말씀하셨다	그가 그들을 부르셨다 (ἐκάλεσεν αὐτούς)	그가 그에게 '나를 따르라 (ἀκολούθει μοι) 고 하셨다	예수께서 그가 원하는 자들을 불렀다 (προσκαλεῖται)
제자의 따름	그들이 그를 따랐다 (ἠκολούθησαν αὐτῷ)	그들이 그의 뒤를 따랐다 (ἀπῆλθον ὀπίσω αὐτοῦ)	그가...그를 따랐다 (ἠκολούθησεν αὐτῷ)	그들이 그에게 왔다 (ἀπῆλθον πρὸς αὐτόν)

예수님의 제자 부름 이야기에 나오는 일련의 사건, 즉 '선생의 관찰' →'선생의 부름'→'제자의 따름'은 인과적 순서로 상호 연결되어진 채 네 개의 이야기를 주제적으로 통일성 있는 담화로 만드는 역할을 하고 있다. 이미 주지된 바와 같이 틀 특히 상황적 스크립트(script)[28]는 특정 영역에 속해 있는 사건과 관련된 일련의 원형적 순서를 포함하고 있기 때문에 한 에피소드에서 벌어지고 있는 일단의 사건을 주제적으로 응집된 이야기로 처리할 수 있도록 돕는다. 틀의 이러한 원형적 사건 순서는 한 에피소드의 시작점과 끝나는 지점을 알려주어 현 이야기가 공동 텍스트에

그의 제자들(τοῖς μαθηταῖς)과 함께 앉았으니 이는 그러한 사람들이 많이 있어서 예수를 따르고 있었다(ἠκολούθουν)." 예수와 함께 식탁교제를 하고 있는 사람들이 μαθητής로 불리는 가운데 그들은 역시 '예수를 따르는 사람'으로 다시 발화되고 있다. 이것은 **제자** 틀에 포함된 어떤 전형적 지식이 무엇이었는지 알려준다. 또한 마가복음 전 담화에서 제자라는 낱말이 이곳에서 처음 언급됨에도 불구하고 헬라어 관사를 가지고 사용되고 있다는 사실을 주목해야 한다. 이것은 이전 담화 혹은 현 이야기에서 청자들에게 이미 제자 개념이 환기되어졌다는 사실을 문법적으로 증명해준다. **제자** 틀의 전형적 정보에 대해서는 아래를 보라

28) 스크립트와 틀은 인지과학자들에 의해 동의어로 사용된다. 참조. Park, *Mark's Memory Resources*, 23.

위치해 있는 다른 정보와 구별된 하나의 응집력 있는 문단으로 정보를 처리할 수 있도록 해 준다. 그러므로 위의 네 개의 이야기 각각이 응집성 있는 에피소드로 이해될 수 있는 것은 바로 **제자 부름** 틀 때문임을 기억해야 한다.[29] 사실 1:16-20에는 인물의 변화(제자로 부름 받는 사람의 변화)와 예수님의 공간적 이동과 같은 문단의 변화를 유발하는 정보의 변화가 있음에도 불구하고 하나의 주제적 단위(a thematic unit)로 처리할 수 있는 것 역시 이 두 사건의 이야기 구조에서 반복되고 있는 **제자 부름** 틀 때문이라고 보아야 한다. 아래에서 우리는 **제자 부름** 틀이 포함하고 있는 전형적 사건 순서가 어떻게 한 문단을 응집성 있는 덩어리로 처리하도록 이끄는지 살펴볼 것이다.

(1) 선생의 관찰(16, 19절)

비록 3:13-14에는 생략되었지만 위의 세 이야기 모두 어떤 인물에 대한 예수님의 시각적 활동(1:16, 19; 2:13)에 초점을 맞추는 것으로 시작하고 있다. 내러티브 흐름이 암시하듯 예수님과 그들 사이의 조우가 처음으로 이뤄지고 있음을 고려할 때, 초면인 사람에 대한 예수님의 이러한 '응시'는 이해되기 쉽지 않은 행동이며, 그 의도 역시 불분명할 수밖에 없다. 이와 같은 상황에 대한 '일반적 지식'에 의거한다면 예수님은 행인으로서 (그러므로) 그의 응시는 기껏해야 행인의 '구경'으로 처리될 뿐이다. 원 화자와 청자가 현 텍스트 이해를 위해 공유했던 그 어떤 틀지식이 열릴 때까지 텍스트 정보를 보다 원래의 의미에 가깝게 이해하는 일은 미뤄질 수밖에 없다.

---

29) 지난 세기 양식비평가들은 본 에피소드에서 어떤 양식(form)을 발견한 후 그것이 초기 교회의 다양한 필요에 따라 무명의 초기 기독 공동체가 창작한 것으로 주장하였다. 하지만 인지언어학의 발달은 이러한 전형적 이야기 순서는 무명의 공동체의 창작이라기보다는 목격자의 인지모형으로서 사건 틀을 통한 사건 설명방식이라는 주장을 할 수 있도록 언어학적 근거를 제공하고 있다.

(2) 선생의 부름(17, 20절)

예수님의 응시 속에 담긴 긴장은 이어지는 행동을 통해 해결된다. 자신이 주시했던 대상을 향해 예수님은 "나를 따르라"(δεῦτε ὀπίσω μου)고 제안한다. 어떻게 초면의 사람에게 그와 같은 요구를 할 수 있을지에 대한 의문은 정당하다. 그리고 아래에서 살펴 볼 것처럼 그런 초청을 들은 인물들이 행인의 부름에 어떻게 그렇게 쉽고도 즉각적인 반응을 할 수 있었는지에 대한 질문에 답을 하지 않고서는 텍스트 이해는 불분명해질 수밖에 없다. 그럼에도 불구하고 텍스트는 이에 대한 어떤 구체적 정보를 주지 않는다. 청자의 본문 정보 처리는 무엇을 근거로 이뤄질 수 있는가? 예수님의 행동을 이해 가능한 정보로 처리하기 위해 청자는 본문에 전제되어 있는(혹은 청자와 화자 사이에 공유된) **선생(지도자)의 제자(추종자) 부름** 틀과 같은 배경지식을 적절하게 환기해야 한다. 고대 유대 사회에서 카리스마적 선생은 제자를 부르고[30] 제자들은 그 선생의 뒤를 따라가며 그를

30) 그렇다고 필자는 예수님의 제자 부르는 모델이 랍비와 제자 관계에 준하는 것이라 주장하지 않는다. 예수님은 직접 제자를 부르고 있기 때문에 제자가 될 사람이 랍비를 선택하는 1세기 유대 사회의 랍비-제자관계와는 분명 차이가 있다. 따라서 마틴 헹엘(Martin Hengel, *Charismatic Leader and His Followers* (Edinburgh: t. & t. clark,1981), 16ff, 71-2)이 적절하게 지적하였듯이 예수와 제자들의 관계는 열상 19:19에 나오는 엘리야와 엘리사의 관계와 같은 카리스마적 모델 혹은, 보다 적절한 예로, 메시아적 권위를 가진 지도자의 제자부름의 모델에 상응한다. 엘리야-엘리사 관계를 카리스마적 지도자와 제자 사이의 관계로 이해한 예수 시대의 예를 위해서는 요셉푸스, *Jewish Antiquities* 8.354를 보라. 더불어 본 이야기의 배경이 되는 틀은 대 로마 항거를 이끌었던 1세기 유대 사회의 지도자와 그 추종자의 관계와도 유사성이 있다. 요셉푸스(*Jewish Antiquities* 17.42-45; 17.271-72, 273-76, 278-85; *Jewish War* 2.56)에 따르면 1세기에는 많은 "자칭 메시아(royal pretenders)"들이 있었고 그들은 많은 추종자들을 불러 모은 후 대 로마 항쟁을 이끌었다. 특히 2차 유대 전쟁을 이끌었던 시므온 바르 코시바(Simon Bar Koshiba)가 다른 동료 유대인들에게 보낸 파피루스 편지가 유대 고고학자들에 의해 발견되었는데, 그 편지들 가운데는 전쟁 도중에 지도자 바르 코시바가 다른 유대인들에게 즉각적으로 자신을 따라 전투에 참여하도록 명령하는 증거들이 있다. 참조. Yegael Yadin, *Bar-Kokhba. The Rediscovery of the legendary Hero of the Second Jewish Revolt Against Rome*

배우고 또한 역할 모델로 삼는다(Josephus, *Jewish Antiquities* 8.354; b. *Erub*.30a; b. *Ketub*. 66b; 참조. 막 3:14; 8:34-38; 10:38).[31] "나를 따르라" (δεῦτε ὀπίσω μου)와 같은 예수님의 발화는 그러므로 **제자 부름** 틀[32] 지식을 환기시키기에 충분한 어휘적 항목(lexical items)이다. 일단 현 텍스트를 이해하는 주된(global) 사건 틀로서 **제자 부름** 틀이 이 언어적 표현에 의해 열리면 텍스트 정보 처리는 쉽게 이뤄질 수 있다. 예수님은 선생으로, 예수께서 지켜본 후에 부르고 있는 인물은 미래 제자로 처리된다. 따라서 지나가던 '행인' 이었던 예수께서 '초면' 의 사람을 향해 자신을 따를 것을 요구하는 장면은 어떤 카리스마적 지도자가 그의 제자를 삼는 과정으로 이해될 수 있다. 이런 맥락에서 본다면 이전 단계에서 보여준 '행인의 구경' 역시 제자 선정과정에서 이뤄진 '선생의 관찰' 로 이해될 수 있다.

마찬가지로 제자를 부를 때 예수께서 하신 말("내가 너를 사람을 낚는 어부로 만들겠다," 17절) 역시 어떤 선생의 문하생이 된 제자는 그 선생의 권위 아래 놓이게 되며, 선생은 그 제자의 양육을 책임을 진다는 고대 유대 사회의 선생과 제자 관계에 대한 전형적 지식을 전제로 이해해야 한다.[33]

(New York: Random House, 1971), 124-39. 제2성전시기로부터 온 유사한 부름의 예를 위해서는 마카비 1서 2:27ff를 보라. 그곳에서 마티아는 율법에 열심있다고 스스로 생각한 동료 유대인들을 향하여 "나를 따르라" 고 말한다.

31) 막 8:27-33에 나오는 제자도에 대한 예수님의 가르침에 이어지는 베드로의 항변을 놀랍고 뜻밖의 행동으로, 그리고 예수님의 꾸짖음을 바람직한 태도로 이해할 수 있는 것 역시 제자는 선생의 길을 따라야 한다는 정보를 원형적 지식으로 가지고 있는 1세기의 선생과 제자에 대한 배경지식 때문이다. 이러한 틀 지식이 없다면 위의 텍스트 역시 이해불능이 필연일 수밖에 없다

32) 제자 부름 틀지식에 대해서는 참조하라. Park, *Mark's Memory Resources*, 270.

33) 제자는 선생의 권위 아래 있으며 선생에 대한 순종이 제자의 기본 원칙이라는 것은 그 관계의 종류가 랍비와 제자 사이든 카리스마적 리더 혹은 선지자와 제자 사이든 상관없이 고대 유대 사회의 선생과 제자 사이에 만들어질 수 있는 전형적 관계이다. 참고. Daube,"Responsibilities," 1-15; Hengel, *Charismatic Leader*, 42-3.

이 배경지식은 위의 텍스트를 선생으로서 예수께서 자신을 따를 제자들을 향해 책임 있는 '양육계획' 을 말씀하고 계시는 것으로 이해할 수 있게 해 준다.

(3) 제자의 따름(18, 20b절)

텍스트는 두 그룹의 사람들이 예수님의 부름을 들은 후 거의 동일한 반응(즉 '버림' 과 '따름')을 보이고 있는 것으로 묘사한다. 시므온과 안드레는 그물을 버리고(καὶ εὐθὺς ἀφέντες τὰ δίκτυα) 예수를 따르고 (ἠκολούθησαν αὐτῷ) 야고보와 요한은 그들의 아버지를 버리고(καὶ ἀφέντες τὸν πατέρα αὐτωῦ) 예수를 따른다(ἀπῆλθον ὀπίσω αὐτοῦ). 이 두 반응은 즉각적(εὐθὺς)이었다는 점에서 일치한다(18, 20절). 만일 이전 사건에서 예수님의 부름이 선생의 제자 부름이라는 틀지식으로 처리되었다면 이제 그들의 따름은 선생(지도자)을 따르는 것이고, 그의 대의(cause)를 배우고 그의 삶을 역할 모델로 삼겠다는 제자(추종자)의 헌신으로 처리된다. 이러한 두 사건("나를 따르라"와 "그를 따랐다")의 흐름 사이에는 인과적 관계가 있다. 즉 예수님의 부름은 제자들의 따름을 유발시킨 것으로 추론되어야 한다. 텍스트 정보에 대한 이러한 인과적 해석은 텍스트의 언어적 정보 그 자체로부터는 어떤 실마리를 얻을 수 없는 것처럼 보인다(두 문장은 단지 접속사 καὶ로 연결되어 있을 뿐이다). 그러므로 언어 사용자가 위의 두 동사 사이의 관계를 인과적으로 추론할 수 있는 것은 자신의 머릿속 틀이 가진 사건 사이의 전형적 인과관계를 사용할 때만 가능한 텍스트 정보임을 주시해야 한다.[34]

34) 접속사 καί는 다양한 용법(예. 단순 병렬, 반의적 연결, 부가적 설명, 강조적 용법 및 결과적 용법 등)을 가지고 있기 때문에 καί 자체로서는 그것에 의해 연결된 두 동사의 인과적 관계를 추론할 수 없다. 오직 틀이 가진 전형적 지식을 사용할 때에야 비로소 언어 사용자는 καί를 결과적 용법으로 해석할 수 있다.

17절에서 예수님은 시므온과 안드레를 향해 "나를 따르라"는 구체적 행위지침을 주고 있기 때문에 그들 사이의 인과적 추론은 상대적으로 쉽다. 그러나 이어지는 텍스트에서 인과적 추론은 쉽지 않다. 예수님의 제안은 훨씬 간단한 동사 "불렀다"(ἐκάλεσεν)로 표현되었기 때문이다. 예수님의 부름 이후 야고보와 요한이 보인 반응 역시 이전 인물들의 것과 동일하다("그를 따랐다," ἀπῆλθον ὀπίσω αὐτοῦ). 화자는 단 일회에 걸쳐 이뤄진 '부름'을 들은 이들이 그 부른 자를 따르는 장면을 청자들이 어떻게 쉽게 이해할 수 있는 정보로 처리할 수 있을 것이라 판단할 수 있었을까? 이렇게 간단한 텍스트 정보를 통해 화자와 청자가 의사소통을 하기 위해서는 현 텍스트가 제공하고 있는 언어 및 문법적 정보 그 이상의 **제자 부름** 틀지식의 공유는 필수이다. 따라서 텍스트의 응집성은 청자와 화자에 의해 공유된 틀지식의 환기 능력에 의존해 있음을 보여준다.

4.1.3. 인물 정보 처리

예수님은 이전 에피소드(1:14-15)에서부터 주된 인물(main character)로 등장해 왔기 때문에 이어지는 에피소드의 변화에 관여하지 않는 인물정보이다. 대신 현 문단에서 사건 진행을 돕는 조력자들(minor characters)의 등장에 주의할 필요가 있다. 첫 번째 이야기에서 예수님에 의해 부름을 받은 사람으로 시므온과 안드레가 등장한다. 이 두 인물의 등장은 새로운 에피소드가 시작되고 있다는 사실을 알려 주어 청자로 하여금 들려오는 정보를 하나의 응집성 있는 덩어리로 처리하도록 준비시키고 있다. 이후 1:16-18에서 **제자 부름** 틀의 원형적 사건(제자의 따름)이 끝이 난 후, 19절에서 다시 예수님에 의해 관찰되고 부름을 받는 야고보와 요한이 등장한다. 이 단계에서 새로운 인물의 등장에 대한 발화는 이미 언급된 선생의 관찰에 관한 정보와 함께 이전 에피소드의 종결과 새로운 문단의 시작을 지시하는 언어적 표지 역할을 한다.

각 에피소드에 등장하는 인물들은 헬라어 접속사 καί로 연결되었다

(Σίμωνα καὶ 'Ανδρέαν 16절; 'Ιάκωβον καὶ 'Ιωάννην 19절). 무엇이 καί에 의한 두 인물의 병행적 연결을 가능하도록 한 것일까? 또 그들이 바다에 그물을 던지는 일을 함께 하고 있는 장면이 어떤 점에서 이해가능한 정보로 처리될 수 있을까? 틀의미론은 καί에 의해 등위 접속된 정보에 대한 이해와 텍스트에 의해 부연 설명됨이 없이 등장하고 있는 인물을 이해 가능한 정보로 추론케 한다. 각 에피소드에서 위 인물 소개 바로 직후에 등장하는 명사 ἀδελφόν("형제," 16, 19절)에 집중해 보자. 명사 ἀδελφόν의 등장은 해당 절 단위에서 정보 이해는 **형제** 틀을 적절하게 환기할 수 있는지에 달려 있음을 보여준다. **형제** 틀은 형제들이 함께 일을 하는 것을 전형적 지식으로 가지고 있기 때문에, 내러티브 자체에 구체적인 언급이 없더라도 그러한 틀지식을 근거로 καί에 의해 연결된 연어(Σίμωνα καὶ 'Ανδρέαν와 'Ιάκωβον καὶ 'Ιωάννην)와 그들의 공동사역에 관한 발화를 이해가능한 정보로 처리하도록 이끌어 준다.

틀의 또 다른 중요 기능은 상호 연결성이다. 틀의 연결은 이미 지적된 인과적 성격을 가질 뿐만 아니라 계급 구조적 성격도 띠고 있다. 이런 틀의 연결성은 언어 사용자가 복잡한 수많은 정보로 구성된 내러티브를 이해 가능한 정보로 처리해 가는 과정을 설명하는 데 필수이다. 한 문단 내에는 다양한 정보들이 존재하기 때문에 이야기가 진행되기 위해서는 이 정보들의 상호연결은 반드시 필요하다. 한 문단 내에서 이야기를 진행시키는 다양한 틀들은 상호 연결되어 처리될 뿐만 아니라 문단 내에 있는 하위 틀(sub-frame) 정보들은 그중 주된 틀(global frame)에 의해 종속적으로 처리되면서 이야기는 응집성 있게 된다. 텍스트 정보 ἀδελφόν이 청자에게 **형제** 틀(아래를 보라)은 짧게 열게 만들지만, 곧 이어지는 텍스트 정보("왜냐하면 그들은 어부라," 16절; "그들의 배에서 그물을 깁는," 19절)에 의해 **형제** 틀은 후면에 위치하면서 **어부** 틀이 청자의 이해구조에서 전면에 부각하게 된다(아래를 보라).

〈표 11〉 **형제** 틀

절	틀 제목	참여자	원형적 일
16	형제(ἀδελφόν)	시므온과 안드레	함께 일을 함
19	형제(ἀδελφόν)	야고보와 요한	함께 일을 함

〈표 12〉 **어부** 틀

절	틀 제목	참여자	원형적 일
16	어부(ἁλιεῖς)	시므온과 안드레	그물질 (ἀμφιβάλλοντας ἐν τῇ θαλάσσῃ)
19	함축됨	야고보와 요한	그물 수선 (καταρτίζοντας τὰ δίκτυα)

이렇게 **형제** 틀과 **어부** 틀은 서로 상호작용을 하면서 인물 정보 이해를 돕는 역할을 하다가 현 텍스트를 이끌고 있는 주된 틀인 **제자 부름** 틀이 17절과 20절에서 예수님의 부름을 알리는 어휘적 항목에 의해 열리면 그 **형제** 틀과 **어부** 틀은 최종적으로 **제자 부름** 틀에 종속되어 그 틀의 원형적 인물 정보, 즉 **제자**로 처리된다(**제자** 틀에 대해서는 아래를 보라).

〈표 13〉 **제자** 틀

절	인물	주된(global) 제자 틀에 준거해 처리된 인물	원형적 행동
16	시몬과 안드레(형제이자 어부)	제자	

17	사람을 낚는 어부	사람을 가르치는 제자	사람을 낚는 일 =사람을 가르치는 일
19	야고보와 요한(형제이자 어부)	제자	버려두고 예수를 따름
20			예수를 따름

텍스트는 다양한 **인물** 틀과 그에 상응하는 정보를 제공하고 있기 때문에 어떤 점에서 텍스트의 응집력에 문제가 쉽게 발생할 수 있을 것처럼 보인다. 그럼에도 불구하고 텍스트가 응집성 있는 정보로 처리될 수 있는 이유는 주된(global) **제자 부름** 틀이 다른 작은 틀(sub-frames) 정보를 종속적으로 처리하는 역할을 하기 때문이다. **제자 부름** 틀은 부름 받은 어부들의 예수 따름이 어부로서의 삶을 위한 것이 아니라 제자의 삶을 위해 선생을 따르고 있는 것으로 유추할 수 있게 해 준다.

더 나아가 틀은 현 맥락에서 전혀 다른 정보처럼 보이는 은유적 표현을 이해할 수 있게 한다. 주된 **제자 부름** 틀은 현 문단에서 발화되고 있는 다양한 정보를 개념적으로 종속된 내용으로 처리하도록 하여 전 에피소드를 응집력 있게 만드는 인지모형이기 때문에, 그 틀을 환기할 수 있는 언어 사용자는 예수님의 말("내가 너희들을 사람을 낚는 어부[ἁλιεῖς ἀνθρώπων]로 만들겠다")로부터 다른 사람을 가르칠 수 있는 제자로 그들을 양육시키려는 의도(참조. 막 6:7-13)를 추론할 수 있는 은유적 정보 처리를 가능하도록 한다.

5. 틀을 기초로 한 장소와 인물 정보 처리: 마가복음 2:1-12[35]

5.1. 공간적 경계표지: **집** 틀

현재 에피소드의 공간적 배경은 낱말 ἐν οἴκω(집에)에 의해 이야기 서두(1절)에서 지시되고 있으며 이어지는 이야기의 결속성을 가능하도록 하는 배경지식 즉 **집** 틀을 떠올리는 역할을 하고 있다. 이 이야기에 열려 있는 **집** 틀은 아래와 같이 요약될 수 있다.

〈표 14〉 집 틀

절	틀 제목	기본 값 요소	원형적인 일
1	ἐν ὄικω 집에		
2		τὴν θύραν 그 문	συνήχθησαν πολλοὶ ἐλάλει τὸν λόγον. 많은 사람이 모였다 그가 그 말씀을 말했다
4		τὴν στέγην 그 지붕	
6			ἐκεῖ καθήμενοι 그곳에 앉아 있는
12			ἐξῆλεν 그가 나갔다

비록 집이라는 정보에 대한 언어적 지시는 1절에서 일회적으로만 주어져 있지만 그 **집** 틀이 기본 값으로 가지고 있는 물건들과 그것들의 기능 그리고 그 장소에서 일어나는 원형적 일들에 대한 정보 이해는 이어지는

35) 아래의 분석은 Park, *Mark's Memory Resources*, 186-89, 200-208에서 인용한 것이다.

사건을 처리하는 일에 필연적 배경지식으로 전제되어 있다. 2절의 "그 문," τὴν θύραν, 과 "그 지붕," τὴν στέγην, 은 근접 본문에서 처음으로 등장하는 정보임에도 불구하고 헬라어 관사를 가진 채 사용되고 있다. 이 경우 관사의 사용은 청자가 언어적 항목에 의해 이미 열린 **집** 틀을 참고로 그것의 원형적 정보를 쉽게 환기할 수 있다는 것을 텍스트가 전제하고 있다는 것을 지시해 준다. 게다가 참여자의 특정 행동 역시 열린 집 틀의 빛 아래에서 이해될 수 있다. 6절은 서기관이 특정 자세 안에 있는 것으로 묘사한다("어떤 서기관들이 거기 앉아서," ἐκεῖ καθήμενοι). 그들이 어디에 앉아 있는가? 본문은 그들이 앉아 있던 곳을 "거기"(ἐκεῖ)라고 알려준다. "거기"는 어디며 장소 정보를 처리하는 구체적 근거는 무엇인가? 12절 역시 예수님에 의해 치료된 후 일어난 중풍병자의 공간 이동에 관한 정보를 주고 있다("그가 일어나…나가거늘," ἐξῆλεν). 그는 어디로부터 나가는 것인가? **집** 틀은 원형적 정보로서 '들어오고,' '나가고,' '앉고,' 일어서는' 동작들을 포함하여 거주자의 공간 사용에 관한 전형적 지식을 포함하고 있기 때문에, 일단 **집** 틀이 에피소드 서두에 열렸다면, 동일한 문장 안에서 상세한 설명 없이 주어진 정보 문장은 그 열린 틀을 배경으로 쉽게 처리될 수 있다. 따라서 청자들이 2:1-12을 공간적으로나 의미적으로 결속성 있는 에피소드로 처리할 수 있는 것은 **집** 틀 때문이라는 것이 분명해 보인다.

5.2. 인물 경계표지: **중풍병자** 틀

공간적 지표와 더불어 등장인물의 변화 역시 에피소드 경계를 결정하는 요소임이 지적되었다. 하지만 이미 주지된 바와 같이 2:1-3:6의 경우에 예수와 그의 제자 그리고 서기관 혹은 바리새인은 반복적으로 등장하는 인물이기에 문단 경계표지로서의 그들의 역할은 상대적으로 축소될 수밖에 없다. 대신에 우리는 각 이야기의 중심 주제를 만드는 보조 인물(minor character)[36]의 변화에 주목할 것이다.

2:1-12을 하나의 결속력 있는 덩어리로 묶어주는 인물 경계지표인 **중풍병자** 틀을 살펴보자.

〈표 15〉 중풍병자 틀

절	틀 제목	기본 값 요소	원형적인 일
3	παραλυτικὸν 중풍병자		αἰρόμενον ὑπὸ τεσσάρων 네 사람에 의해 메워 가지고
4b		τὸν κράβαττον 그 상	
5			ἀφιενταί αἵ ἁμαρτίαι σου 너의 그 죄들이 사해졌다
9		τὸν κράβαττον 그 상	ἔγειρε καὶ ἆρον... σου καὶ περιπάτει 일어나 너의 ...들고 걸으라
11		τὸν κράβαττον 그 상	ἔγειρε ἆρον... σου καὶ ὕπαγε εἰς τὸν οἶκόν σου 그리고 너의 집으로 가라
12		τὸν κράβαττον 그 상	ἠγέρθη καὶ εὐθὺς ἄρας... ἐξῆλθεν 일어나 곧 들고 나가니라

1, 2절에서 이 이야기의 공간적 배경에 대한 언어적 지시를 제공한 후 마가는 3절에서 주제적 참여자(thematic participant)로 중풍병자를 등장시킴으로 새로운 에피소드의 시작을 다시 알려주고 있다. 그리고 12절

---

36) Longacre("Paragraph," 118)은 이런 인물을 "주제적 참여자 (thematic participant)"로 부른다.

(ἐξῆλθεν, "그가…나가거늘")에서 그의 퇴장에 대한 정보를 제공함으로 지금까지의 이야기가 종결에 도달했음을 지시해 준다. 질병의 종류에 따른 인물묘사(παραλυτικὸν, "중풍병자")는 **중풍병자** 틀을 환기시켜 주어 뒤따르는 병자와 관련된 전형적 정보("상," 4, 9, 11, 12 절; "사람들에게 메워," 4절; "일어나 상을 가지고 걸어라" ["가라," "나가거늘"] 9, 11, 12절)를 이해하고 처리하도록 해준다. 뿐만 아니라 그의 등장은 **중풍병자** 틀의 원형적 구성요소인 '죄 용서 선언' (5절)과 '치유사건' (9, 10, 11, 12절)과 같은 정보가 발화될 것을 예상하도록 한다. 물론 중풍병자에게 죄 용서를 선언하는 것은 분명 현대인들의 **환자** 틀로는 이해할 수 없는 정보인 것이 틀림없다. 1세기 유대 사회의 **환자** 틀을 고려하지 않고 본문을 읽었던 양식비평가들이 본 담화를 역사적 예수님에게서 기인된 단일 이야기로 보기보다 다른 양식의 두 이야기(치유/기적 이야기[1-5 전반 절, 1-12절]와 죄 용서 이야기 [5 후반절-10절])가 교회에 의해 하나로 편집된 것으로 보는 것은 전혀 놀라운 일이 아니다. 그러나 고대 유대인들의 **병자** 틀로 본다면 죄와 병이 인과적으로 연결되어 있기 때문에(민 12:6-10; 요 5:13)[37] 예수님의 죄 용서 선언이 병 치유의 한 과정으로 발화되었다는 것이 예상 밖이라고 볼 수는 없다. 이러한 주장은 본문상의 증거에 의해 지지될 수 있다. 5절의 "너의 그 죄가(σου αἱ ἁμαρτίαι) 사함을 받았느니라"에서 명사 "죄"는 근접 본문에서 처음 등장하는 정보임에도 불구하고 헬라어 관사를 가진 채 사용되었다. 헬라어 관사 사용에 대한 다양한 해석이 있을 수 있지만 틀 이론은 "그 죄"는 이미 열린 **중풍병자** 틀의 원형적 정보이므로 화자는 관사를 사용할 수 있으며 그렇게 사용된 관사는 청자의 틀 지식을 떠올리도록 유도하고 있다고 믿는다. 이런 관측은 이 이야기를 의미적으로 결속력 있는 단일 에피소드로 처리하도록 이끄는 것은 **중풍병자** 틀이라는 사실을 믿게

---

37) John Plich, *Healing in the New Testament: Insights from Medical and Mediterranean Anthropology* (Minneapolis: Fortress Press, 2000), 47-48; B. *Nedarim* 41a.

한다.

5.3. 틀을 기초로 한 사건 정보 처리: **법적 논쟁** 틀[38)]

5.3.1. 마가복음 2:1-3:6의 **법적논쟁** 틀

틀 특히 상황적 스크립트는 특정 영역(domain)에 속해 있는 사건과 관련된 일련의 원형적 순서를 포함하고 있기 때문에 한 문단에 열거된 일단의 사건을 주제적으로 결속력을 가진 이야기로 처리하도록 도울 수 있다.

마가복음 2:1-3:6은 다섯 개의 논쟁 이야기로 구성된 하나의 주제적 단위(a thematic unit)로 알려져 왔다. 그러나 각 에피소드를 단일 문단으로 처리하여 이 세션이 다섯 개의 유사한 그러나 독립적 이야기로 구성되었다는 식의 정보처리를 가능하도록 하는 것은 각 에피소드를 구성하고 있는 (그러므로 주된 틀[global frame]인) **법적논쟁** 틀의 원형적 순서(prototypical

〈표 16〉 **법적 논쟁** 틀

본문	원형적 사건 순서			
	도발적 행위	비난	변호	판결
2:1-12	1-5절	6-7절	8-11절	12절
	ἀφίενταί σου αἵ ἁμαρτίαι 네 죄가 사해졌다	τί οὗτος οὕτως λαλεῖ βλασφημεῖ... 왜 이 사람이 이렇게 말하는가 신성모독이로다	ἐξουσίαν ἔχει ὁ υἱὸς τοῦ ἀνθρώπου ἀφιέναι ἁμαρτίας... ἐξουσίαν ἔχει 인자가 죄를 용서하는 권세를 가졌다	ἠγέρθη καὶ··· πάντας δοξάζειν τὸν θεὸν 일으킴을 받아... 모든 사람이... 하나님께 영광을 돌렸다

38) 현 세션은 Park, *Mark's Memory Resources*, 163-208 으로부터 요약된 것임을 밝힌다.

본문	도발적 행위	비난	변호	판결
2:13 -17	15절	16절	17절	
	ἐσθίει μετὰ τῶν ἁμαρτωλῶν καὶ τελωνῶν 그가 죄인들과 세리들과 함께 먹었다	ὅτι μετὰ τῶν τελωνῶν καὶ ἁμαρτωλῶν ἐσθίει; 왜 세리와 죄인들과 함께 먹느냐?	οὐκ ἦλθον καλέσαι δικαίους ἀλλὰ ἁμαρτωλούς 나는 의인을 부르러 온 것이 아니요 죄인을 부르러 왔다	(함축됨)
2:18-22	18a절	18b절	19-22절	
	금식하지 않음 (함축됨)	οἱ δὲ σοὶ μαθηταὶ οὐ νηστεύουσιν; 그러나 당신의 제자들은 금식하지 않습니까?	οἶνον νέον εἰς ἀσκοὺς καινούς 새 포도주는 새 부대에	(함축됨)
2:23-28	23절	24절	28절	
	ἐν τοῖς σάββασιν... ἤρξαντο ὁδὸν ποιεῖν τίλλοντες τοὺς στάχυας 안식일에 그들이 이삭을 잘라 길을 만들기 시작하였다	τί ποιοῦσιν τοῖς σάββασιν ὅ οὐκ ἔξεστιν; 안식일에 왜 합당치 않은 일을 합니까?	ὥστε κύριος ἐστιν ὁ υἱὸς τοῦ ἀνθρώπου καὶ τοῦ σαββάτου 그런즉 인자는 안식일의 주인이니라	(함축됨)
3:1-6	1절	2절	3-5a절	5b-6절
	안식일에 병 치유 (함축됨)	παρετήρουν αὐτὸν εἰ τοῖς σάββασιν θεραπεύσει αὐτόν ἵνα κατηγορήσωσιν αὐτοῦ 그를 고소하기 위해 안식일에 그를 치유하는지 그를 지켜보았다	ὥστε κύριος ἐστιν ὁ υἱὸς τοῦ ἀνθρώπου καὶ τοῦ σαββάτου 그런즉 인자는 안식일의 주인이니라	ὥστε κύριος ἐστιν ὁ υἱὸς τοῦ ἀνθρώπου καὶ τοῦ σαββάτου 그런즉 인자는 안식일의 주인이니라

sequences) 때문이라는 것이 필자의 주장이다. 2:1-3:6에 열린 **법적논쟁** 틀의 원형적 사건은 아래와 같다.

아래에서는 **법적 논쟁** 틀이 포함하고 있는 전형적 사건 순서가 어떻게 그 문단을 주제적으로 결속된 이야기로 처리하도록 이끄는지에 대해서 첫 번째 에피소드(2:1-12)를 예로 들어 증명해 보고자 한다.

5.3.2. **법적 논쟁** 틀의 문단처리 기능-마가복음 2:1-12을 중심으로[39)]

(1) 도발적 행위(2:1-5): 예수님의 죄 용서 선언

중풍병자의 등장 이전의 본문 정보(예수님의 가버나움 집 도착과 그에 따른 소문[1절], 많은 사람의 모여듦과 예수님의 가르침[2절])는 예수와 그 중풍병자와의 만남을 위한 배경정보 역할을 하고 있다. 이후 지붕을 뚫고 병자를 내려 보내는 네 사람의 "믿음을 보시고" 예수님은 중풍병자의 죄가 사해진 것으로 선포한다(ἀφίενταί σου αἱ ἁμαρτίαι, "너의 그 죄가 사함을 받았느니라"). 이 선언이 **법적 논쟁** 틀을 떠올릴 수 있는 촉매제가 될 수 있는지의 여부는 1세기 유대 사회의 죄 용서에 관한 틀지식을 적절하게 환기할 수 있을 때에만 처리된다. 유대인에게 죄 용서는 유일신 하나님만 하실 수 있는 특권(출 34:6-7; 사 43:25; 44:22)이라는 고대 유대(기독교)인의 틀을 가정할 때, 예수님의 죄 용서 선언은 하나님의 유일성을 지키는 데 관심을 두고 있었던 유대 종교지도자들에게 그들의 종교적 관습에 위배되는 도전적 선언으로 이해되었을 것이다.

물론 예수님의 죄 용서 선언이 논쟁적으로 들렸을 이유에 대한 좀 더 구체적 해석이 필요하다. 예수님의 죄 용서 선언은 수동태 동사 ἀφιενταί ("죄사함을 받았느니라")로 표현된다. 이 동사의 문법적 주어는 중풍병자

---

39) 아래 논증은 저자의 최근 주석 책(『길 위의 예수 그가 전한 복음 마가복음』 [용인: 킹덤, 2017],12장에서도 다룬 바 있다.

의 죄들이지만 의미상의 주어(즉 죄를 용서하는 분)는(은) 하나님이시다. 그러므로 예수께서 "네 죄 사함을 받았느니라"고 하셨을 때 그것은 자신이 능동적으로 죄를 용서한다고 선포한 것이 아니라 하나님이 죄를 용서하셨다는 것을 단지 선언하고 있는 것으로 보아야 한다.[40] 그렇다면 서기관들이 신성모독죄로 예수님을 고발하는 이유는 무엇일까? 이스라엘 사회에서 하나님이 용서한 죄를 선언해 주는 사람은 제사장이며 그 선언은 하나님이 세우신 성전에서 정당한 법적 절차를 거친 후에 이뤄져야 한다(레 4:20, 13:17, 23, 28, 37; 16:33; 막 1:44). 유대 성전법이 이러함에도 불구하고 서기관들은 제사장도 아닌 인물이 어떤 성전제도의 절차를 거치지 않고 그 병자가 죄용서 받았음을 임의적으로 선언하고 있으며, 더군다나 성전이 아닌 가버나움에 있는 일반 가정집(2:1)에서 그 선언을 하고 있는 것을 본 것이다. 서기관들에게 예수님의 행동은 하나님이 세우신 제사장과 성전제도에 대한 명백한 위반이기에 신성모독으로 판단된 것이다. 서기관에게 하나님이 세우신 제도에 대한 무시는 그것을 세우신 이를 멸시하는 것이라는 판단이 불가피했을 것이다. 하지만 문제는 이러한 해석이 이어지는 본문과 충돌을 일으키는 것처럼 보인다는 것에 있다. 서기관들은 예수님의 이야기를 듣고 "하나님 한 분 외에는 누가 능히 죄를 사하겠느냐"라고 말한다. 이것은 서기관들이 예수님의 그러한 선언이 하나님의 '죄 용서 권한'을 침범하는 것으로 이해했음을 보여준다. 또한 예수님 역시 "인자가 땅에서 죄를 사하는 권세(ἐξουσίαν...ἀφιέναι)가 있는 줄을 알게 하려 하노라"라고 말하면서 자신이 능동적으로 죄를 용서하고 있고 또 할 수 있다는 사실을 밝히고 있다.

그러나 이와 같은 문제는 어렵지 않게 해결될 수 있다. 성전이 아닌 집에서 정당한 법적 절차 없이 행해지고 있는 예수님의 '제사장적 죄 용서 선언'은 서기관들로 하여금 예수님이 지금 하나님의 고유 행위를 임의적

---

40) Ulrich Luz, *Matthew 8-20* (Minneapolis: Fortress Press, 2001), 27-8.

으로 '대행' 하고 있어 하나님의 특권을 침범하고 있다는 추론을 하게 만드는 필요 충분한 조건이 되었을 것이다. 마찬가지로, 자신이 하나님의 대행자 노릇을 할 수 있는 권세를 가지고 성전을 초월하는 권세를 가지고 있다고 믿지 않는 자는 결코 성전 안에서 행해야 할 일을 성전 밖에서 행할 수 없다. 그러므로 예수께서 평범한 집에서 중풍병자의 죄가 사해졌다고 선언할 때에는 자신이 토라를 초월하는 권세를 가진 자로서 하나님이 중풍병자의 죄를 용서했는지 아닌지를 스스로 결정할 수 있는 하나님의 대행자의 권세를 가진 것으로 믿었음이 분명하다. 이것이 예수께서 자신이 죄를 사하는 권세를 가지고 있음을 증명할 때 다니엘 7:13-14의 "옛적부터 계신 이" 에게서 "권세" 를 부여받는 "인자 같은 이" 로 자신을 소개하는 이유이기도 하다(아래를 보라). 이러한 논증은 우리로 하여금 예수님의 죄 사함 선언이 그 당시 유대인들의 죄 용서에 관한 틀지식을 가진 이들에게 도발적으로 들렸으며, 그렇기 때문에 **법적 논쟁** 틀이 이 문단에서 열리도록 한 촉매 작용을 하는 것으로 보게 만든다.

(2) 비난: 서기관의 질문(2:6-7)

이 장면(scene)은 서기관의 등장과 그들의 질문으로 구성되어 있다.

ἦσαν δέ τινες τῶν γραμματέων ἐκεῖ καθήμενοι
καὶ διαλογιζόμενοι ἐν ταῖς καρδίαις αὐτῶν
τί οὗτος οὕτως λαλεῖ
βλασφημεῖ
τίς δύναται ἀφιέναι ἁμαρτίας εἰ μὴ εἷς ὁ θέος
어떤 서기관들이 거기 앉아서 마음에 생각하기를
'이 사람이 어찌 이렇게 말하는가?
신성모독이로다!
오직 하나님 한 분 외에는 누가 능히 죄를 사하겠느냐!'

이 정보를 예수님에 대한 법적 비난으로 여겨야 할 본문 상의 증거들이 있다. 첫째, 1세기에 유대 서기관은 유대법 해석자라는 사회적으로 관습화된 정보를 포함하고 있었다(막 7:3; Josephus, *Jewish War* 2.119-68; *Jewish Antiquities* 18.11-25). 그렇다면 일단 예수님의 죄 용서 선언이 유대법을 어기는 '자극적인' 선언으로 처리되었다면, 그 선언 바로 직후에 발화된 '서기관의 등장'에 관한 정보는 '예수님의 반론자의 등장'으로 처리된다. 사실 서기관(τῶν γραμματέων)은 공동 본문에서 처음 등장했음에도 불구하고 헬라어 관사를 가지고 있다. 이러한 관사 사용은 서기관이라는 인물이 청자의 머릿속 지식 안에서 논쟁적 사건과 관련하여 출현이 '예상된 인물'이었기 때문에 가능하다. 둘째, 서기관의 등장이 예수님의 적대자의 출현이라는 이해는 뒤이어지는 서기관들의 수사적 질문을 통해 확증된다. 수사적 질문은 청자와 화자 사이에 공유된 지식을 기초로 의사소통을 시도하는 문학적 장치이기 때문에[41] 이 본문에서 서기관의 질문은 예수님이 그렇게 말해서는 안 될 이유, 즉 그는 신이 아니기에 죄 용서를 선언할 권리가 없다는 정보를 환기시킴으로서 의사소통을 시도하고 있다(이런 추론은 뒤따르는 본문정보 ["오직 하나님 한 분 외에는 누가 능히 죄를 사하겠느냐!"]에 의해 확증된다). 특히 두 질문 사이에 삽입된 비난조의 평가적 표현(βλασφημεῖ, "신성모독이로다")은 그들의 수사적 질문이 단순 질문이 아니라 예수님의 선언이 하나님을 모독하는 죄라는 것을 확증하는 선언임을 보여준다. 셋째, 개역과 개역개정 본문 모두 번역을 생략하고 있지만 6절의 헬라어 본문은 접속사 δέ로 시작하고 있다. 접속사 δέ의 주된 용법인 반어적 의미를 가정할 때 6절은 분명 예수님의 죄 용서가 반대에 직면하고 있으며, 그러므로 긴장을 유발하는 이야기의 진행을 예상하게 한다.

(3) 변호(2:8-11): 죄 용서할 수 있는 권위를 위한 예수님의 변호

---

41) Beekman and Callow, *Translating the Word of God*, 238.

8절의 동작주(agent)는 서기관(6절)에서 예수로 바뀌었다("곧 예수께서 중심에 아시고," καὶ εὐθὺς ἐπιγνοὺς ὁ 'Ιησους τῷ πνεύματι αὐτοῦ ὅτι οὕτως διαλογίζονται ἐν ἑαυτοῖς). **법적 논쟁** 틀이 예수님의 도발적 죄 용서 선언과 서기관의 반론을 전달하는 발화와 여러 문법적 항목(헬라어 관사와 수사적 질문)에 의해 이미 열렸다는 것을 가정한다면 동작주 변화는 이어지는 예수님의 행위를 변호자의 반응으로 처리하도록 해준다.[42] 죄 용서할 수 있는 권세를 향한 예수님의 변호는 세 가지 방식으로 이루어진다. 첫째, 예수님은 서기관들에게 수사적 역 질문(counter-question) 형식을 빌어서 병 치료에 관한 '말'(εἰπεῖν)과 죄 용서를 선언하는 '말'(εἰπεῖν) 중 어느 것이 더 하기 쉬운 말인지를 일반적 지식에 근거하여 답을 하도록 요구한다. 물론 예수님의 수사적 질문은 외적 증명이 필요 없는 죄 용서를 선언하는 말이 실제적 치료 행위가 뒤따라야만 하는 병 치료를 선언하는 말 보다 더 쉬운 것임을 서기관들이 알고 있다는 전제 하에서 이뤄지고 있다. 이러한 질문을 하는 예수님의 의도는 분명해 보인다. 즉 자신이 곧이어 더 어려운 일(병 치유)을 행할 것인데 이러한 치유행위는 이미 행한 더 쉬운 일(죄 용서 선언)을 할 수 있는 능력(권세)이 자신에게 있다는 것을 '확증'하는 것임을 주장하기 위한 것이다.

둘째, 예수님은 다니엘 7장에 나오는 인물인 "인자"의 권위에 호소함으로서 자신의 죄 용서 선언의 정당성을 변호하고자 한다. 이 변호가 설득력을 가지려면 두 가지 성경적 배경지식이 환기될 필요가 있다. 하나는 다니엘 7장의 "인자 같은 이" 가 이스라엘 사회에서 최고의 권위를 지닌 존재인 하나님으로부터 "권세"(ἐξουσία)를 부여받은(단 7:13-14, 17) 인물이라는 성경적 지식이 청자들에게 전제되어야 한다. 다른 하나는 예수께서 자신을 "인자"로 밝혀 왔으며(막 2:28; 8:31, 38; 9:9, 12, 31; 10:33, 45; 14:21,

42) 담화정보 처리에 있어서 문장 주어의 변화의 중요성에 대해서는 참조하라. John Lyons, *Introduction to Theoretical Linguistics* (Cambridge: Cambridge University Press, 1969), 334-37.

41) 또 자신의 사역을 다니엘의 "인자 같은 이"의 사역에 준하는 것으로 밝혀왔다는 (본문상의) 지식이 요구된다. 비록 칠십인경(LXX) 다니엘서의 "인자 같은 이"는 헬라어 관사 없이 υἱὸς ἀνθρώπου로 소개되고 있지만 예수님은 헬라어 관사를 가진 명사구 ὁ υἱὸς τοῦ ἀνθρώπου로 자신을 소개하고 있다. 이런 헬라어 관사 사용은 다니엘의 인물, "인자 같은 이," υἱὸς ἀνθρώπου에 대한 지시로 볼 수 있다.[43] 물론 이런 주장은 예수께서 다니엘의 "인자 같은 이"에게 속한 특징을 행사하고 있음을 보여주는 증거에 의해 보충되어야 한다. 예수님은 "인자"로서 자신이 "땅에서[ἐπὶ τῆς γῆς] 죄를 사하는 권세[ἐξουσία]"를 가지고 있음을 밝힌다. 마찬가지로 다니엘서에 나오는 인물은 "옛적부터 계신 이"에게서 "권세"를 받아 "모든 백성과 나라들"(πάντα τὰ ἔθνη τῆς γῆς) 위에 통치를 행사한다. 더군다나 인자로서 예수님이 서기관들과 '논쟁' 중에 있는 것처럼, 다니엘서의 인자는 "지극히 높으신 이의 성도들"과 네 마리 짐승에 비유되는 네 제국 사이에 진행되는 "논쟁과 입증(controversy-vindication)" 맥락 속에서 최종적 판결자로 등장하고 있다(단 7:3-8, 15-28).[44] 이처럼 예수와 다니엘의 인물 사이의 언어적 · 주제적 연관성은 예수께서 자신이 죄를 사할 수 있는 권세가 있음을 '인자의 권세'에 호소할 때 그의 심중에는 다니엘의 인물이 있었음을 증명해 준다. 마가복음에 예수님의 인자로서의 사역이 반복적으로 등장하고 있었다는 것을 고려한다면 마가의 청자는 예수님의 이러한 변호에 물론 동의했을 것이 분명해 보이지만 서기관들 역시 예수님과 다니엘의 인자와의 연관성을 이해하고 있어서 그의 논증이 설득력이 있었는지에 대해서는 회의적이다.

---

43) Seyoon Kim, "The 'Son of Man'" as the Son of God (Grand Rapids, Michigan: Eerdmans, 1985), 89-94; Chrys C. Cagagounis, *The Son of Man* (WUNT 38; Tübingen: J.C.B. Mohr (Paul Siebeck), 1986), 179-88.

44) N. T. Wright, *The New Testament and the People of God* (Minneapolis: Fortress, 1992), 432.

자신이 죄 용서 권위를 가지고 있음을 증명하는 마지막 세 번째 논증은 이어지는 본문(11절 후반절과 12절 전반절)이 보여주는 것처럼 예수님의 실제적 치료 행위 자체였다.

(4) 판결(2:12): 예수를 위한 하나님과 무리의 옹호(Vindication)

일단 **법적 논쟁** 틀이 주된 틀로서 이 문단에서 열렸다면 그것은 청자의 정보처리 과정 전체에 개입하여 이야기 이해를 이끌어 간다. 예수님의 변호 이후 전면에 부각된(foregrounded) 하나님과 무리의 행위는 열린 **법적 논쟁** 틀에 의해 판결(verdict) 행위로 처리된다(아래를 보라).

〈표 17〉 법적 논쟁 틀의 옹호(vindication) 정보

구절	하나님의 옹호 판결	무리의 옹호판결
12	…ἠγέρθη… ...그가 일으킴을 받았다	ὥστε ἐξίστασθαι πάντας καὶ δοξάζειν τὸν θεὸν… 그러므로 모든 사람들이 놀라고 하나님께 영광을 돌리면서...

본문에는 하나님의 옹호판결에 대한 직접적 지시가 없는 것처럼 보일 수 있다. 그러나 하나님의 판결이 본문에서 함축되어 있다는 것을 믿어야 하는 분문 상의 증거가 있다. 첫째, 중풍병자의 치료행위를 묘사하는 동사 ἠγέρθη, "그가 일으킴을 받았다," 는 부정과거 수동태로 문법화되었다. 그 동사의 문법적 주어는 중풍병자이지만 의미상의 주어는 생략된 경우이다. 누가 치료행위의 주체자인가? 물론 11절에서 치료의 선포자는 예수이다. 그럼에도 불구하고 역사적 화자와 청자는 동사, "일으킴을 받았다," 의 의미상 주어를 하나님으로 처리했다고 믿어야 할 이유가 있다. 고대 유대인에게는 하나님을 치료와 귀신 축출(exorcism)과 같은 '놀라운 일'

(wondrous works)의 책임 있는 행위자로 보는 종교적 믿음이 있었다. 이것은 귀신을 몰아내는 행위의 주체가 하나님이라는 예수님의 판단에서도 분명해진다(막 3:23-30; 마 12:24-32; 눅 11:14-23). 머릿속 틀은 언어 사용자의 문법적 항목의 선택에 영향을 끼치기 때문에 하나님을 치료의 궁극적 책임자로 보는 종교적 믿음은 화자가 수동태를 사용하여 중풍병자의 치료를 문법화하도록 유도했고 청자 역시 그들의 틀지식을 이용하여 그 동사의 의미상의 주어를 쉽게 떠올릴 수 있었다. 둘째, 이런 주장은 공동 본문에서 발화된 하나님에 대한 지시를 통해 보충될 수 있다. 즉 무리들은 그 병자의 치료받는 사건을 보고 "하나님께 영광을 돌린다." 이것은 분명 그 치료의 의미상의 주어가 하나님으로 유대인들에 의해 환기되었다는 것을 보여 주는 것이다. 이 치료에 이스라엘 사회의 최고의 권위를 가진 하나님이 개입되었다는 정보는 예수님을 향한 최종적 입증(vindication)이 하나님에 의해 이루어진 것으로 처리하도록 한다.

이 이야기 초반을 제외하고는 별 역할 없이 있어왔던 무리 역시 마지막으로 예수님을 향해 옹호 판결을 한다. 이것은 그들이 "하나님께 영광을 돌리며" 내 뱉는 발화("우리가 이런 일을 도무지 보지 못하였다")를 통해 유추될 수 있다. 무리의 발화는 '감탄' 이며, '놀람' 을 내포하고 있다. '감탄' 과 '놀람' 은 전형적 사건 지식에 위배되는 일이 일어났을 때 나타나는 반응이므로 그들은 예수님의 말과 사역 안에서 일하고 있는 하나님을 보고 그에게 영광을 돌리는 것이다. 그렇기 때문에 예수님의 죄 용서 행위는 이스라엘 사회의 최고의 재판장인 하나님의 권위와 예수님의 행위를 긍정적으로 연결시키는 무리들에 의해서도 옹호 판결되고 있는 것이다.

5. 나가는 말

우리는 지금까지 한 텍스트의 응집성 혹은 결속성을 결정하는 언어 · 문법 · 의미적 요소를 설명하고자 했다. 특히 구술 · 청각 의사소통 문화에서 의사소통의 성패는 청자가 텍스트 정보를 응집력 있게 처리할 수 있느냐 없느냐에 달려 있기 때문에, 현대 마가복음 해석자들이 1세기 사회에서 마가복음의 원 의미가 어떻게 의사소통 되었는지를 이해하기 위해서는 구술 · 청각 서사 담화로서 마가복음 담화의 응집력을 결정하는 요소에 대한 지식을 가지는 것은 필수적이다. 이를 위해 우리는 인지언어학의 틀의 미론을 사용하여 마가복음 1:16-20과 2:1-12의 문단정보가 처리되는 과정을 설명하고자 했다. 문단은 구술 · 청각 서사 담화의 기본단위일 뿐만 아니라 서사 담화를 응집력 있는 덩어리로 기억하고 이해하기 위해 의존하는 주된 담화 단위이기 때문이다. 우리의 결론은 화자와 청자 사이에 공유된 **제자 부름** 틀은 한편으로는 마가복음 1:16-20에 나오는 두 사건을 하나의 주제적 단위로 처리하도록 하고 또 다른 한편으로는 발화된 텍스트(언어적 문법적) 정보를 응집성 있는 하나의 덩어리로 처리하도록 해주는 인지모형(cognitive model)이라는 것이다.

이러한 사실을 증명하고자 첫째로 우리는 **해변** 틀과 **형제**, **어부** 그리고 **제자** 틀이 각각 어떻게 문단의 장소 정보와 인물 정보를 결속성 있게 처리할 수 있도록 돕는 지를 보여 주었다.

둘째로 두 에피소드가 각각의 사건 틀인 **제자 부름** 틀에 의해 인과적으로 연결된 일련의 사건(선생의 관찰-선생의 부름-제자의 따름)에 의해 어떻게 구별되고 응집력 있는 문단 정보로 처리되는지를 보여 주었다.

셋째로 우리의 관심은 한 문단에 나오는 다양한 문법적 요소(헬라어 관사와 연어 그리고 접속사)의 사용과 용법은 적절한 틀을 환기할 때만 바르게 이해할 수 있음을 보여 주었다. 이것은 2:1-12에도 동일하다는 것을 보았다. 즉 **법적 논쟁** 틀지식이 2:1-12에 나오는 여러 인물들과 사건들과 문법적 항목들을 의미적으로 일관성 있는 사건으로 처리하여 그 세션이 하나의 응집성 있는 에피소드로 처리하도록 이끌고 있다는 것이다. 물론 필자는 틀이 담화이해의 가장 중요한 요소라고 주장하지 않는다. 다만 텍스트에 대한 바른 이해는 텍스트에만 의존해서 이뤄지기 보다 텍스트 이해를 위해 화자와 청자가 공유했던 틀지식에 의해 보충되어야 한다는 사실을 기억해야 한다. 따라서 원 화자와 청자가 텍스트를 통한 의사소통을 할 때 공유했던 틀을 찾는 작업은 삶의 규범을 하나님의 계시로서 성경의 원래의 가르침에 그 기초를 두는 이들의 성경 읽기의 필수과제가 되어야 할 것이다.

신약성경 언어의 의사소통 기술

The Discourse Devices of the New Testament Language

6장

추론(Inference)에 기초한 본문 읽기

제 6 장

추론(Inference)에 기초한 본문 읽기[1)]

1. 들어가는 말

본서는 신약성경 언어와 추론의 관계에 대한 탐구이다. 인간은 의사소통을 하기 위해 말/언어를 사용한다. 역설적인 사실은 의사소통의 성공이 많은 경우 발화된(즉 표현된 언어) 정보를 통해 발화되지 않은 정보를 이해할 수 있느냐에 달려 있다는 것이다. 그리고 발화된 정보와 발화되지 않는 정보의 간격을 이어주는 사고과정이 바로 추론(inference)이다. 성경신학은 근본적으로 신약성경 언어의 원의(original meaning)를 찾는 것과 필연적 관계에 있기에 텍스트 정보 처리에 있어서 추론이 진행되는 과정에 대한 언어학적 지식을 성경신학계에 소개하여 신약성경의 원의(original meaning)를 찾는 일에 도움을 주고자 한다.

텍스트의 원의를 찾는 작업은 무엇보다 텍스트 내에 있는 의미전달 규칙을 이해하는 것으로부터 시작한다. 텍스트를 통한 의사소통의 제 일 규칙은 물론 본문 정보인 문법과 언어가 작용하는 원리를 적절하게 이해하는 것이다. 그러나 발화된 언어가 화자와 청자 사이에 이루어진 소통의 전부라고 생각한다면 우리는 언어를 통한 의사소통을 지나치게 단순화시키고 있는 것이다. 일상 대화에서 '당신은 아직 내 말을 이해하지 못했다'는 불평조의 말을 듣는 이유 역시 발화된 언어 그 이면에 있는 의미를 추

---

1) 아래 글은 『성경과 신학』 66권 (2013년), 63-89에 실린 저자의 논문("추론[Inference]에 기초한 성경 본문 읽기")을 수정 보완한 것임을 밝혀 둔다.

론하는 데 실패했기 때문인 경우가 많다. 언어와 문법 이해는 의사소통의 종착지가 아니라 시작에 불과하다. 언어와 문법을 통한 의사소통은 언제나 일정량의 추론을 수반하기 때문이다.[2] 이것은 본문 주해를 위해서 일반적으로 행해지는 단어와 문장 혹은 문단 분석과 같은 언어와 문법 연구는 주해의 시작이지 마침이 되어서는 안 된다는 것을 의미한다. 본 연구의 주된 목적은 성경 본문의 언어 · 문법적 정보가 주어진 문맥에서[3] 어떤 추론과정을 거치도록 의도되었는지 설명하는 것이다. 이를 위해 필자는 현대 인지언어학과 화용론자들에 의해 연구되고 발전된 추론이론을 신약성경의 다양한 언어 · 문법적 정보처리 과정에 적용할 것이다.[4] 성경주해에 관심 있는 대부분의 사람들은 주어진 본문이 무엇을 의미하는지 설명하는 데 있어서 이미 추론이라는 용어를 빈번히 사용해 왔던 것이 사실이다. 그럼에도 용어에 대한 이해는 일반적 수준에 그쳤고 또 추론이 어떠한 인지과정을 거치는 것인지에 대한 언어학적 명료화 작업은 이뤄지지 않았다. 본서의 공헌은 성경의 원의(original meaning)를 밝혀내는 일을 주요 과제로 삼아온 성경신학자들의 주석 작업과 성경 번역 시에 의존할 수밖에 없는 추론과정에 대한 언어학적 체계를 제공하는 것이 될 것이다.

2. 추론이란

추론이란 일반적으로 "추리(reasoning)와 논증(argument)을 통합하는 사고의 과정으로, 주어진 전제들로부터 결론을 도출하기 위해 생각하거나

2) 이성범, 『추론의 화용론』(서울: 한국문화사, 2001), 21-2.
3) '문맥'(context)에 대해서는 3장을 참조하라.
4) 인간이 언어를 이해하는 것과 일반 세상을 이해하는 방식이 동일하다고 믿는 인지언어학의 발달 이후로 의사소통의 영역에서 추론의 중요성이 급부상하고 있다. 이성범, 『추론의 화용론』, 15-59; 정희자, 『담화와 추론』(서울: 한국문화사, 2002), 75-88; Brown and Yule, *Discourse Analysis*, 33-5, 45-6, 119-21, 182-83, 256-70.

논증하는 것"으로 정의된다.[5] 이러한 생각과 논증에 언어가 수단이 되고 있는지에 따라 언어적 추론과 비언어적 추론으로 나뉜다. 언어적 추론은 언어학 분야에서,[6] 비언어적 추론은 논리학에서 주로 다뤄진다. 우리의 관심은 언어적 추론에 집중될 것이다.[7]

화자와 청자는 언어와 문법으로 구성된 텍스트를 통해 의사소통을 한다. 그러므로 텍스트에는 화자가 원래 의도한 뜻 혹은 청자가 이해하리라고 예상한 의미가 내포되어 있다. 텍스트를 이해한다는 것은 두 가지 의미, 즉 문장의 의미와 화자의 의미를 이해할 수 있다는 것을 의미한다.[8] 문장의 의미는 어휘 항목들이 가지는 문자적 의미와 문법적 구조의 상호작용을 통해 만들어지는 것이며, 화자의 의미는 문장의 문자적 의미와 그것의 문맥적 의미가 상호작용하여 만들어 내는 것으로 화자에 의해 의도되고 청자에 의해 추론되는 의미를 말한다.[9] 일반적으로 문장의 의미와 화자의 메시지는 일치하지만 많은 경우 이 둘은 일치하지 않을 수 있다. 이 때 언어 사용자는 맥락적 증거를 토대로 문장의 의미에서 화자의 메시지를 추론해야 한다. 그러므로 담화에서 추론은 문장의 의미를 파악하여 화자의 의미를 추론해내는 것을 뜻한다.

---

5) 이성범, 『추론의 화용론』, 39.

6) 현대 언어학 분야에서는 추론을 논리와 언어, 심리(혹은 인지)의 복합체라고 보는 점에서 대체로 일치를 보고 있다. 참조하라. 이성범, 『추론의 화용론』, 47-50.

7) Sugai, "추론(inference)," 『인지언어학 키워드 사건』, Y. Tsuji 편, (서울: 한국문학사, 2004), 228. 언어적 추론에도 주어진 텍스트 정보에 대한 논리적 추론과 경험이나 추측 등에 기초한 추론이 있지만 현대 언어학자들에 의해서 이 둘의 구분은 그렇게 엄격하지 않은 것으로 판정된다.

8) 정희자, 『담화와 추론』, 39; Brown & Yule, *Discourse Analysis*, 205-14.

9) 정희자, 『담화와 추론』, 45.

3. 텍스트 성격: 외축과 함축

3.1. 일반 텍스트

주지된 바와 같이 텍스트는 언어와 문법으로 구성된 정보 체계로서, 그것의 주요 기능은 의사소통이다. 하지만 텍스트를 통한 의사소통은 난관에 직면하는 경우가 많다. 이런 어려움은 텍스트의 두 가지 고유한 성질로부터 기인한다. 첫째, 텍스트 정보를 구성하는 낱말, 구, 절, 문장은 그것들이 가리키는 모든 정보(혹은 개념들)를(을) 다 드러내지 못한 채 개념의 꼬리표(label) 역할만을 한다.[10] 의사소통의 어려움은 부분적으로 언어 사용자가 이러한 '꼬리표'를 사용하여 내용물을 파악해야하기 때문에 일어난다. 둘째, 낱말과 낱말, 문장과 문장 그리고 문단과 문단 사이에는, 때로는 핵심적인 것처럼 보임에도 불구하고, 많은 정보들이 생략되어 있다. 언어를 통한 의사소통의 난해함은 청자의 텍스트 이해가 발화된 정보를 기반으로 생략된 정보를 환기할 수 있는 능력 여부와 무관하지 않다.

텍스트의 성격과 추론의 관계는 그라이스(H.P. Grice)에 의해 보다 명료하게 표현된다. 그라이스에 따르면 청자가 텍스트를 통해 화자와 의사소통하려면 두 가지가 필요하다. 청자는 화자가 텍스트 정보를 통해 직접적으로 말하고 있는 것뿐만 아니라 화자가 말하려고 의도한 것까지 파악할 줄 알아야 한다.[11] 그라이스는 직접 발화된 내용을 외축(explicature)으로, 의도된 혹은 암시된 정보를 함축(implicature)이라 부른다.[12] 추론은 외축을 통해 함축을 찾는 과정이라 말할 수 있다. 어떤 본문이 문법적으로 정확하고 적절한 언어 사용이 이뤄졌다 하더라도 여전히 그 본문이 난

---

10) Howard, *Concept and Schemata*, 17-9; Park, *Mark's Memory Resources*, 28-9; Croft and Cruse, *Cognitive linguistics*, 14-6.

11) Grice, "Logic and Conversation," 41-58.

12) Grice, "Logic and Conversation," 41-58; Sperber and Willson, *Relevance*.

해한 경우가 많다. 이런 종류의 불이해의 원인 중 하나는 추론 능력의 부재 때문이다. 즉 발화된 언어를 통해 발화되지 않는 내용을 추론할 수 없을 때 그 정보는 이해가 불가능하게 된다.

3.2. 신약성경 텍스트의 성격

'텍스트는 함축적이다' 라는 진술이 신약성경에도 타당한 명제인가? 우리의 관심을 신약성경의 문서적 성격에 돌려보자. 1세기와 같은 구술 · 청각 의사소통 문화에서 기록된 문서의 '출간' 은 공동체의 기억과 가치를 새롭게 생산(new production)하는 과정이라기보다는 기존의 기억과 가치를 재생산(reproduction)하는 차원에서 진행되었다. 즉 전 인구의 10-15%만이 글을 읽고 쓸 수 있었던 1세기와 같은 문화권에서 기록된 문서는 새로운 정보 전달이 그 목적이 아니라 이미 알고 있는 정보를 기억나게 해주는 기억 도우미 매체로 사용되었다.[13] 1세기와 같은 의사소통 문화권에서 화자는 청자들이 자신이 전달하려는 정보에 익숙해 있다는 전제를 가지고 문서를 기록하기에 텍스트는 생략과 함축 그리고 간결화의 특징을 가질 수밖에 없었다. 이것이 신약성경은 그 어느 문서보다 청자들이 그들의 배경지식을 사용하여 들려지는 정보(what was heard of)의 의미를 추론하도록 의도되었다고 믿어야 하는 이유이다. 첨언하자면, 인지과학 영역에서 이뤄진 실험이 밝혀주듯이 독자를 염두에 둔 기록된 문서를 통한 정보 전달은 기록된 내용(what was said)에 집중하지만 청자를 염두에 둔 구술 · 청각적 정보전달은 발화된 언어가 만들어 내는 의도(what was meant)에 집중하는 경향이 있다.[14] 의사소통 매체와 관련해서 볼 때 신

---

13) 신약성경의 문서적 성격에 대해서는 1장을 보라.

14) Angela Hildyard and David R. Olson, "On the Comprehension and Memroy of Oral vs Written Discourse, in *Spoken and Written Language: Exploring Oralit and Literacy*, ed., Deborah Tannen (: Norwood, New Jersey: Ablex, 1982), 19-

약성경은 구술 · 청각 문화의 산물이기 때문에 말해진 정보를 통해 의도된 정보를 찾는 추론 작업은 신약성경의 문서적 성격을 고려할 때 더욱 절실하다고 말할 수 있다.

4. 텍스트 추론 원리

이 세션에서 우리의 관심은 추론을 통하여 함축적 텍스트를 이해하는 과정을 인지언어학적 원리로 설명하는 것이다. 이런 연구의 목적은 신약성경이 보여주는 생략적 표현, 간접적 지시어 및 비유적 언어를 통해 함축된 화자의 의도를 파악하는 데 있어서 어떤 추론과정이 필요한지를 보여주는 것이다.

4.1. 추론의 인지언어학적 원리

이미 언급된 바와 같이 텍스트를 통한 의사소통은 외축을 통해 함축을 적절하게 추론하는 과정을 포함한다. 외축과 함축의 경계선을 정하는 일은 쉽지 않을 뿐더러 본문이 함축하고 있다고 여겨지는 정보 역시 무수히 많다. 그렇다면 그렇게 많은 정보 중 본문이해에 필요한 정보가 무엇인지 어떻게 알 수 있으며, 또 그 정보를 추론할 수 있는 방법은 무엇인가? 스페버와 윌슨(D. Speber and D. Wilson)은 적합성 이론(Relevance Theory)을 통해 추론의 과정을 설명하고자 한다. 스페버와 윌슨에 따르면 인간의 의사소통은 모든 정보가 나름의 적합성(relevance)이 있으리라는 믿음 위에서 진행된다.[15] 이런 적실성에 대한 믿음은 화자와 청자가 공유하고 있는 상호인지 환경(mutual cognitive environment)을 근거로 이뤄

22; 이 실험 결과는 Park, *Mark's Memory Resources* , 147, 에서도 인용되었다.

15) Sperber and Wilson, *Relevance*, 46-50.

지는 것으로, 화자는 청자가 그 인지 환경을 공유하고 있다는 전제 위에서 정보를 제공하고 청자 역시 화자가 발화한 내용의 적합성을 파악하기 위해 자신이 가진 배경정보를 토대로 인지적 추론작업을 해나간다.[16] 해석의 능력은 이러한 상호인지 환경을 근거로 텍스트에 대해 가장 설명 가능한 추론을 할 수 있는 역량을 일컫는 말로 이해할 수 있다. 물론 텍스트에서 발화된 정보의 적합성을 추론하는 작업은 화자와 청자가 공유한 '상호인지 환경' 을 가늠하는 일의 어려움 때문에 임의적 해석으로 나아갈 위험이 있는 것이 사실이다. 하지만 어떤 추론이 임의적인지 아니면 원 의미에 근접한 것인지는 '상호인지 환경' 을 근거로 이뤄진 발화된 텍스트의 의미 추론이 얼마나 텍스트 자체에 내재된 표지에 근거해서 이뤄졌는지에 따라 결정될 수 있다. 다시 말하면, 함축적 정보의 추론은 언어적("고정함축," 그라이스[Grice]의 용어를 사용한다면) 혹은 문법적 단서(clue)에 의해 지지를 받은'상호인지 환경' 을 근거로 진행되어야 한다(아래를 보라).

4.2. 생략과 추론

담화 이론가들에 따르면 화자와 청자는 최소의 노력으로 의사소통을

---

16) Sperber and Wilson, *Relevance*, 38-46. 스페버와 윌슨이 말하는 "상호인지 환경"이란 청자와 화자 사이에 공유된 배경지식(background knowledge) 또는 틀(frame)을 의미한다. 신약성경이 틀(frame)을 기초로 처리하도록 의도된 텍스트라는 주장과 틀과 추론의 관계에 대해서는 3장을 보라. 또한 참조하라. Park, *Mark's Memory Resources*, 147-54. 현대 언어학이 우리에게 주는 통찰은 역설적이게도 언어와 문법으로 이뤄진 텍스트의 의미를 이해하기 위해서는 언어와 문법 그 자체에만 의존해서는 안 된다는 것이다. 현대 언어학에서 잘 알려진 것처럼 말의 의미를 안다는 것은 삶의 맥락 안에서 그 말이 지닌 역할을 아는 것과 분리될 수 없다. 언어와 문법은 거대한 틀을 배경으로 발화되며, 언어와 문법이 말하고자 하는 바를 알기 위해서는 그것들을 표지로 삼아 그 틀을 떠올린 후, 그 틀을 사용하여 언어와 문법을 처리할 때 바른 텍스트 읽기가 시작된다는 것이다. 텍스트를 바르게 이해하기 위해서는 텍스트가 따르고 있는 함축의 원리를 이해할 필요가 있다. 그런 후에 함축적 텍스트를 이해하도록 이끄는 적절한 언어학적 원리를 사용하여 텍스트를 분석해야 한다.

충족시키려 한다.[17] 이런 점에서 텍스트의 함축성은 의사소통의 원리로 이해될 수 있으며 함축적 텍스트를 통한 의사소통이 성공하려면 화자와 청자가 상호인지 환경을 공유하고 있어야 한다는 것은 이미 밝혀졌다. 명시적 정보를 통해 비명시적 정보 즉 함축된 정보를 추론하는 것은 바로 상호 간에 공유된 인지 환경을 배경으로 이뤄지기 때문이다. 이처럼 함축된 정보의 성질이 '상호인지 환경'을 근거로 한 '경제성 원리'에 준한다면[18] 함축된 정보에 대한 추론능력은 무엇이 경제성의 원리 혹은 상호인지 환경을 결정하는지에 대한 이해 능력과 필연적 관계에 있다. 아래는 정보 생략을 가능하게 하는 상호인지 환경에 대한 설명과 그것을 바탕으로 한 신약성경 본문 추론의 예이다.

4.2.1. 세상사 지식

세상사 지식은 특정 시대와 문화를 초월하여 세상의 존재 방식과 관련된 가장 기본적 지식을 지시한다.[19] 이러한 지식은 텍스트 이해에 가장 근본적으로 요구된 정보임에도 불구하고 화자는 청자에 의해 이런 지식이 그들의 장기 기억에 저장되었을 것으로 믿기 때문에 텍스트에서 종종 생략된다. 고린도전서 15:52과 마태복음 7:9-11의 예를 보라.[20]

(1) 나팔소리가 나매(σαλπίσει)

(2) 너희 중에 누가(τίς ... ἐξ ὑμῶν ἄνθρωπος) 아들이(υἱὸς αὐτοῦ) 떡을

---

17) Grice, "Logic and Conversation," 45.

18) 대화의 경제성 원리는 그라이스(Grice, "Logic and Conversation")가 '협조의 원리'(cooperative principle)에서 말한 것처럼 '대화에 꼭 필요한 양만큼 말을 하라' 또는 '간결하게 말하라'는 발화의 원칙에 준하는 원칙이다.

19) 텍스트 지식과 세상사 지식의 상호작용으로서 텍스트 처리 이해에 대해서는 참조하라. Beaugrande and W. Dressler, 『텍스트 언어학 입문』, 309-13.

20) 본 장의 모든 성경 번역은 개역개정을 따랐다.

달라 하는데 돌을 주며

(3) 생선을 달라 하는데 뱀을 줄 사람이 있겠느냐.

(4) 너희가(ὑμεῖς) 악한 자라도 좋은 것으로 자식에게(τοῖς τέκνοις ὑμῶν) 줄 줄 알거든 하물며 하늘에 계신 너희 아버지께서(ὁ πατὴρ ὑμῶν) 구하는 자에게(τοῖς αἰτοῦσιν αὐτόν) 좋은 것으로 주시지 않겠느냐.

(1) 텍스트는 문장의 동사(σαλπίσει)의 주어가 누군지에 대한 정보를 제공하지 않는다. 그렇다면 본문 이해에 필수적 정보인 '나팔을 부는 주체' 는 어떻게 추론될 수 있는가? 나팔 부는 이는 나팔수라는 세상사 지식이 화자와 청자의 "상호인지 환경"(스페버와 윌슨의 용어를 사용한다면)에 속하기 때문에 동사(σαλπίσει)의 주어가 생략될 수 있다. 결과적으로 주어에 대한 추론은 청자의 머릿속 세상사 지식으로부터 나오도록 의도되었다. (2)와 (3) 그리고 (4)의 전반절에서 예수님의 요지는 '하늘 아버지 되신 하나님께서는 구하는 자에게 좋은 것을 주신다' 는 것이다. 이러한 요지는 이전 문장에서 언급된 '모든 사람은 자식들에게 좋은 것을 주기를 원한다' 는 시대를 초월한 세상사 지식에 기초해 있다. 이 세상사 지식이 청자에게도 받아들여져 있다는 믿음 때문에 예수님은 청자로 하여금 자신이 이미 가진 정보에 집중하도록 하는 수사질문을 할 수 있었다.[21] 뿐만 아니라 자식에게 좋은 것을 주기를 원하는 의미상 주어는 이인칭 대명사(ὑμεῖς)와 의문 대명사구(τίς ... ἐξ ὑμῶν ἄνθρωπος)와 삼인칭 대명사(αὐτοῦ)로 각각 문법화되었다. 이들 대명사의 지시체는 누구인가? 자식에게 좋은 것을 주기를 원하는 이의 신분은 화자와 청자가 공유한 세상사 지식을 근거로 생략될 수 있고, 그러므로 추론될 수 있다. "아들"(υἱὸς) 혹은 "자식"(τοῖς τέκνοις ὑμῶν)이라는 언어적 정보는 대명사 ὑμεῖς · ὑμῶν · αὐτοῦ의

---

21) Beekman and Callow, *Translating the Word of God*, 238.

지시체로 아버지를 추론할 수 있게 한다. 마찬가지로 (4)의 후반절에서 구하는 자에게 좋은 것을 주는 이의 신분이 "너희의 아버지"(ὁ πατὴρ ὑμῶν)로 명시된 반면 수혜자는 이인칭 대명사(ὑμῶν)와 "구하는 자 자신"(τοῖς αἰτοῦσιν αὐτόν)으로 표현되었다. 아버지가 베푸는 호의의 수혜자는 누구인가? 하늘 아버지께 '구하여 좋은 것을 받는 자'(τοῖς αἰτοῦσιν αὐτόν)의 신분은 세상사 지식을 근거로 '아들'로 추론할 수 있다. 따라서 이 정보는 외축될 필요가 없어 생략된 것이다.

4.2.2. 사회적 관습(social stereotype)[22]

화자와 청자가 공유하고 있는 문화적 지식은 생략된다. 신약성경이 기록될 당시의 유대와 그리스-로마의 문화적 요소가 만일 청자의 장기 기억에 저장된 것이라고 판단될 경우, 화자는 함축적 언어를 사용한다. 함축적 텍스트가 난해한 텍스트로 이해되는 경우는 원 화자와 청자 사이에서 공유된 문화적 지식이었던 것이 현대 해석자의 지식구조에는 없을 때이다. 1세기 유대와 그리스-로마의 문화적 지식에 대한 이해는 성경의 함축적 언어를 처리하는 것과 그것의 원 의미를 발견하는 일에 관심 있는 이들이 반드시 갖추어야 하는 인지능력이다. 고린도전서 1:24의 예를 보자.

갑 (1) 우리는 십자가에 못 박힌 그리스도를 전하니
(2) 유대인에게는 거리끼는 것이요 이방인에게는 미련한 것이로되
(3) 오직 부르심을 받은 자들에게는 유대인이나 헬라인이나 그리스도는 하나님의 능력이요 하나님의 지혜니라.

을 (1) 우리는 십자가에 못 박힌 그리스도를 전하니
(2-1) 로마 제국의 반역자를 처형하는 형틀인 십자가는 유대인에

---

22) 생략된 문화적 지식을 틀을 기초로 추론하는 연구에 대해서는 참조하라. Park, *Mark's Memory Resources*, 148-49.

게는 패배를, 이방 로마인에게는 승리를 의미하는 것이기에
(2) 유대인에게는 거리끼는 것이요 이방인에게는 미련한 것이로되
(3-1) 하나님은 십자가에 못 박힌 그리스도를 통해 구원을 베풀었으니
(3) 오직 부르심을 받은 자들에게는 유대인이나 헬라인이나 그리스도는 하나님의 능력이요 하나님의 지혜니라.

바울은 갑 (1)에서 자신의 선포의 내용을 소개한다. 이후 갑 (2)에서 원 청자들의 반응을 예상한 후 갑 (3)에서 하나님의 전망에서 자신의 복음의 효과를 결론적으로 진술한다. 그런데 갑에서 바울의 발화는 함축적이어서 갑 (1)에 대한 원 청자들의 예상 반응인 갑 (2)는 을 (2-1)을 추론할 수 있을 때 이해할 수 있는 정보로 처리된다. 마찬가지로 결론적인 갑 (3)은 을 (3-1)과 같은 문화적 지식을 청자가 그들의 장기 기억에서 환기할 때 적절하게 처리될 수 있다. 바울이 을 (2-1)과 을 (3-1)을 생략한 이유는 그 정보가 원 청자의 사회-문화적 지식이기에 추론을 통해 정보를 처리할 수 있을 것이라 판단했기 때문이다.

4.2.3. 종교적 지식

예수와 초기 교회는 유대주의를 종교적 모태로 하는 사회에 살았다. 그렇기 때문에 유대주의에 관련된 많은 종교적 전통은 의사소통에 있어서 전제된 지식으로 여겨져 언어화되지 않는 경우가 많다. 종종 텍스트에 이런 정보가 부가적으로 제공되는 때는 원 화자가 판단하기로 청자에게 그 정보에 관련된 지식이 결핍되어 있을 경우이다. 따라서 텍스트의 함축성에는 종교적 지식도 공헌한다. 다음 누가복음 15:7과 고린도전서 15:51-52의 예를 보자.

(1) 내가 너희에게 이르노니 이와 같이 죄인 한 사람이 회개하면 하늘에서는(ἐν τῷ οὐρανῷ) 회개할 것 없는 의인 아흔아홉으로 말미암

아 기뻐하는 것보다 더 하리라.

(2) 보라 내가 너희에게 비밀을 말하노니 우리가(ὑμεῖς) 다 잠 잘 것이 아니요 마지막 나팔에 순식간에 홀연히...죽은 자들이...다시 살아나고(ἐγερθήσονται) 우리도 변화되리라(ἀλλαγησόμεθα).

(1)에서 죄인이 회개할 경우 기뻐하는 주체를 우회적 표현인 "하늘"(τῷ οὐρανῳ)로 지시한다. (2)의 의미상 주어 표현도 비슷하다. 바울은 마지막 날에 성도들에게 일어날 부활과 변화를 수동태로 발화하고 있다. 결과적으로 일으킴을 받고 변화되는 주체는 "우리"(ὑμεῖς)라는 문법적 주어로 언급되고 있지만 "우리"를 살리고 변화시키는 의미상의 주어는 생략되고 있다. 함축된 의미상 주어에 정보 추론은 어떤 근거로 이뤄질 수 있을까? 이전 주석가들은 하나님의 이름에 대한 경외 차원에서 하나님의 이름을 직접적으로 거론하는 것이 피해졌다고 보았다. 하지만 인지언어학은 다른 해석을 가능하도록 한다.[23] 기뻐하며 살리고 변화시키는 주체에 대한 비명시적 표현은 담화의 경제성의 원리에 따라 이뤄진 것으로서 그 정보가 화자와 청자가 공유하고 있는 종교적 지식의 일부분이었기에 생략될 수 있고, 그러므로 추론할 수 있었던 것이다.

누가복음 19:5-7을 보자.

갑 (1) 예수께서 그 곳에 이르사 쳐다보시고 이르시되 삭개오야 속히 내려오라 내가 오늘 네 집에 유하여야 하겠다 하시니
(2) 급히 내려와 즐거워하며 영접하거늘
(3) 뭇 사람이 보고 수군거려(διεγόγγυζον) 이르되 저가 죄인(ἁμαρτωλῷ ἀνδρὶ)의 집에 유하러 들어갔도다 하더라

을 (1) 예수께서 그 곳에 이르사 쳐다보시고 이르시되 삭개오야 속히

23) 사실 고전에서 하나님이라는 표현은 대략 106번 사용되고 있다.

내려오라 내가 오늘 네 집에 유하여야 하겠다 하시니
(2) 급히 내려와 즐거워하며 영접하거늘
(3) 뭇 사람이 보고 수군거려 이르되 저가 죄인의 집에 유하려 들어갔도다 하더라
(3-1) 이는 세리는 부정직하게 과도한 세를 부과하고 또 로마제국에 협조한 연고로 "사악한 자" 혹은 명백한 범법자로 여겨졌고[24)]
(3-2) 경건한 유대인은 율법을 명백히 어기는 죄인들과 교제하지 않았기 때문이러라

위 본문은 예수께서 삭개오를 만난 후 그의 집에 들어가시는 모습과 그 장면을 목격한 사람들의 평가를 포함하고 있다. 갑 (3)의 정보는 두 가지 점에서 함축적이다. 첫째, 삭개오라는 이름 정보가 갑작스럽게 "죄인"(ἁμαρτωλῷ ἀνδρ)으로 대체되었다. 둘째, 삭개오의 집에 들어가는 예수를 본 사람들의 수군거림(διεγόγγυζον)에 대한 이유를 명확히 제시하지 않고 있다. 원 화자는 이런 정보가 종교적 지식으로서 원 청자의 장기 기억에 있을 것으로 판단하고 있기 때문에 갑 (3)에서 생략한다. 그렇기 때문에 원 청자는 갑 (3)을 들을 때 을 (3-1)과 (3-2)의 정보를 그들의 장기 기억으로부터 환기하여 원 화자가 갑 (3)을 발화할 때 그것이 가진 함축적 의도, 즉 '예수께서 유대 종교적 관습을 어겼다' 라는 것을 추론해야 한다.

4.2.4. 인과적 지식

이 세상의 일들은 저절로 생겨나고 소멸하는 것이 아니라 그것을 가능하도록 하는 원인이 있고 그 결과로서 현상이 존재하는 것이다. 세상사는

---

24) Sanders, *Jesus and Judaism*, 176-211.

서로 영향을 주고받는 관계 속에서 진행된다. 이러한 관계를 인과적 관계라고 말할 수 있다. 많은 경우 사물이나 사건의 인과적 관계는 특정 상황이나 지역과 그 문화에서 통용되는 일을 기초로 진행되는 경우가 허다하기 때문에 의사소통의 경우에서 인과관계가 반드시 논리적이거나 보편타당한 경우이어야 하는 것은 아니다.[25] 언어를 통한 의사소통은 세상사나 특정 문화권에 존재하는 사물과 사건의 인과관계를 적절하게 추론할 수 있어야 가능하다. 이런 인과관계는 언어에서 생략되는 경우가 빈번하고, 그렇기 때문에 언어 사용자의 추론에 맡겨진 정보로 분류될 수 있다.[26] 물론 추론은 임의적으로 이뤄지지 않는다. 발화의 함축적 정보는(스페버와 윌슨의 표현을 사용하자면) "적합성의 원리"에 따라 추론할 수 있다. 다음 요한복음 7:2-3, 8의 예들을 보자.

갑 (1) 유대인의 명절인 초막절이 가까운지라.
(2) 그 형제들이 예수께 이르되 당신의 행하는 일을 제자들도 보게 여기를 떠나 유대로 가소서.
(3) [예수께서 이르시되] 너희는 명절에 올라가라 내 때가 아직 차지 못하였으니 나는 이 명절에 아직 올라가지 아니하노라.

을 (1) 유대인의 명절인 초막절이 가까운지라.
(1-1) 유대인들은 명절을 지키고자 예루살렘 성전에 올라간다.
(1-2) 유대인인 예수님은 명절을 지키고자 예루살렘 성전에 올라가도록 예상된다.

---

25) 정희자, 『담화와 추론』, 75-84. 일반 논리학에서 추론은 그 성격상 논리적이라고 규정한다. 그러나 인지언어학자들에 의해 설명된 것처럼 이런 생략된(혹은 함축된) 정보에 대한 추론은 반드시 '논리적' 일 필요는 없고, 오히려 적합성의 원리에 따라 추론된다. 아래의 두 예를 살펴보라, 우리 사회에서는 두 표현 모두 의사소통에 사용되고 있다.

예1. 먹구름이 짙게 드리워지면 비가 올 가능성이 있다.

예2. 늙은 노모가 허리 아프다 말씀하시는 것을 보니 비가 올 모양이다.

26) Park, *Mark's Memory Resources*, 152.

(2) 그 형제들이 예수께 이르되 당신의 행하는 일을 제자들도 보게 여기를 떠나 유대로 가소서

갑 (1)과 (2)의 문장은 이어지는 사건의 시간적 배경을 제공하고 있다. 따라서 그의 형제들과 가진 예수님의 대화가 초막절이 가까운 시점에서 이뤄지고 있다는 이해가 가능하게 된다. (2)가 제공하는 것처럼 그의 형제들이 예수님에게 '유대로 가라' 는 요청이 유대인의 절기 중 하나인 초막절을 염두에 둔 방문요구라는 해석은 별무리 없는 추론이다. 하지만 (1)의 정보인 초막절의 다가옴과 (2)와 (3)의 정보인 예수님과 그의 형제들의 유대 방문을 두고 벌이는 논쟁 사이에 있는 인과적 관계를 보여주는 언어적 표지는 없다는 것에 주목해야 한다. 따라서 갑 (1)과 이어지는 (2)와 (3) 사이의 인과 관계에 대한 이해는 을 (1-1)과 (1-2)와 같은 생략된 정보를 추론할 수 있을 때 가능하다. 마찬가지로 (3)에서 예수님은 그의 형제들에게 명절에 "올라가라" 고만 하지, 올라가야 할 장소가 어딘지에 대한 정보는 주지 않는다. 그렇기 때문에 생략된 장소 정보인 (1-1)의 '유대인들은 명절을 지키고자 예루살렘 성전에 올라간다' 라는 정보를 기초로 '명절' 과 '예루살렘 성전에 오름' 이라는 두 정보의 인과적 관계를 이해할 수 있다. 요약하면, (1)과 (2)의 인과적 관계는 원 언어 사용자의 문화적 지식을 근거로 한 추론을 통해 만들어지도록 의도되었다.

예수님은 죽은 자의 부활의 가능성에 회의를 가진 사두개인들이 질문했을 때 마가복음 12:26-27에서 다음과 같은 답을 하신다.

갑 (1) 죽은 자가 살아난다는 것을 말할진대

(2) 너희가 모세의 책 중 가시나무 떨기에 관한 글에 하나님께서 모세에게 이르시되 나는 아브라함의 하나님이요 이삭의 하나님이요 야곱의 하나님이로라 하신 말씀을 읽어보지 못하였느냐.

(3) 하나님은 죽은 자의 하나님이 아니요 산 자의 하나님이시라.

을 (1) 죽은 자가 살아난다는 것을 말할진대

(2) 너희가 모세의 책 중 가시나무 떨기에 관한 글에 하나님께서 모세에게 이르시되 나는 아브라함의 하나님이요 이삭의 하나님이요 야곱의 하나님이로라 하신 말씀을 읽어보지 못하였느냐.

(2-1) '영원하신' 하나님은 '현재 죽은' 족장들을 미래에 반드시 살리실 까닭에

(3) 하나님은 죽은 자의 하나님이 아니요 산 자의 하나님이시라.

(1)은 예수님과 사두개인 사이의 논쟁이 죽은 자의 부활의 가능성에 대한 것임을 말해준다. (2)에서 예수님의 논증은 떨기나무 가운데서 모세에게 나타난 하나님께서 모세보다 수 세기 전에 죽은 족장의 이름으로 자신을 묘사하는 출애굽기 3:6에 의존하고 있다. 예수님은 (2)를 근거로 (3)에서 '하나님은 산 자의 하나님이시라' 고 결론내린다. 구약에서 하나님은 종종 아브라함과 이삭과 야곱의 하나님으로 묘사된다. 그러나 죽은 자의 부활 주장과 '족장들의 하나님' 사이의 논리적 추론은 매우 난해하다. 하나님이 이미 죽은 족장의 하나님이란 주장이 어떻게 "산 자의 하나님"이라는 결론을 만들어 낼 수 있으며, 결과적으로 부활이 가능하다는 것을 논증하는 근거가 될 수 있는가? 예수님의 추론의 근거는 무엇인가? (2)를 근거로 (3)의 결론을 내리기 위해 환기될 필요가 있는 정보는 을 (2-1)이다. 죽은 족장의 하나님이 "산 자의 하나님"으로 불릴 수 있는 이유는 하나님께서 죽은 자를 살리실 것이기 때문이라는 것이 예수님의 추론이다. 즉 "산 자의 하나님"에 대한 결론은 죽은 자를 살릴 수 있는 하나님의 능력에 대한 신앙(을 [2-1])의 기초 위에서 만들어진 신앙고백이다.

4.2.5. 언어적 맥락에 의존한 정보

발화된 정보가 함축하는 바가 무엇인지에 대해서는 여러 맥락을 통해 추론할 수 있다. 현재 우리의 관심은 언어적 맥락을 통해 함축된 정보를 추론해 나가는 길을 제시하는 것이다. 단어나 문장에 함축된 의미에 대한

추론은 선행 혹은 후행 문장(그러므로 언어적 맥락)의 내용에 의존적인 경우가 있다. 빌립보서 4:6-7과 고린도후서 11:32-33으로부터 온 예를 보자.

(1) 아무 것도 염려하지 말고 다만 모든 일에 기도와 간구로, 너희 구할 것을 감사함으로 하나님께 아뢰라 그리하면 모든 지각에 뛰어난 하나님의 평강이 그리스도 예수 안에서 너희 마음과 생각을 지키시리라(φρουρήσει).

(2) 다메섹에서 아레다 왕의 고관이 나를 잡으려고 다메섹 성을 지켰으나(ἐφρούρει) 나는 광주리를 타고 들창문으로 성벽을 내려가 그 손에 벗어났노라.

(1)과 (2)에서 바울은 동일한 단어 "지키다," **φρουρέω**를 사용하고 있다. 각각의 경우 바울이 의도한 의미 추론은 그 단어의 선행 발화와 후행 발화에 의존한다. (1)의 경우 바울은 하나님께서 우리의 마음과 생각을 '보호한다' 는 긍정적 의미를, (2)의 경우는 아레다 왕이 다메섹 성을 '감시했다' 는 부정적 의미로 사용하고 있다. 이처럼 명시화된 언어에 함축된 혹은 의도된 의미(intended meaning)를 이해하기 위해선 선행 발화와 후행 발화에 의존한 언어 맥락적 추론이 요구된다. 누가복음 20:45-21:9, 특히 20:47과 21:3-6를 보라.

갑 예수께서...어떤 가난한 과부가 두 렙돈 넣는 것을 보시고 이르시되 내가 참으로 너희에게 말하노니 이 가난한 과부가 다른 모든 사람보다 많이 넣었도다 저들은 그 풍족한 중에서 헌금을 넣었거니와 이 과부는 그 가난한 중에서 자기가 가지고 있는 생활비 전부를 넣었느니라 하시니라(21:1-4)

을 (1) ...예수께서 그 제자들에게 이르시되...서기관들을 삼가라 그들은 과부의 가산을 삼키며 외식으로 길게 기도하니 그들이 더 엄중

한 심판을 받으리라 하시니라(20:45-47).

(2) 예수께서...어떤 가난한 과부가 두 렙돈 넣는 것을 보시고 이르시되 내가 참으로 너희에게 말하노니 이 가난한 과부가 다른 모든 사람보다 많이 넣었도다 저들은 그 풍족한 중에서 헌금을 넣었거니와 이 과부는 그 가난한 중에서 자기가 가지고 있는 생활비 전부를 넣었느니라 하시니라(21:1-4).

(3) 어떤 사람들이 성전을 가리켜 그 아름다운 돌과 헌물로 꾸민 것을 말하매 예수께서 이르시되 너희 보는 이것들이 날이 이르면 돌 하나도 돌 위에 남지 않고 다 무너뜨려지리라(21:5-6).

갑의 문장은 자신의 전 재산인 두 렙돈을 성전 헌금함에 넣는 여인을 보신 예수님의 평가를 말하고 있다. 그 본문 자체를 두고 볼 때 갑에 나타난 예수님의 의도는 가난한 형편에도 불구하고 자신의 전 재산을 헌금하는 여인을 칭찬하고자 한 것으로 파악될 수 있다. 하지만 갑의 문장 곧 을 (2)를 (1)과 (3)이라는 언어적 맥락을 통해 읽으면 새로운 의미추론이 가능해진다. 예수님은 을 (1)에서 이미 과부의 가산을 삼키는 서기관들의 악에 대해 경계하라고 말씀하셨다. 그리고 예수님은 을 (2)에서 구체적으로 서기관들의 관리 대상인 성전 헌금함에 자신의 생활비 전부를 넣(을 수밖에 없)는 가난한 과부를 보시며 그 과부가 "그 가난한 중에서 자기가 가지고 있는 생활비 전부를 넣었느니라"고 하신다. 이 발화는 을 (1)을 고려한다면 결코 칭찬일 수 없다. 더군다나 을 (3)에서 예수님은 그러한 헌금(ἀναθημάσιν)으로 꾸며진 성전의 파괴를 예언하고 있다! 그러므로 을 (1)과 (3)의 언어적 맥락 정보인 가난한 자들의 헌금을 강요하는 서기관들의 악행에 대한 경고와 서기관들의 강요된 헌금으로 세워진 성전에 대한 멸망의 관점에서 읽는다면 가난한 과부의 헌금 행위에 대한 갑 (1)과 (2)와 같은 발화의 의도된 의미는 과부에 대한 '칭찬'이라기보다는 '애통'이며, 더 나아가 서기관의 부조리한 관리 행위로 인해 가난한 자를 더욱 가난하게 만들어 가는 구조적 악이 된 성전 시스템에 대한 통탄이 함

축되었다고 말할 수 있다.[27)]

4.3. 지시와 추론

언어의 본질적 기능은 지시적인 것이다. 일반언어학에서는 언어의 지시적 기능을 조응현상이라 부른다. 즉 언어적 표현을 사용하여 선/후행 문장에서 사용된 지시체(referent)를 후/선행 문장에서 다른 언어적 표현을 사용하여 지시할 때 두 표현 사이에 맺어지는 관계를 조응이라 부른다. 선행사(antecedent)가 먼저 쓰이고 대용어가 나중에 나오는 것을 전방조응(anaphor)이라 하며, 대용어가 먼저 쓰이고 선행사가 나중에 나오는 것을 후방 조응(cataphora)라 부른다. 조응적 표현으로 사용되는 것은 대명사 · 지시 대명사 · 정관사 · 대용 명사 등이 있다. 본서 주장은 이러한 조응적 표현에 대한 처리는 전적으로 추론 작업의 결과라는 것이다.

4.3.1. 대명사를 통한 추론

선행사와 대용어 사이의 추론은 언어적 맥락을 근거로 이뤄진다. 아래의 에베소서 1:3-4의 예를 보라(선행사는 밑줄로, 대용어는 이탤릭으로 표시했다).

(1) 찬송하리로다 하나님(ὁ θεὸς) 곧 우리 주 예수 그리스도의 아버지께서 그리스도 안에서(ἐν Χριστῷ) 하늘에 속한 모든 신령한 복을 우리에게 주시되

(2) 곧 창세 전에 *그리스도* 안에서(ἐν *αὐτῷ*) 우리를 택하사 우리로 사

27) 가난한 과부의 헌금에 대한 예수님의 언급을 칭찬이 아닌 애통으로 보는 주석에 대해서는 참조하라. Craig Evans, *Mark 8:27-16:20* (WBC 43A; Nashville: Thomas Nelson, 2001), 280-84.

랑 안에서 그 앞에(κατενώπιον *αὐτοῦ*) 거룩하고 흠이 없게 하시려고 (εἶναι)

(1)의 "하나님"(ὁ θεὸς)은 (2)의 두 번째 대명사 "그"(αὐτοῦ)와, (1)의 "그리스도"(Χριστω)는 (2)의 첫 번째 대명사 "그"(αὐτῷ)와 전방 조응적 관계에 있다. 이러한 조응적 관계는 (1)과 (2)의 언어적 맥락에 의해 쉽게 추론된다. (1)과 (2)에서 '복을 주시고' '성도를 택하여 거룩하고 흠이 없게 하시는' 주체, 즉 의미상의 주어는 하나님(ὁ θεὸς)이다. 따라서 성도들을 택하고 거룩하게 한 목적을 말하는 부정사절(εἶναι...)에 나오는 대명사구("그 앞에," κατενώπιον αὐτοῦ)는 행동의 주체이신 하나님과 조응적 관계에 있다고 추론할 수 있다. 또한 그리스도는 하나님께서 성도들에게 복 주는 통로(ἐν)로 삼으신 존재라는 (1)의 명시적 정보를 근거로 (2)에서 창세전에 하나님께서 성도를 택하는 매개가 된 대명사구 ἐν αὐτῷ의 지시체를 (1)과 동일한 그리스도로 추론할 수 있는 것이다. 이처럼 선행사와 대용어 사이의 조응적 연결 짓기는 선행사와 대용어 사이의 의미 관계에 대한 추론적 연결을 시도한 결과이다.

사실 많은 경우에 대용어가 선행사와 다른 명사로 표현되는 경우가 빈번하다. 이런 경우 추론은 어떻게 이뤄지는 것일까? 이 경우 선행사에 대해 언어 사용자가 가진 의미적 정보를 바탕으로 한 연상적 추론(associative inference)이 필요하다. 다음의 예를 보자(선행사는 밑줄로, 대용어는 이탤릭으로 표시했다).

(1) 또 이르시되 어떤 사람에게(ἄνθρωπός τις) 두 아들이 있는데 그 둘째가 *아버지에게*(*τῷ πατρί*) 말하되(눅 15:11-12)

(2) 삭개오라 이름하는 자가 있으니 세리장이요 또한 부자라...예수께서 그 곳에 이르사 쳐다보시고 이르시되 삭개오야 속히 내려오라 내가 오늘 네 집에 유하여야 하겠다 하시니 급히 내려와 즐거워하며

영접하거늘 뭇 사람이 보고 수군거려 이르되 저가 *죄인의*(*ἁμρτωλῷ ἀνδρί*) 집에 유하러 들어갔도다(눅 19:1-7).

(3) 그들이 예루살렘에 들어가니라 예수께서 성전(τὸ ἱερὸν)에 들어가사...이에 가르쳐 이르시되 기록된 바 *내 집*(*ὁ οἶκός μου*)은 만민이 *기도하는 집*(*οἶκος προσευχῆς*)이라 칭함을 받으리라고 하지 아니하였느냐(막 11:15-17).

(1), (2), (3)의 후행절에서 사용된 대용명사구 "아버지"(τῷ πατρί), "죄인"(ἁμρτωλῷ ἀνδρί), "기도하는 집"(οἶκος προσευχῆς)의 지시체는 각각 선행절의 "어떤 사람"(ἄνθρωπός τις), "삭개오," "성전"(τὸ ἱερὸν)과의 연상 관계에 의해 추론된다. 다시 말해 (1)에서 청자는 "어떤 사람"이 두 "아들"이 있었다는 정보를 통해 그가 아버지라는 정보를 추론해야 한다. (2)에서 추론은 좀 더 난해한 것처럼 보이지만 마찬가지이다. 청자는 "세리장이며 부자"인 삭개오를 죄인으로 추론할 수 있어야 한다. 이러한 추론은 1세기 유대 사회에서 세리(장)이라는 신분의 사람은 로마와 결탁한 인물로 이해되어 종교적으로 죄인 취급을 받았다는 정보를 사용할 때에야 가능해진다. (3)에서도 청자는 성전에 대해 그곳이 상징적으로 하나님의 영이 머무는 장소로 믿어졌기에 곧 기도하는 집이라는 연상적 추론을 할 수 있어야 한다. 이처럼 선행사에 조응하는 대용어가 단순 대명사가 아니라 다른 명사구가 사용될 때는 청자는 종교적이나 세상사 지식을 사용하여 적극적 추론을 통하여 정보를 처리하도록 의도되었다.

4.3.2. 지시대명사를 통한 추론

헬라어에는 세 종류(ἐκεῖνος, οὗτος, ὅδε)의 지시대명사가 있다. 그들 사이의 차이는 전통적으로 시공간적 원근관계에 의해 만들어진다고 믿어져 왔다. οὗτος와 ὅδε는 가까운 객체를, ἐκεῖνος는 먼 대상을 지시할 때 사용된다는 것이다. 하지만 신약성경의 지시대명사의 시공간적 원근성은 많은 경우 실제 거리에 대한 객관적인 측정보다는 화자의 심리적 거리를 나타내는 주관적 측정에 토대한 것임을 보여주고 있다.[28] 그렇다면 지시대명사는 지시하는 대상에 대한 화자의 심적 태도를 추론케 하는 장치로 보아야 한다(해당 지시대명사는 이탤릭으로 되어 있다).

(1) 그들에게 이르시되 열둘 중의 하나 곧 나와 함께 그릇에 손을 넣는 자니라 인자는 자기에 대하여 기록된 대로 가거니와 인자를 파는 그 사람에게는(τῷ ἀνθρώπῳ *ἐκείνῳ*) 화가 있으리로다 그 사람은(ὁ ἄνθρωπος *ἐκεῖνος*) 차라리 나지 아니하였더라면 자기에게 좋을 뻔하였느니라 하시니라 (막 14:20-21).

(2) 오직 믿음으로 구하고 조금도 의심하지 말라 의심하는 자는 마치 바람에 밀려 요동하는 바다 물결 같으니 *이런* 사람은(ὁ ἄνθρωπος *ἐκεῖνος*) 무엇이든지 주께 얻기를 생각하지 말라(약 1:6-7).

(3) 속으로 아브라함이 우리 조상이라고 생각하지 말라 내가 너희에게 이르노니 하나님이 능히 *이*(*τούτων*) 돌들로도 아브라함의 자손이 되게 하시리라(마 3:9).

(4) 하늘로부터 소리가 있어 말씀하시되 *이는*(*οὗτός*) 내 사랑하는 아들이요 내 기뻐하는 자라 하시니라(마 3:17).

(1)에서 예수께서 사용하신 지시대명사구 "그 사람"(ὁ ἄνθρωπος ἐκεῖνος)의 지시체는 언어적 맥락을 고려할 때 그를 배반할 자를 가리킨다. 선행절에서 예수님은 자신을 배반할 자를 "열 둘 중의 하나 곧 나와 함께 그릇에 손을 넣는 자"로 밝혔기 때문에"그 사람"은 열둘 중 하나를 가리킨다. 현 맥락에서 열두 제자 모두 시공간적으로 예수님과 함께 머물고

28) 정희자 (『담화와 추론』, 192-225) 역시 영어의 지시 대명사 this, that, it이 가리키는 시공간적 근접성은 지시체와의 실제 거리에 대한 객관적인 측정보다는 그것에 대해 가지는 화자의 심리적 거리를 보여주는 주관적 측정에 따른 것이라는 주장을 한다.

있다는 것을 고려할 때 예수께서 사용하신 지시대명사 ἐκεῖνος가 시공간적으로 멀리 있는 대상을 지시하고자 사용되었다고 볼 수 없다. 오히려 자신을 팔 사람을 "그 사람"(ὁ ἄνθρωπος ἐκεῖνος)으로 지시한 것은 예수께서는 현 상황에서 배반자가 열둘 중 누구인지를 구체적으로 지목하는 것에 별 관심이 없다는 것을 보여주는 언어적 표지이다. 이러한 원거리 지시대명사 사용에 의해 배반자는 "열둘 중 하나"로 일반화되어 결과적으로 열두 제자 모두 배반자가 될 수 있다는 가능성이 열리게 되었다. 마찬가지로 (2)에서 야고보는 의심하며 구하는 사람을 ὁ ἄνθρωπος ἐκεῖνος로 지시하고 있다. 본문은"이런 사람"이 시공간적으로 멀리 떨어져 있는 존재임을 추론할 수 있는 어떤 정보도 주지 않았지만, 야고보는 믿음으로 구하지 못하고 의심하는 이를 ὁ ἄνθρωπος ἐκεῖνος로 지시함으로서 자신이 '믿음 없는 사람' 과 심리적으로 거리를 두고 있다는 것을 언어적으로 명시하고 있다. 믿음 없는 자에 대한 이런 '원거리 문법화' 는 믿는 청자들 역시 본문을 읽는 동안 그런 부류의 사람들과 심리적으로 거리를 두게 만드는 효과를 만들어내고 있다.

(3)에서 세례요한은 참회개가 부재된 열매 없는 바리새인과 사두개인에게 하나님은 "이 돌들로도"(τῶν λίθων τούτων) 아브라함의 자손을 만들 수 있다고 경고하고 있다. 돌을 지시하는 근거리 지시대명사 τούτων은 유대 광야에 위치한 요단강에서 선포하던 세례요한과 그의 청중들의 발밑 현장에서 쉽게 발견할 수 있는 구체적인 돌을 가리키고자 사용되었다고 볼 수 있다. 그러나 돌을 가리키는 τούτων은 단순히 공간적 근접성만을 지시하지 않는 것이 분명하다. 현 맥락에서 "돌들"이 하나님의 능력을 드러내는 직접적인 도구로 사용되고 있다는 점을 고려할 때 그것을 지시하는 대명사 τούτων은 돌들에 대해 화자 요한의 심리적 개입정도가 높음을 추론할 수 있게 해주는 언어적 표지이다. (4)에서 예수님은 하늘의 소리(하나님)에 의해 제 삼자를 칭하는 지시대명사로 불리고 있기 때문에 17절의 대화는 하나님과 세례요한(혹은 마태복음 청자) 사이에 진행된

것임을 알 수 있다. 세례 받고 물에서 올라온 예수를 지시하고자 사용된 근거리 지시대명사 "이"(οὑτός)는 예수님에 대한 화자(하나님) 자신의 심리적 애착 혹은 밀착성이 높다는 점을 추론케 한다.

4.3.3. 정관사를 통한 추론

헬라어 관사의 가장 기본적 기능은 지시적인 것이다.[29] 헬라어 관사와 결합된 명사는 보통 화자와 청자 모두에게 알려진 한정적이며 특정한 개체로 처리된다. 청자는 헬라어 관사를 통하여 뒤따르는 명사의 지시체를 다양한 방법으로 추론함으로서 현 정보를 처리하도록 의도된다. 헬라어 관사의 지시체를 추론하는 일반적 매체는 언어적 맥락이다. 아래의 갈라디아서 6:12-13의 예를 보자(선행 명사구는 이탤릭으로, 헬라어 관사를 선행하는 명사구는 밑줄 그어져 있다).

(1) *무릇 육체의 모양을 내려 하는 자들이*(*Ὅσοι θέλουσιν εὐπροσωπῆσαι ἐν σαρκί*) 억지로 너희에게 할례를 받게 함은 그들이 그리스도의 십자가로 말미암아 박해를 면하려 함뿐이라 <u>할례를 받은 그들이라도(οἱ περιτεμνόμενοι αὐτοὶ)</u> 스스로 율법은 지키지 아니하고 너희에게 할례를 받게 하려 하는 것은 그들이 너희의 육체로 자랑하려 함이라.

독립분사구(οἱ περιτεμνόμενοι αὐτοὶ)의 헬라어 관사는 '할례 받은 자'의 지시체를 구체적 인물로 추론하도록 해준다. 언어적 맥락은 자연스럽게 분사구의 지시체로 선행절에서 발화된 "육체의 모양을 내려 하는 자들"을 지목케 한다. 헬라어 관사를 통해 언어적 맥락 안에서 가능하게 된 이런 연결은 할례자를 '유대 종교적 표지를 가진 자들' 이라는 사전적 의

---

29) Porter, *Idioms*, 106.

미 차원이 아니라 '육체를 자랑하려는 자' 라는 보다 부정적 의미를 가진 자들로 규정하도록 이끌고 있다. 결국 두 구문 사이의 의미 연결을 통해 바울은 할례 없는 복음을 변호하고자 하는 자신의 논지를 강화하고 있다.

그런데 신약성경 담화에서 헬라어 관사를 통한 추론이 좀 더 난해한 경우가 있다. 처음 나오는 명사(구)임에도 헬라어 관사가 사용될 때이다. 담화 신 정보(dicourse-new information)에서 헬라어 관사의 사용은 화자가 청자들의 머릿속의 장기 기억 혹은 백과사전적 지식에 의존하여 해당 맥락에 등장한 명사정보를 추론할 수 있다고 판단될 경우이다.[30] 이런 경우 헬라어 관사는 본문 정보 처리의 의미 이해를 위해 청자의 머릿속 지식을 사용하여 추론하도록 이끄는 추론 장치 역할을 하는 것으로 보아야 한다. 아래의 예를 보자(헬라어 관사를 수반하는 명사구는 이탤릭으로 표시했다).

(2) 또 이튿날 요한이 자기 *제자*(*τῶν μαθητῶν*) 중 두 사람과 함께 섰다가(요 1:35)

(3) 사흘째 되던 날 갈릴리 가나에 혼례가 있어 예수님의 어머니도 거기 계시고 예수와 *그 제자들*(*οἱ μαθηταὶ*)도 혼례에 청함을 받았더니(요 2:1)

(2)에 등장하는 요한의 "제자"(τῶν μαθητῶν)라는 명사구는 담화 신 정보임에도 불구하고 헬라어 관사를 가지고 있다. 마찬가지로 (2)에 나오는 예수님의 "제자"(οἱ μαθηταὶ) 역시 담화 신 정보로서 헬라어 관사를 수반하고 있다. 두 경우 모두에서 헬라어 관사 사용은 청자가 요한과 예수님에게 제자들이 있었다는 정보를 언어 외적으로 이미 알고 있어 그 지식을 근거로 현 본문을 처리할 수 있다는 것을 전제로 하고 있다. 따라서 요한과 "함께 서 있는" 사람과 예수와 함께 "혼례에 청함을 받은" 이들을 위

---

30) 1장을 보라.

한 표현으로 사용된 명사구(οἱ μαθηταὶ)에서 사용된 헬라어 관사는 청자로 하여금 이어지는 본문 정보의 의미 이해를 위해 자신의 머릿속 '제자 지식' 을 사용하도록 하는 담화 추론 장치로 보아야 한다.[31] 또한 "제자" 는 그들의 선생과 함께 머문다는 정보를 원형적으로 가지고 있기 때문에 본문에서 "제자" 들이 선생인 요한 및 예수님과 함께 있다는 본문 정보 역시 이해할 수 있는 정보로 추론될 수 있다.

4.4. 비유어와 추론

비유는 일반적으로 표현하고자 하는 실제 내용을 다른 보조 내용을 통해 말하는 의사소통 기법으로, '실제 내용' 의 소통의 도구가 된 '보조 내용' 이 비유어에 해당된다. 언어표현은 일반적으로 문자적 의미와 비유적 의미로 나뉜다. 전통적 언어학에서 문자적 의미는 일상 언어로, 비유적 의미는 예술 언어로 분류되어 왔다. 하지만 현대 인지 언어학자들의 연구에 의하여 이 두 영역의 구분은 의미 없게 되었다. 비유적 표현을 통해 인간이 경험하는 세계를 개념화하는 것은 인간의 가장 기본적 인지전략임이 밝혀졌기 때문이다.[32] 따라서 비유어 이해과정은 발화된 의미('보조 내용' 또는 비유어)를 통해 의도된 의미(저자의 의도)를 이해하는 인지과정을 포함하고 있기 때문에 인간의 언어 이해과정에서 추론이 차지하는 역할의 중요성을 보여줄 수 있다. 본 세션은 신약성경에 등장하는 비유어 중에서 은유(metaphor)와 환유(metonymy)를 처리함에 있어서 추론의 역할에 대해

---

31) J. K. Gundel, N. Hedberg and R. Zacharski("Cognitive Status and the Form of Referring Expressions in Discourse," *Language* 69.2 (1993): 274-307은 헬라어 관사와 대명사를 사용할 수 있는 청자의 인지적 상태를 6가지로 나눈다. 1) 초점을 받는 상태, 2) 활성화된 상태, 3) 친숙한 상태, 4) 꼭 집어 확인할 수 있는 상태, 5) 지시적 상태, 6) 유형을 확인할 수 있는 상태.

32) 임지룡, 『인지의미론』, 165-67.

살펴보고자 한다.

4.4.1. 은유적 추론[33)]

"나는 세상의 빛이니"라는 예수님의 발화(요 8:12)에 대한 이해는 결코 문자적이지 않다. 위의 발화는 설명하기 어려운 '예수'의 존재론적 의미를 일상 경험에서 쉽게 접근 가능한 '빛'에 대한 구체적이며 체험적인 지식을 바탕으로 추론하도록 의도된 은유적 표현이다. 은유는 한 종류의 사물의 의미(A)를 다른 종류의 사물(B)의 전망에서 추론하는 것을 포함한다.[34)] 이러한 추론과정에는 두 사물 사이에 존재하는 유사성과 이질성이 개입된다. 즉 주요 특성은 아닐지라도 기본적 특성은 공유되어야 두 사물 사이에 사상(mapping) 혹은 추론이 가능하다.[35)] 반면에 두 사물 사이에 공유하는 특성이 너무 유사하면 은유적 힘 자체를 잃어버리기 때문에 좋은 은유가 되기 위해선 한 사물이 다른 의미 영역(domain)에서 나와야 하는 이질성을 가져야 한다.[36)] 물론 A의 문자적 의미와 B라는 은유적 표현 각각에는 수많은 개념적 지식이 존재하기 때문에 A와 B 사이의 유사성과 이질성에 근거한 은유적 추론은 자칫 혼란스러워질 수 있다. 하지만 이런 혼동은 텍스트 상에 존재하는 맥락적, 문법적 항목이 두 사물 사이에 진행되는 은유적 사상(mapping)을 통제하고 이끌도록 허락할 때 통제될 수 있다.[37)] 요한복음 14:6의 예를 보자(은유적 표현은 밑줄 그어져 있다).

(1) 예수께서 이르시되 내가 곧 길이요(ἐγώ εἰμι ἡ ὁδὸς)... 나로 말미암지

33) 은유의 유희적 역할 중 하나는 은유를 통해 낯선 사물을 낯익은 것으로, 낯익은 사물을 낯선 것으로 바라보게 하는 것이다.

34) G. 레이코프 & M. 존슨, 노양진 & 나익주 역, 『삶으로서의 은유』(서울: 박이정, 2006), 263.

35) 레이코프 & 존슨, 『삶으로서의 은유』, 254-64.

36) 임지룡, 『인지의미론』, 173-74.

37) 레이코프 & 존슨, 『삶으로서의 은유』, 26-30, 53-57.

않고는 아버지께로 올 자가 없느니라(οὐδεὶς ἔρχεται πρὸς τὸν πατέρα εἰ μὴ δἰ ἐμοῦ).

예수님의 존재(ἡ ὁδὸς)와 사역('나를 통하여 가다', ἔρχεται ... δἰ ἐμοῦ)이 물리적 길의 관점에서 개념화되고 있다. 그러므로 길에 대한 이해 혹은 '길 체험'을 통해 형성된 지식은 예수와 그의 사역의 의미를 추론하는 인지모형이다. 물론 길과 관련한 무수한 정보가 있을 수 있지만 본문 이해에 필요한 정보는 언어적 맥락에 의해 결정된다. 예수님은 아버지 하나님을 믿는 일(참조. 요 14:1)은 오직 자신을 통해서만 가능하다는 것을 밝히고 있기 때문에 길의 여러 정보 중 '한 장소와 다른 장소를 연결하고 장소간 이동을 가능하도록 하는 공간'으로서 그것에 대한 이해는 현 본문에서 예수님의 의도를 추론하게 해주는 정보라고 볼 수 있다. 따라서 예수와 길의 은유적 사상은 아버지께로 가는 일 즉 하나님 아버지를 믿고 섬기는 일은'걸어야 하는 영적 여정'이며 이 여정은 오직 한 길 예수(의 길)를(을) 통할 때만 합법적이라는 추론을 이끌어 내고 있다.

또 다른 예로 요한복음 1:14절 상반 절을 보자(은유적 표현은 밑줄 그어져 있다).

(2) 말씀이 육신이 되어 우리 가운데 거하시매(ἐσκήνωσεν ἐν ἡμῖν)

먼저, 위 구절은 하나님이 인간들과 의사소통하시기 위해 친히 '은유적 삶'을 택하셨다는 것을 보여준다. 로고스라는 추상적 진리가 (예수님의) 육신이라는 구체적이며 물리적인 실체로 드러나고 표현되었다. 이런 점에서 예수님은 하나님의 은유적 의사소통의 열쇠 말이다. 특히 예수를 지시하고 있는 로고스의 활동과 존재가 고대 근동 아시아의 천막 문화의 언어로 표현된 것에 주목할 필요가 있다. "거하시매"(ἐσκήνωσεν)라는 동사는 '천막을 치다' 혹은 '천막 안에 거하다'라는 뜻을 가지고 있기 때문이다. 그러므로 천막 생활에 대한 체험은 하나님의 로고스로서 예수님의 활동(성육신)이 무엇을 의미하는지를 추론할 수 있게 하는 배경이 되고 있다. 아울러 언어적 정보 "거하시매"(ἐσκήνωσεν)에 대한 이해는 이스라엘 백성들의 광야 생활 동안 친히 그들 가운데 회막(tabernacle)을 치시며 동행하신 하나님에 대한 역사적 지식 역시 요구하고 있다.[38] 그러므로 14절에 대한 은유적 추론은 원 화자와 청자의 일상생활로부터 온 천막 생활 경험과 이스라엘의 광야 생활에 대한 역사적 지식을 근거로 이뤄지는 것으로서, 발화된 은유적 표현인 "우리 가운데 거하시매"는 '하나님의 로고스로서 예수님의 활동'을 '그의 백성의 삶 가운데 찾아오신 하나님의 활동'으로 이해하도록 이끌고 있다.

또 다른 예로 로마서 8:22를 보자(은유적 표현은 밑줄 그어져 있다).

(3) 피조물이 다 이제까지 <u>함께 탄식하며(συστενάζει)</u> <u>함께 고통을 겪고 있는(συνωδίνει)</u> 것을 우리가 아느니라.

바울은 비인격적 존재인 피조물이 썩어짐에 종속되어 부패로 돌아가고 있는 상태를 인격적 존재가 아픔을 느끼며 신음하고 있는 상태에 비유하고 있다. 이러한 바울의 은유 표현은 몸을 가진 존재가 체험하는 죽음의 고통에 근거하여 물질세계인 피조물의 부패를 개념화한 결과이다. 8:21, 23이 말하듯이 둘 다 "탄식" 가운데 있으며, 둘 다 "해방"과 "속량"을 기다리고 있기 때문에 이런 은유 표현은 만물의 상속자로 부름을 입은 하나님의 자녀들(8:17)과 상속물인 만물이 공동 운명 상태에 있음을 더욱 생생하게 깨닫게 해주는 것이다. 이런 은유적 추론을 가능하게 하는 것은 물

38) σκήνοω는 하나님께서 이스라엘 가운데 '거하시는' 모습을 묘사하는 동사로 사용되었다. 출 25:8; 29:46; 슥 2:10; 겔 43:7. 이러한 그림언어는 분명 이스라엘의 광야 생활 동안 하나님께서 회막 가운데 좌정하시어 동행하신 사건에서 기인한 것처럼 보인다.

론 언어 사용자의 신체적 또는 정신적 고통 체험이다. 하지만 바울은 더 근본적으로 몸과 만물에 스며든 죄가 고통을 유발하고 있다고 말하고 있기 때문에(7:14-25; 8:10,13) 만물의 상태에 대한 은유적 추론은 죄가 가져온 고통 경험과 그 죄로부터 해방을 기다리는 인간의 신체 · 정신적 체험에 기초해 있다고 말할 수 있다. 이런 은유적 표현을 통해 바울은 인간을 포함한 만물이 죄의 상태로부터 벗어나야 하는 필연적 이유를 좀 더 생생하고 구체적으로 표현한다.

4.4.2. 환유적 추론

환유는 A를 통해 a를 또는 a를 통해 A를 나타내는 것이다. 즉 어떤 실체(a 또는 A)를 지시하기 위하여 그것을 직접 언급하는 대신 그것의 속성과 밀접한 관계가 있는 다른 실체(A 또는 a)를 빌려서 표현하는 언어적 장치이다. 레이코프는 "부분은 전체를 대신(대표)한다," "전체는 부분을 대신(대표)한다," "한 부분이 다른 부분을 대신(대표)한다."라는 명제를 만들었다.[39] 이것은 환유적 추론이 실체의 특징에 대한 지식을 근거로 진행된다는 것을 보여준다. 당연히 이런 실체에 대한 지식은 실체가 가진 고유한 본질 혹은 속성만을 가리키는 것이 아니라 한 문화권에 속하는 사람들이 공유한 경험적 지식이나 믿음에 바탕을 둔 것이어야 한다. 이러한 지식을 우리는 '백과사전적 지식'이라 할 수 있으며, 환유는 이런 지식을 토대로 개념의 범주와 표현의 의미가 확장되는 경우를 가리킨다. 다음의 예를 보자(환유적 표현은 밑줄 그어져 있다).

(1) 도리어 그들은 내가 무할례자에게(τῆς ἀκροβυστίας) 복음을 전함을 맡은 것이 베드로가 할례자에게(τῆς περιτομῆς) 맡음과 같은 것을 보았고(갈 2:7)

---

39) 레이코프 & 존슨, 『삶으로서 은유의 은유』, 77-81.

(2) 하나님이 세상(τὸν κόσμον)을 이처럼 사랑하사 독생자를 주셨으니 이는 그를 믿는 자마다 멸망하지 않고 영생을 얻게 하려 하심이라(요 3:16).

(3) 예루살렘아(Ἰερουσαλήμ) 예루살렘아(Ἰερουσαλήμ) 선지자들을 죽이고 네게 파송된 자들을 돌로 치는 자여(눅 13:34).

(1)의 예는 '부분으로 전체를 대신' 하는 환유적 개념을 바탕으로 생성된 환유 표현이다. 즉 "무할례자"와 "할례자"는 각각 신체의 일부분으로서 사람 전체(혹은 신분)를(을) 추론하는 방식에 의존된 정보로서 "무할례자"는 비 유대인인 이방인을, "할례자"는 유대인을 지시하는 환유 표현이다. 이런 환유적 추론은 언어적 정보에만 의존해서 이뤄지는 처리는 아니다. 언어 사용자가 "무할례자"와 "할례자"에 대한 위와 같은 추론을 하기 위해서는 유대 종교적 믿음을 바탕으로 할례가 언약백성과 이방인을 구분하는 표지라는 지식을 가지고 있을 때에야 개념 범주를 확대할 수 있다. (2)의 예에서 "세상"은 '전체로 부분을 대신함' 이라는 환유적 개념을 바탕으로 사용된 환유 표현이다. "세상"은 하나님이 창조하신 피조물 전체를 의미한다. 그럼에도 불구하고 현 맥락에서 "세상"은 특히 피조물의 한 부분인 사람을 지시하는 것으로 추론된다. 이러한 추론은 물론 이어지는 언어적 정보("이는 그를 믿는 자마다")에 의해 도움을 받아 이뤄진다. (3)의 예에서 예루살렘은 유대 도시 이름으로서 그곳에 살고 있는 주민을 지시하는 환유 표현이다. 이것은 한 부분(도시)이(가) 다른 부분(도시사람)을 대신하는 환유로서, 추론은 예루살렘이라는 도시가 '유대의 종교적 중심인 성전이 위치해 있는 장소로서 하나님이 보내신 선지자들에 대해 적의적인 곳' 이라는 문화적으로 공유된 지식과 믿음을 근거로 이뤄질 수 있다.

5. 나가는 말

신약성경 텍스트는 화자(하나님/인간저자)와 청자 사이에 이뤄진 의사소통의 도구로 탄생했다. 소통의 도구는 언어/말이다. 언어를 통한 소통은 의사전달을 목표로 하기 때문에 의사 전달의 규칙에 대한 이해는 신약성경의 원의(original meaning)를 이해하고자 하는 모든 이들이 갖추어야 하는 해석학적 역량이다. 언어학 분야에서 추론은 이러한 의사소통의 규칙의 일환으로 연구되어 온 개념이다. 우리의 관심은 신약성경 담화의 의미를 밝히는 일에 어떤 추론과정이 필요한지를 언어학적 연구를 바탕으로 명료화하는 것이었다.

먼저 우리는 신약성경을 비롯한 모든 텍스트의 기본 성격이 외축과 함축을 가지고 있다는 점을 지적했다. 추론은 외축을 통해 텍스트에 함축된 의도를 파악하는 것이다. 특히 신약성경과 같이 구술 · 청각 의사소통 문화의 산물인 텍스트는 함축된 정보에 더욱 의존하고 있기 때문에 추론을 통해 함축된 정보를 찾는 일은 신약성경 해석가들에게 절실하다고 볼 수 있다. 둘째로, 우리는 신약성경 본문 안에서 단어와 단어, 절과 절 그리고 문법적으로 생략된 여러 정보를 추론함에 있어서 세상사 · 인과관계 · 배경 · 종교 · 문화적 지식 등이 사용되고 있다는 것을 보여주었다. 셋째로, 헬라어의 지시어인 대명사와 인칭 대명사, 그리고 헬라어 관사의 선행어에 대한 이해와 처리는 추론에 기초해서 이뤄지는 인지 처리라는 것을 살펴보았다. 그리고 지시어를 통한 선행어 추론과정은 언어적 맥락과 화자와 청자가 공유하고 있는 배경지식 등에 의존하고 있음이 밝혀졌다. 마지막으로 우리는 비유어와 추론의 관계를 살펴보았다. A를 통해 B를 말하는 은유나 A 혹은 a를 통해 a 혹은 A를 나타내는 환유에서 B와 a 혹은 A에 대한 이해는 언어 사용자의 머릿속 지식구조에 근거한 추론 작업의 결과라는 점을 증명해보였다.

지금까지의 연구가 보여주는 바는 언어를 통한 의사소통은 발화된 언어를 사용하여 화자에 의해 또는 텍스트에서 의도된 의미를 찾아가는 과정이며 이 과정의 열쇠는 추론 작업을 얼마나 적절하게 할 수 있느냐에 달려 있다는 것이다. 아무쪼록 지금까지의 연구가 신약성경 본문의 원 의미를 이해하려는 이들에게 작은 도움이 되길 소망한다.

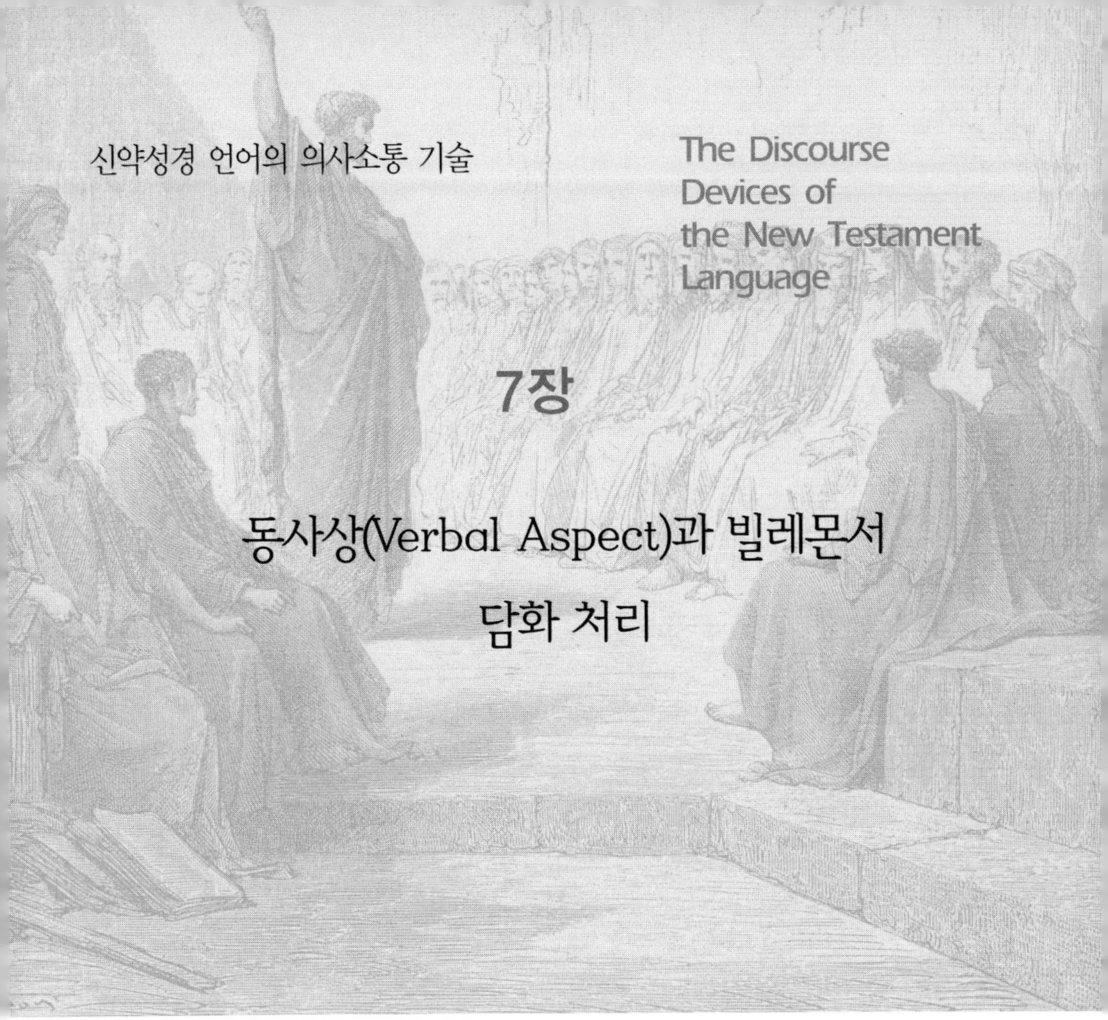

신약성경 언어의 의사소통 기술

The Discourse Devices of the New Testament Language

7장

동사상(Verbal Aspect)과 빌레몬서 담화 처리

제 7 장

동사상(Verbal Aspect)과 빌레몬서 담화 처리[1)]

1. 들어가는 말

본 장에서는 현재 신약성경 문법학자들 사이에서 논의되고 있는 동사상 이론이 신약성경 본문 해석에 어떻게 도움을 줄 수 있는지를 고찰하고자 한다. 이러한 목적을 위해 우리는 먼저 동사상에 대한 일반적 이해를 소개한 후, 동사상과 관련하여 논의되고 있는 주된 이슈들을 간략하게 다룰 것이다. 이어서 빌레몬서를 연구본문으로 택하여 현저성(pominence)과 서신의 주제 형성 그리고 본문 주해에 동사상이 어떤 공헌을 할 수 있는지를 보여주고자 한다.

2. 동사상(Verbal Aspect)이란?

동사상이란 저자가 동작, 사건 또는 상태를 바라보는 관점이다.[2)] 저자/화자는 일어나고 있는 동작이나 사건을 독자/청자에게 의사소통하고자 할

---

1) 아래 글은 『신약연구』 10권4호 (2011), 941-76에 실린 저자의 논문("동사상(Verbal Aspect)과 빌레몬서 담화 처리")을 수정 보완한 것임을 밝혀 둔다.

2) P. Hooper, "Aspect between Discourse and Grammar: An introductory Essay for the Volume," in *Tense-Aspect: Between Semantics and Pragmatics*, ed., P. Hooper (Amsterdam: Benjamins, 1982), 5. 참조. 우상혁, "성경헬라어 상 연구: 칠십인경 중심으로," 『성경과 신학』 60 (2011), 63.

때 동작이나 사건에 대한 자신의 관점(viewpoint)을 동사의 시제 형태로 문법화시킨다. 이런 경우 동사상은 동사 시제 형태에 반영된 저자의 관점을 일컫는 말이다.[3] 과거 시제 형태는 완료상(전망)을 가지고 있으며 의미적으로 어떤 사건이나 동작의 완료를 나타낸다. 현재와 미완료 시제 형태는 미완료상이며 의미적으로 어떤 사건이나 동작의 진행성을 나타낸다. 완료 시제 형태는 상태상이며 의미적으로 어떤 사건이나 동작의 조건이나 상태를 나타낼 때 사용된다. 동사상을 동작이나 사건에 대한 관점으로 설명하고자 할 때 자주 사용되는 비유는 시가에서 벌어지고 있는 행진을 취재하는 기자의 관점이다.[4] 과거 시제 형태는 기자가 헬리콥터를 타고 지상에서 벌어지고 있는 행진을 바라보는 관점을 보여준다. 헬리콥터 안에 있는 기자는 지상에서 벌어지는 행진을 (비록 실제로는 아니지만) 하나의 점으로 보면서 행진의 처음과 끝을 전체로서 조망할 수 있는 관점을 가진다. 아래 <그림 1>을 참조하라. 완료상은 사건이나 동작에 대한 종합적 견해나 그것을 요약적으로 표현할 때 사용된다.

〈그림 2〉 완료상: 과거 시제 형태

펼쳐지는 사건, 동작, 상태

현재/미완료 시제 형태는 기자가 지상에 내려와 눈앞에 지나가고 있는 행진대열을 거리에서 바라보는 전망이다. 미완료상은 내러티브의 경우에서는 구체적으로 사건이 전개되는 양상을 묘사하고자 할 때 사용되며, 서

---

3) Ellen Rafferty, "Aspect in Conversational Indonesian," in *Tense-Aspect: Between Semantics and Pragmatics*, ed. P. Hooper (Amsterdam: Benjamins, 1982), 66.

4) Porter, *Verbal Aspect*, 91; Campbell, *Verbal Aspect*, 197-99.

간체에서는 저자의 주된 논증을 부각시킬 때 사용된다. 아래 <그림 2>와 <그림 3>을 참조하라. 그런데 현재와 미완료 시제 형태는 진행 중인 사건과 동작 그리고 상태를 묘사할 때 사용하는 항목이라는 점에서는 공통점이 있으나 그 두 시제 형태 사이에는 의미상의 차이가 존재한다. 현재 시제 형태는 근접(proximity)해 있는 사건을 바라보는 관점인 반면 미완료 시제 형태는 눈앞에 펼쳐지고 있는 사건의 후미를 바라보는 전망을 드러낸다.[5] 그러므로 미완료 시제 형태는 과거 시제 형태와 함께 의미적으로 원격성(remoteness)을 드러낸다.

〈그림 3〉 미완료상: 현재 시제 형태[6]

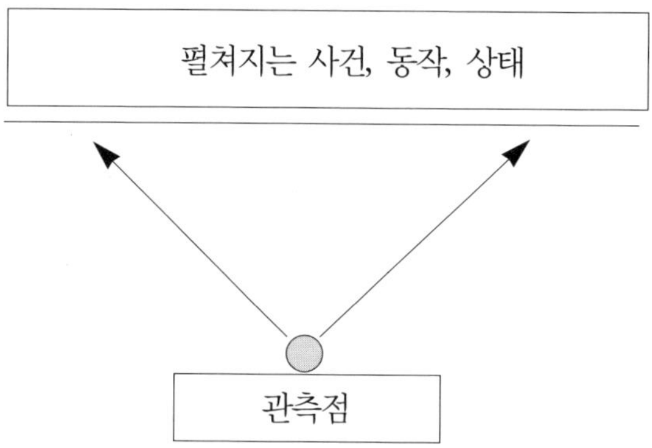

〈그림 4〉 미완료상: 미완료 시제 형태[7]

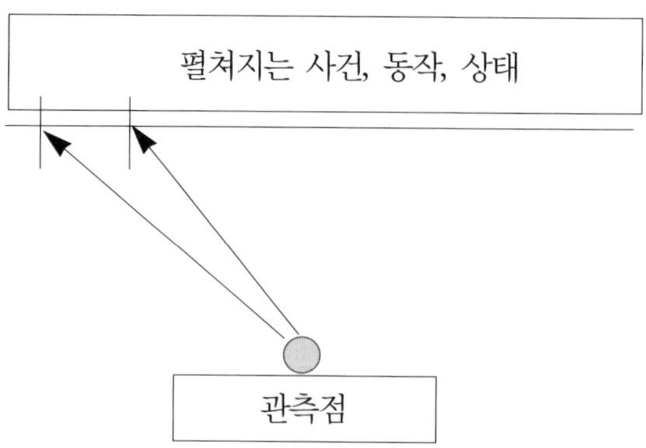

완료 시제 형태는 시가행진의 총 책임자의 시각을 대변하는 것으로서 행진을 하나의 복합적 상태나 조건으로 바라보는 전망이며, 특히 개별적 사건의 상태나 조건을 묘사할 때 사용된다. 그리고 서간체에서는 저자의 주된 논증을 가장 초점화할 때 사용된다. <그림 4>를 참조하라.

〈그림 5〉 상태상: 완료 시제 형태[8]

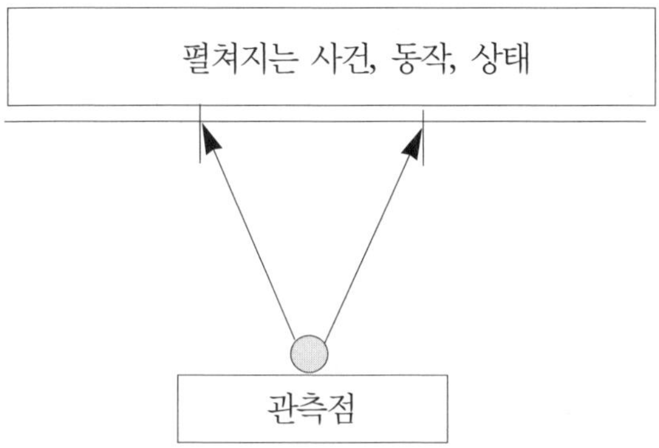

동사의 상 연구와 관련하여 가장 논쟁이 되는 부분은 직설법에서 부정과거, 미완료, 현재 완료 동사 시제 형태에 시간 개념이 내포되어 있는지와 관련되어 있다. 많은 학자들은 직설법에서 동사상이 시간 개념을 포함한다고 주장하지만[9] 포터는 직설법의 동사 시제 형태에서도 시간 개념은 없고 단지 상 개념만 있다고 주장한다.[10] 지면 관계상 우리는 이 논의에 많은 지면을 할애할 수는 없어 좀 더 중립적 입장에서 이 논의를 다룬 캠

---

5) Campbell, *Verbal Aspect*, 197.
6) Campbell, *Verbal Aspect*, 51.
7) Campbell, *Verbal Aspect*, 51, 85.
8) Campbell, *Verbal Aspect*, 198. 켐벨은 현재완료와 과거완료를 가장 강화된 근접성을 가진 상으로 본다.
9) Fanning, *Verbal Aspect*.
10) Porter, *Verbal Aspect*, 75, 107.

벨의 입장만 소개하고자 한다. 캠벨은 부정과거, 현재, 미완료, 현재 완료 직설법에 시간 개념이 있다고 인정하지만, 그 시간 개념을 화용적 측면에서 이해되어야 할 것으로 본다.11) 캠벨에 따르면 의미론(semantics)은 각 동사 안에 내재되어 변하지 않는 가치를 말하는 반면, 화용론(pragmatics)은 화자의 발화가 나온 문맥에 따라 변화되는 가치를 지시한다.12) 따라서 각 시제 형태가 갖는 고유한 의미는 그것이 가지는 상이며, 그 시제 형태들의 화용적 측면은 문맥에 따라 변할 수 있는 시간적, 공간적 그리고 논리적 개념을 나타낸다는 설명이 가능하다. 예를 들어 보자. 과거 완료상인 과거 시제 형태의 의미는 언제나 완료성(complete) 혹은 원격성(remoteness)을 나타낸다. 하지만 화용적으로 본다면 과거 시제 형태는 문맥에 따라 변할 수 있는 논리적 원격성과 시간적 원격성(그러므로 과거 시간)을 지시하기도 한다.13) 필자는 직설법 시제 형태들에 시간 개념이 있다는 것을 부정하지 않지만 그 시간 개념은 그 동사가 사용되고 있는 문맥에 따라 유동적인 화용적 관점으로 이해돼야 할 것으로 보는 캠벨의 입장을 따른다. 만일 직설법에서의 시제에 대한 화용론적 사용을 고려한다면 카슨(D. A. Carson)의 주장, 즉 신약성경에 나타나는 87%의 과거 시제 형태가 과거 시간을 지시하고 있다는 설명 역시 별 이의 없이 받아들여질 수 있다.14)

마찬가지로 논쟁이 되고 있는 것은 상의 종류이다. 필자는 맥케이(K. L.

---

11) Campbell, *Verbal Aspect*, 24-6.

12) 예를 들면, 한 인간에 대한 의미론적 접근은 그(녀)의 이름에 따른 고유한 존재적 가치를 말한다. 하지만 화용적 접근으로 한 인간을 이해할 때는 그(녀)는 농부, 변호사, 방송인 등으로 묘사될 수 있다. 한 개인의 화용적 위치는 직업이 바뀜에 따라 바뀔 수 있는 것인 반면 의미론적 의미는 변하지 않는 존재적 의미이다.

13) Campbell, *Verbal Aspect*, 24-26.

14) D. A. Carson, "An Introduction to the Porter/Fanning Debate," in *Biblical Greek Language and Linguistics: Open Questions in Current Research*, eds., Stanley E. Porter and D. A. Carson (JSNTSup 80; Sheffield: Sheffield Academic Press, 1993), 25.

McKay)에 의해 주장되고 포터에 의해 지지된 입장에 따라 상은 완료상(과거 시제 형태), 미완료상(현재/미완료 시제 형태) 그리고 상태상(완료 시제 형태)처럼 세 종류가 있다는 것을 전제로 할 것이다.[15)]

3. 현저성과 동사상

3.1. 동사상에 기초한 현저성 분석의 이론적 근거

언어학적 관점에서 본다면 신약성경 본문은 저자와 청자 사이의 의사소통의 일환으로 만들어진 담화로 이해된다. 담화를 통한 의사소통은 언어 · 문법적 장치에 의존해서 이뤄진다. 앞서 밝힌 것처럼 담화 이해는 담화의 현저성을 파악하는 것과 분리해서 설명될 수 없다. 크루즈(Alan Cruse)는 현저성을 한 담화의 주제 또는 개념이 공동 본문(co-text)에 있는 것보다 더 높은 주의를 만들어내는 현상으로 정의내린다.[16)] "성공적 의사소통을 위해서 화자는 의미적으로 중요하다고 판단한 정보에 청자/독자의 주의를 집중시키기 위해 다양한 문법 · 언어적 장치를 사용하여" 본문의 현저성을 만들어 낸다. 본문을 읽고 이해한다는 것은 한 본문에서 '강조' 혹은 '초점화' 된 언어 · 문법적 항목을 인지할 수 있다는 것을 의미하며, 현저성에 대한 이해의 부재는 의사소통의 실패로 끝날 수밖에 없다. 이것이 담화에는 배경정보와 전방정보 등과 같은 담화적 장치가 언어를 통한 소통에 중요한 역할을 한다는 의견에 인지언어학자들이 대체로

15) K. L. McKay, "The Use of the Ancient Greek Perfect Down to the Second Century A.D.," *Bulletin of the Institute of Classical Studies* 12 (1965), 1-21; *A New Syntax of the Verb in New Testament Greek: An Aspectual Approach* (Studies in Biblical Greek 5; New York: Peter Lang, 1994).

16) Alan Cruse, *A Glossary of Semantics and Pragmatics* (Edinburgh: Edinburgh University Press, 2006), 154.

일치를 보이고 있는 이유이다.[17] 그렇다면 화자는 어떤 장치를 이용하여 현저성을 만들어내는가? 이 책의 4장에서 지적한 것처럼 다양한 문법적·언어적·내러티브적 요소들이 담화의 현저성 창출에 사용된다. 본 장의 관심은 동사상과 현저성의 관계에 집중될 것이다. 이런 주제는 30년 전 일군의 보편문법 학자들이 동사상과 현저성의 관계에 대한 집중적 연구를 시작으로 지금까지 진행된 학문분야이다.[18] 후퍼(P. Hooper)에 의해 편집된 *Tense-Aspect: Between Semantics and Pragmatics*에 실린 글들은 이러한 분석에 대한 대표적 예이다. 필자의 관심은 이러한 언어학적 경향을 기초로 하여 동사상은 동작과 사건 그리고 상태에 대한 저자/화자의 관점이 문법화된 의미적 범주(semantic category)이기에 어떤 사건 동작 상태를 표현하고자 사용된 각 동사상은 한 담화의 정보가 문단차원에서 현저성의 정도를 드러내는 문법적 표지 역할을 한다는 것을 보여주고자 한다.[19] 물론 현저성의 차이를 드러내는 동사상 하나의 쓰임을 밝혀낸다고 해서 본문이해가 이뤄진다고 말할 수는 없다. 동사의 상을 통한 현저성은 다른 장치들의 도움에 의해 보충되고 확증되어야 한다. 그렇기 때문에 동사의

---

17) Charles Fillmore, "Scenes and Frames Semantics" in *Linguistic Structures Processing, ed., Antonio Zampolli* (Fundamental Studies in Computer Science 5 (Amsterdam: North-Holland, 1977), 59-60; Kathleen Callow, *Man and Message: A Guide to Meaning-Based Text Analysis* (Lanham: University Press of America, 1998), 30; Croft and Cruse, *Cognitive Linguistics*, 40-73.

18) 보편문법(universal grammar) 학자들은 미완료 동사상은 배경정보로 완료 동사상은 전방정보로 소개한다. 하지만 신약성경 헬라어 문법학자들은 신약성경 *koine* 헬라어의 상과 현저성의 관계는 보편문법의 예외로 인정하고 있다. 보편문법에서 상과 현저성의 관계에 대해서는 Stephen Wallace, "Figure and Ground: The Interrelationships of Linguistic Categories," *Tense-Aspect: Between Semantics and Pragmatics* (Amsterdam: Benjamins, 1982), 201-223, 특히 208-209를 보라. 각 동사상이 가지는 현저성의 정도가 신약성경과 보편문법에서 다르게 적용되고 있음에도 불구하고 중요한 것은 동사상이 담화의 현저성을 결정하는 중요한 의미적 범주로 사용되고 있다는 사실은 인정하고 있다는 사실이다.

19) P. Hooper("Aspect," 5)가 적절하게 지적하듯이 동사상의 기능은 절 혹은 문장 안에서라기 보다는 문단 차원에서 수행된다.

상과 현저성의 관계를 밝히는 일은 본문이해의 시작이다.

화자는 동사상을 자신이 전하고자 하는 담화정보의 현저성의 정도에 따라 차등 사용한다. 특히 포터는 신약성경 헬라어 동사상이 담화의 현저성 정도 즉 배경(background) 정보, 전방정보(foreground) 그리고 최전방(frontground) 정보 형성에 어떻게 기여할 수 있는지를 보여주었다. 다시 말하자면 과거 시제 형태(완료상)는 배경정보,[20] 현재와 미완료 시제 형태(미완료상)는(은) 전방정보 그리고 완료시제 형태(상태상)는(은) 최전방 정보로 각 시제 형태의 현저성의 정도가 구분된다는 것이다.[21] 필자는 이러한 이론에 기초하여 각 상이 가지는 의미와 현저성을 연결해서 설명하고자 한다. 과거 시제 형태는 상의 전망에서 원격성의 전망을 제공하는 항목이기에 배경정보를 묘사할 때 적합한 시제 형태인 반면, 현재와 미완료 시제 형태는 미완료상으로서 어떤 사건이 저자의 눈앞에서 진행되고 있는 관점을 보여준다. 그러므로 상대적으로 과거 시제 형태 보다 더 많은 초점화(focalization)를 받게 된다. 상태상은 어떤 사건과 동작의 가장 세밀하고 구체적인 상태를 묘사하는 시제로서 집중화 현상이 가장 두드러진 상이다.[22] 위의 동사상과 현저성의 <그림 5>를 참조하라.

3.2. 동사상에 근거한 빌레몬서 담화의 현저성 분석

동사의 상을 통한 빌레몬서의 동사 시제 형태를 분석한다면 다음과 같

---

20) 소위 말하는 '서신적 과거 시제 형태' 도 배경(background) 지식을 제공하는지에 대한 질문이 제기될 수 있다. 이에 대한 논의는 7절에 대한 주해 부분을 참조하라.

21) Porter, Idioms, 23; 이러한 입장은 역시 리드(Reed, "Identifying Theme," 84-85)에 의해서 역시 주장된다.

22) 완료 시제 형태가 가장 많은 초점화를 가진다는 말이 곧 필연적으로 다른 동사 시제 형태가 상대적으로 덜 '중요' 하다는 것을 의미하는 것이 아님을 아는 것은 중요하다. 아래에서 살펴볼 것처럼 빌레몬서의 핵심(오네시모를 위한 바울의 간구)은(는) 현재 시제 형태에 의해 표현된 동사들에 의해 형성되고 있다. 다만 완료 시제 형태는 현재 시제 형태에 의해 형성된 주제를 '확증' 혹은 '재초점화' 하는 형식으로 강조하고 있다.

이 된다(아래 도표를 참조하라. 과거 시제 형태는 이탤릭체로, 현재와 미완료는 짙은 글씨체로 그리고 완료형은 밑줄 그어져 있다).[23]

〈표 19〉 동사상에 근거한 빌레몬서 시제 분석

절	본 문	과거 시제 (완료상)	현재/미완료 시제 (미완료상)	완료 시제 (상태상)
1	Παῦλος δέσμιος Χριστοῦ 'Ιησοῦ καὶ Τιμόθεος ὁ ἀδελφὸς Φιλήμονι τῷ ἀγαπητῷ καὶ συνεργῷ ἡμῶν 예수 그리스도의 죄수된 바울과 디모데는 사랑하고 우리와 함께 일꾼된 형제 빌레몬			
2	καὶ 'Απφίᾳ τῇ ἀδελφῇ καὶ 'Αρχίππῳ τῷ συστρατιώτῃ ἡμῶν καὶ τῇ κατ' οἶκόν σου ἐκκλησίᾳ, 형제 압비아와 우리와 함께 군사된 아킵보와 너의 집에 있는 교회에게 편지하노니			
3	χάρις ὑμῖν καὶ εἰρήνη ἀπὸ θεοῦ πατρὸς ἡμῶν καὶ κυρίου 'Ιησοῦ Χριστοῦ. 하나님 우리 아버지와 우리 주 예수 그리스도로부터 은혜와 평강이 너희에게 있기를 원하노라			

23) 주절에 나오는 동사와 관계절 혹은 분사절에 나오는 동사가 동일한 시제 형태를 가진다고 할지라도 주절의 동사의 현저성과 관계절 동사가 동일한 현저성을 가진다고 보기는 어렵다. 헬라어 문장에서 주동사는 주된 개념을 전달하고 관계절의 동사는 주동사를 수식하며, 분사의 동사는 주동사의 개념에 종속되는 개념을 전달하는 역할을 수행하기 때문에 주동사는 상대적으로 관계절 혹은 분사절보다 현저성을 더 받는 것이 사실이다. 이러한 차이는 아래의 동사상과 본문주해 세션에서 필요할 때마다 다뤄질 것이다.

4	[1. **Εὐχαριστω**] τῷ θεῷ μου πάντοτε μνείαν σου [2. **ποιούμενος**] ἐπὶ τῶν προσευχῶν μου, 내가 기도할 때 항상 너를 기억 (2. **하며**) 나의 하나님께 [1. **감사하노라**]		1. Εὐχαριστῶ, 감사하노라 2. ποιούμενος 하며	
5	[1. **ἀκούων**] σου τὴν ἀγάπην καὶ τὴν πίστιν, ἣν [2. **ἔχεις**] πρὸς τὸν κύριον' Ιησοῦν καὶ εἰς πάντας τοὺς ἁγίους, 주 예수와 모든 성도들을 향해 (2. **가진**) 너의 사랑과 믿음을 (1. **듣고 있기 때문이다**)		1. ἀκούων 듣기 때문이라 2. ἔχεις 가진	
6	ὅπως ἡ κοινωνία τῆς πίστεώς σου ἐνεργὴς [γένηται] ἐν ἐπιγνώσει παντὸς ἀγαθοῦ τοῦ ἐν ἡμῖν εἰς Χριστόν. 따라서 너의 믿음의 교제가 그리스도를 향하여 우리 가운데 있는 모든 선함을 알아감으로 풍성(*해졌느니라*)	γένηται 해졌느니라		
7	χαρὰν γὰρ πολλὴν [1. *ἔσχον*] καὶ παράκλησιν ἐπὶ τῇ ἀγάπῃ σου, ὅτι τὰ σπλάγχνα τῶν ἁγίων [2. ἀναπέπαυται] διὰ σοῦ, ἀδελφέ. 형제여, 내가 너의 사랑으로 인해 많은 위로와 사랑을 (1. *받았노라*). 이는 성도들의 마음이 너로 인해 (2. 시원케 되었기) 때문이니라	1. ἔσχον 받았노라		2. ἀναπέπαυται 시원케 되었기
8	Διὸ πολλὴν ἐν Χριστῷ παρρησίαν [1. *ἔχων*] [2. *ἐπιτάσσειν*] σοι τὸ ἀνῆκον 그러므로 비록 내가 마땅한 바를 너에게 (2. *명할 수 있는*) 담대함을 (1. *가지고 있지만*)		1. ἔχων 가지고 있지만 2. ἐπιτάσσειν 명할 수 있는	

9	διὰ τὴν ἀγάπην μᾶλλον [**παρακαλῶ**], τοιοῦτος ὢν ὡς Παῦλος πρεσβύτης νυνὶ δὲ καὶ δέσμιος Χριστοῦ ᾿Ιησοῦ· 지금 나이 많게 되어 예수 그리스도의 죄수가 된 나 바울은 오히려 사랑으로 (**간구하노니**)		παρακαλῶ 간구하노니	
10	[1. **παρακαλῶ**] σε περὶ τοῦ ἐμοῦ τέκνου, ὃν [2. ἐγέννησα] ἐν τοῖς δεσμοῖς, ᾿Ονήσιμον, 감옥에서 (2. 낳은) 나의 아들 오네시모에 대해 너에게 (1. **간구하노니**)	2. ἐγέννησα 낳은	1. παρακαλῶ 간구하노니	
11	τόν ποτέ σοι ἄχρηστον νυνὶ δὲ [καὶ] σοὶ καὶ ἐμοὶ εὔχρηστον, 그는 전에는 너에게 무익하였지만 지금은 너와 나에게 유익하느니라			
12	ὃν *[ἀνέπεμψά]* σοι, αὐτόν, τοῦτ' ἔστιν τὰ ἐμὰ σπλάγχνα· 내가 그를 [*보내노니*] 그는 바로 나의 심장이니라	ἀνέπεμψα 보내노니		
13	ὃν ἐγὼ [1. ἐβουλόμην] πρὸς ἐμαυτὸν [2. κατέχειν], ἵνα ὑπὲρ σοῦ μοι διακονῇ ἐν τοῖς δεσμοῖς τοῦ εὐαγγελίου, 나 자신은 그를 내 곁에 [2. 머물러 있게] 하여 복음을 위해 갇힌 중에 너 대신 나를 섬기도록 하는 것을 [1. 더 원하지만]		1. ἐβουλόμην 더 원하지만 2. κατέχειν 머물러 있게	
14	χωρὶς δὲ τῆς σῆς γνώμης οὐδὲν [1. *ἠθέλησα*] [2 *ποιῆσαι*], ἵνα μὴ ὡς κατὰ ἀνάγκην τὸ ἀγαθόν σου ῇ ἀλλὰ κατὰ ἑκούσιον. 그러나 너의 허락 없이는 아무것도 [2. *하기를*] [1. *원하지*] 아니하노니 이는 너의 선한 일이 억지가 아닌 자원하는 것처럼 되도록 하기 위함이니라	1. ἠθέλησα 원하지 2. ποιῆσαι 하기를		

15	Τάχα γὰρ διὰ τοῦτο [1. ἐχωρίσθη] πρὸς ὥραν, ἵνα αἰώνιον αὐτὸν [2. **ἀπέχῃς**], 아마 그가 잠시 [1. *떠나게 된*] 것은 네가 그를 영원히 [2. **영접하기**] 위함이리니	1. ἐχωρίσθη 떠나게 된	2. ἀπέχῃς 영접하기	
16	οὐκέτι ὡς δοῦλον ἀλλ' ὑπὲρ δοῦλον, ἀδελφὸν ἀγαπητόν, μάλιστα ἐμοί, πόσῳ δὲ μᾶλλον σοὶ καὶ ἐν σαρκὶ καὶ ἐν κυρίῳ. 더 이상 종으로서 아니라 종 이상, 사랑하는 형제로 둘 자라 나에게 특별히 그러하거든 심지어 육체와 주안에서 너에게는 얼마나 더 하겠느냐			
17	εἰ οὖν με [1. **ἔχεις**] κοινωνόν, [2. *προσλαβοῦ*] αὐτὸν ὡς ἐμέ. 그런즉 네가 나를 동역자로 [1. **여긴다면**] 그를 나처럼 [2. *영접하라*]	2. προσλαβοῦ 영접하라	1. ἔχεις 여긴다면	
18	εἰ δέ τι [1. *ἠδίκησέν*] σε ἢ [2. **ὀφείλει**](τοῦτο ἐμοὶ [3. **ἐλλόγα**] 만일 그가 네게 어떤 [1. 잘못을 하였거나] [2. 빚진] 것이 있다면 나에게 [3. 계산하라]	1. ἠδίκησέν 잘못을 하였거나	2. ὀφείλει 빚진 3. ἐλλόγα 계산하라	
19	ἐγὼ Παῦλος [1. *ἔγραψα*] τῇ ἐμῇ χειρί, ἐγὼ [2 ἀποτίσω·24)] ἵνα μὴ [3 **λέγω**] σοι ὅτι καὶ σεαυτόν μοι [4. **προσοφείλεις**] 나 바울은 친필로 [1. *쓰노니*] 내가 [2. 갚으려니와] 나는 네가 나에게 [4. **여전히 빚진**] 것 심지어 네 자신에 대해서는 아무것도 [3. **말하지**] 아니하노라	1. ἔγραψα 쓰노니	3. λέγω 말하지 4. προσοφείλεις 여전히 빚진	

24) 미래에 상 개념이 있는지 없는지는 여전히 논쟁 중에 있다.

20	ναὶ ἀδελφέ, ἐγώ σου [1. *ὀναίμην*] ἐν κυρίῳ· [2. *ἀνάπαυσόν*] μου τὰ σπλάγχνα ἐν Χριστῷ. 오, 형제여 내 자신이 너로 말미암아 주 안에서 [1. *유익을 얻게 하고*] 나의 마음이 그리스도 안에서 [2. *쉼을 얻도록 하라*]	1. ὀναίμην 유익을 얻게 하고 2. ἀνάπαυσόν 쉼을 얻도록 하라		
21	[1. Πεποιθὼς] τῇ ὑπακοῇ σου [2. *ἔγραψά*] σοι, [3. εἰδὼς] ὅτι καὶ ὑπὲρ ἃ λέγω ποιήσεις 나는 네가 순종할 것을 [1. 확신하면서] 너에게 [2. 썼노니] 내가 말한 것 이상을 네가 행할 것을 [3. 아노라]	2. ἔγραψά 썼노니		1. Πεποιθὼς 확신하면서 3. εἰδὼς 아노라
22	ἅμα δὲ καὶ [1. **ἑτοίμαζέ**] μοι ξενίαν· [2. **ἐλπίζω**] γὰρ ὅτι διὰ τῶν προσευχῶν ὑμῶν χαρισθήσομαι ὑμῖν. 동시에 나를 위해 숙소를 [1. **마련하라**] 너의 기도를 통해 내가 너희에게 은혜가 되기를 [2. **바라노라**]		1. ἑτοίμζέ 마련하라 2. ἐλπίζω 바라노라	
23	[**᾿Ασπάζεταί**] σε Ἐπαφρᾶς ὁ συναιχμάλωτός μου ἐν Χριστῷ Ἰησοῦ, 예수 그리스도 안에서 나와 함께 죄수된 에바브라가 너에게 [**문안하느니라**]		᾿Ασπάζεταί 문안하느니라	
24	Μᾶρκος, ᾿Αρίσταρχος, Δημᾶς, Λουκᾶς, οἱ συνεργοί μου. 또한 나의 동역자 마가, 아리스다고, 데마, 누가가 문안하느니라			
25	Ἡ χάρις τοῦ κυρίου Ἰησοῦ Χριστοῦ μετὰ τοῦ πνεύματος ὑμῶν. 우리 주 예수 그리스도의 은혜가 너희 심령에 있을지어다			

빌레몬서 전체에서 과거 시제 형태는 주요 주제(아래를 보라)의 발전을 위한 배경이 되는 정보를 표현하는 데 사용되고 있다(예. 바울과 빌레몬의 관계[6,7절]와 바울과 오네시모와의 관계[10절], 편지기록에 대한 묘사[19,21절]와 이전에 오네시모와 빌레몬 사이에 일어난 일[15,18절], 오네시모에 대한 빌레몬의 태도에 대한 요구와 관련하여 바울이 원하지 않는 방법에 대한 묘사[14절], 보내어지는 오네시모와 그에 대한 영접[12,17절], 빌레몬의 행동이 바울에게 미치는 영향[20절]). 상대적으로 높은 현저성을 가진 현재/미완료 시제 형태는 (도망간 혹은 중재를 요청하는) 오네시모를 향한 빌레몬의 태도가 어떠해야 하는지에 대한 바울의 간구를 직 · 간접적으로 내포하고 있는 정보 묘사에 사용된다(예. 새로운 세션의 시작을 알리는 감사기도[4-5절]....바울의 자기 희생적 중재역할[18-19절], 작별인사[22절]). 정보 묘사에 사용된다(예. 새로운 세션의 시작을 알리는 감사기도[4-5절]....바울의 자기 희생적 중재역할[18-19절], 작별인사[22절]).

빌레몬서의 가장 많은 현저성은 서신 초반부와 종결부에 각각 등장하는 완료 시제 형태로 표현된 정보에 주어져 있다. 즉 빌레몬의 과거에 베푼 사랑과 선행에 대한 정보(7절)와 오네시모를 위한 바울의 간구를 빌레몬이 앞으로 실행에 옮길 것을 촉구하는 바울의 '확신' 과 '지식' (21절)에 가장 많은 현저성이 주어졌다. 이러한 현저성의 차이는 서신의 주제를 만드는 일에 기초가 된다(아래를 보라).

4. 주제적 구조(a thematic sturucture) 형성과 상

주제는 담화의 중심 메시지이며 화자/저자가 담화를 통해 전달하고자 하는 목적을 담고 있는 정보이다.[25] 그런데 저자는 이런 목적을 매 문장 혹은 절을 통해 표현하지는 않는다. 주제는 오히려 산발적으로 전개되기

---

25) K. Callow, "Patterns of Thematic Development in 1 Corinthians 5:1-13," in *Linguistics and New Testament Interpretation: Essays on Discourse Analysis*, ed., D. A. Black (Nashville: Broadman, 1992), 195.

도 하며 혹은 글 서두나 중간 또는 종결부에 나오기도 한다. 많은 경우에 한번 나온 주제는 담화/문단에서 계속 반복되는 것이 일반적이다. 따라서 담화의 주제는 한 단어 혹은 한 문장이 아닌 여러 문장이 지시하는 정보의 반복을 통해 만들어져(building up) 간다고 보아야 한다. 동사상은 저자/화자의 관점의 한 표현이기에 빌레몬서 담화 전체에서 어떤 정보가 저자의 목적, 즉 주제 형성에 공헌을 하고 있는지를 보여주는 문법적 표지 역할을 할 수 있다.26)

4.1. 완료상: 과거 시제 형태

위에서 언급된 시가행진 관측 비유를 들어 설명한다면, 완료상(과거 시제 형태)으로 표현된 동작, 사건, 상태는 헬리콥터 상에서 시가행진을 바라볼 때 가지는 관점으로서 그 사건 밖에서(그러므로 원격성) 진행 중인 사건을 하나의 완성된 전체로 보는 관점이 내포되어 있다. 위의 <그림 1>을 참조하라. 물론 완료상이 가지는 원격성은 화용적으로 보았을 때 시간적 개념일 수도 있고 또는 논리적 차원을 의미할 수도 있다. 바울은 빌레몬서에서 자신의 주제를 전개시키는 데 뒷받침이 되는 배경정보의 성격을 가진 동작과 사건을 문법화시킬 때 과거 시제 형태(이탤릭으로 되어 있다)를 사용하고 있다.

6절 그러므로 너의 믿음의 나눔이 그리스도를 향하여 우리 가운데 있는 모든 선함을 알아감으로 풍성해져 *가느니라*(*γένηται*).

7절 형제여, 내가 너의 사랑으로 인해 많은 위로와 사랑을 *받았노라*(*ἔσχον*) 이는 성도들의 마음이 너로 인해 시원케 되었기 때문이니라.

26) Hooper, "Aspect," 5; Reed, "Identifying Theme," 81.

10절 감옥에서 *낳은*(*ἐγέννησα*) 나의 아들 오네시모에 대해 너에게 간구하노니

12절 내가 그를 *보내노니*(*ἀνέπεμψα*) 그는 바로 나의 심장이니라.

14절 그러나 너의 허락 없이는 아무 것도 *하기를*(*ποιῆσαι*) *원하지*(*ἠθέλησα*) 아니하노니 이는 너의 선한 일이 억지가 아닌 자원하는 것처럼 되도록 하기 위함이니라.

15절 아마 그가 잠시 *떠나게 된* (*ἐχωρίσθη*) 것은 네가 그를 영원히 영접하기 함이리니

17절 그런즉 네가 나를 동역자로 여긴다면 그를 나처럼 *영접하라*(*προσλαβοῦ*).

18절 만일 그가 네게 어떤 *잘못을 하였거나*(*ἠδίκησέν*) 빚진 것이 있다면 나에게 계산하라.

19절 나 바울은 친필로 *쓰노니*(*ἔγραψα*) 내가 갚으려니와 나는 네가 나에게 여전히 빚진 것 심지어 네 자신에 대해서는 아무것도 말하지 아니하노라.

20절 오, 형제여 내 자신이 너로 말미암아 주 안에서 *유익을 얻게 하고*(*ὀναίμην*) 나의 마음이 그리스도 안에서 *쉼을 얻도록 하라*(*ἀνάπαυσόν*).

21절 나는 네가 순종할 것을 확신하면서 너에게 *썼노니*(*ἔγραψα*) 내가 말한 것 이상을 네가 행할 것을 아노라.

위에서 볼 수 있는 것처럼 과거 시제 형태는 바울의 주된 기록 목적(아래를 보라)의 배경과 전제가 되는 사건들(서신이 바울[의 친필]에 의해 쓰임, 빌레몬의 성도됨에 대한 일반적 진술, 바울과 빌레몬의 관계, 그의 주인 빌레몬에 대해 오네시모가 행한 잘못, 바울에게 있어서 오네시모의 중요성, 돌아오는 오네시모에 대한 빌레몬의 영접)을 묘사하는 데 사용되고 있는 시제이다.

4.2. 미완료상: 현재와 미완료 시제 형태

미완료상은 행진을 거리 위에서 지금 바로 눈앞에 펼쳐지고 있는 사건으로 바라보는 관점에 상응한다. 위의 <그림 3, 4>를 참조하라. 미완료상은 어떤 중요 인물의 소개 혹은 구체적 상황에 대해 중요한 언급을 할 때나, 사건이나 행동의 '진행 중인' 면을 부각시키기에 적절한 항목이다. 특별히 서간체와 관련해서 미완료상은 과거 시제 형태에 의해 만들어진 배경적 지식을 토대로 저자의 주장을 본격적으로 전면에 부각시킬 때 사용된다. 그러므로 빌레몬서의 주된 주제 혹은 바울의 저술 목적을 직·간접적으로 드러내는 논증은 미완료상을 통해서 표현된다.

4.2.1. 현재 시제 형태

먼저 현재 시제를 보자(짙은 글씨로 되어 있다).

4절 내가 기도할 때 항상 너를 기억**하며(ποιούμενος)** 나의 하나님께 **감사하노라(Εὐχαριστῶ)**.

5절 주 예수와 모든 성도들을 향해 **가진(ἔχεις)** 너희의 사랑과 믿음을 **듣기 때문이니라(ἀκούων)**

8절 그러므로 비록 내가 마땅한 바를 너에게 **명할 수 있는(ἐπιτάσσειν)** 담대함을 **가지고 있지만(ἔχων)**

9절 지금 나이 많게 되어 예수 그리스도의 죄수가 된 나 바울은 오히려 사랑으로 **간구하노니(παρακαλῶ)**

10절 감옥에서 낳은 나의 아들 오네시모에 대해 너에게 **간구하노니 (παρακαλῶ)**

13절 나 자신은 그를 내 곁에 머물러 있게**(κατέχειν)** 하여 복음을 위해 갇힌 중에 너 대신 나를 섬기도록 하는 것을 더 원하지만

15절 아마 그가 잠시 떠나게 된 것은 네가 그를 영원히 **영접하기**(**ἀπέχῃς**) 위함이리니

17절 그런즉 네가 나를 동역자로 **여기면**(**ἔχεις**) 그를 나처럼 영접하기를

18절 그러나 만일 그가 네게 잘못하거나 **빚진**(**ὀφείλει**) 무엇이 있으면 그것을 나에게 **계산하라**(**ἐλλόγα**).

19절 나 바울이 친필로 쓰노니 내가 갚으려니와 나는 네가 나에게 여전히 **빚진**(**προσοφείλεις**) 것 심지어 네 자신에 대해서는 아무것도 **말하지**(**λέγω**) 아니하노라.

21절 나는 너의 순종을 확신하며 너에게 썼노니 네가 **내가 말한**(**λέγω**) 것 이상을 행할 것을 아노라.

22절 그리고 동시에 나를 위한 숙소를 **마련하라**(**ἑτοίμαζέ**) 이는 너희 기도로 말미암아 내가 너희에게 나아가게 되기를 **바라노라**(**ἐλπίζω**).

23절 그리스도 예수 안에서 나의 동료 죄수인 에바브라가 너에게 **문안하느니라**(**'Ασπάζεταί**).

4.2.2. 미완료 시제 형태

미완료 시제는 상대적으로 현재 시제보다 빈도수가 훨씬 적다(짙은 글씨로 되어 있다).

13절 나는 그를 내 곁에 머물러 있게 하여 복음을 위해 갇힌 중에 너 대신 나를 섬기게 하는 것을 **더 원하지만**(**ἐβουλόμην**)

현재와 미완료 시제 형태가 만드는 빌레몬서의 주제는 바울의 오네시모를 위한 간구(8, 9, 10절)과 직간접적으로 관련되어 있다. 1) 빌레몬이 오네시모의 과거의 잘못을 용서하면서 그를 바울 자신을 대하듯 영접하고(15, 17절), 2) 자발적으로 그를 다시 바울을 섬기도록 보내주기를 간구하

며(13절), 3) 빌레몬과 오네시모 사이에서 바울의 대리적 희생에 대한 언급(18-19절)과 같은 내용이 미완료상을 통한 바울의 논증의 핵심을 차지한다. 미완료 시제 형태는 동일한 미완료상이지만 현재 시제 형태보다 원격성의 의미를 덜 가지고 있기 때문에(위의 <그림 4>을 참조하라) 미완료 시제는 오네시모를 위한 바울의 간구 중 보다 간접적 성격을 가진 정보를 표현하고자 사용되고 있음을 볼 수 있다. 그러므로 13절에서처럼 바울이 직접적으로 주장하지 않는 오네시모를 향한 자신의 원함을 표현할 경우와 22절에서와 같이 빌레몬이 자신의 간구를 실행하였는지 확인하는 차원을 내포하고 있는 자신의 방문을 그가 준비하도록 요청하는 발화를 위해서는 미완료 시제 형태가 사용되고 있다.

4.3. 상태상: 현재 완료

상태상을 사용하는 저자/화자의 시각은 시가행진을 바라보는 관람객의 시각이 아닌 총 관리자의 시각에 비유될 수 있다. 거리 위에 있는 관람객의 시각은 눈 앞에 펼쳐지는 사건들의 동작들에 맞추어져 있지만 총 책임자는 그 행진을 "하나의 상태 즉 존재하는 사건의 복합적 조건과 상태"로 바라본다.[27] 동시에 완료 시제 형태는 어떤 사건에서 진행되는 개별적 항목의 구체적이고 뚜렷한 상태를 소개하는 역할을 할 수 있다. 완료 시제 형태는 의미적 무게를 가장 많이 가지는 항목이다. 이런 완료상의 의미 때문에 빌레몬서에서는 빌레몬서의 주제(focal theme)를 최전방에 드러내는 내용에 완료 시제 형태가 사용되고 있다(완료 시제는 밑줄 그어져 있다).

> 7절 형제여, 내가 너의 사랑으로 인해 많은 위로와 사랑을 받았노라 이는 성도들의 마음이 너로 인해 <u>시원케 되었기</u>(<u>ἀναπέπαυται</u>) 때문이니라.

27) Porter, *Idioms*, 24.

21절 나는 너의 순종을 확신하며(Πεποιθὼς)너에게 썼노니 네가 내가 말한 것 이상을 행할 것을 아노라(εἰδὼς).

서신 전반부와 후반부에 위치해 있는 세 개의 완료 시제 형태 동사는 바울이 빌레몬서에서 미완료상을 통해 말해왔던 주제를 최전방에 부각시키고 있다. 전반부에 위치한 7절의 동사("시원케 되었기," ἀναπέπαυται)는 빌레몬의 이전의 선한 행동이 가져온 결과를 소개하고 있으며, 후반부에 위치한 두 동사("확신하며," Πεποιθὼς ; "아노라," εἰδὼς)는 빌레몬서를 기록한 바울의 목적에 해당하는 '오네시모와 관련한 바울의 간구에 대한 빌레몬의 순종' 에 대한 확신과 지식을 소개하고 있다. 이처럼 7절에 사용된 완료 시제 형태는 바울의 중심 간구를 간접적으로 뒷받침하며, 21절은 빌레몬서의 중심 주제를 확증하는 역할을 하고 있다.[28)]

결론적으로, 동사상과 관련하여 빌레몬서의 주제는 다음과 같이 정리할 수 있다. 과거 시제 형태(완료상)를(을) 통해서는 바울의 간구의 전제(이전에 빌레몬과 오네시모 사이에 일어난 일, 돌아가는 오네시모, 편지 기록 행위 자체 등)를(을), 현재와 미완료 시제 형태(미완료상)를(을) 통해서는 바울의 직접적 간구들(오네시모를 향한 빌레몬의 구체적 태도에 대한 지시)을(를) 그리고 상태상(완료 시제 형태)을(를) 통해서는 현제 시제 형태에 의해 이미 형성된 주된 주제(바울의 간구에 대한 빌레몬의 순종)가(이) '확증' (confirmation) 혹은 '재초점화' (re-foacalization)[29)]로 되어 강조되고 있다.

---

28) 물론 Πεποιθὼς와 εἰδὼς 동사는 일반적으로 완료형으로 사용되어 현재의 상태를 뜻하고자 사용된 경우가 많다. 하지만 이 두 동사가 일반적으로 완료형으로 사용되는 경우가 많다고 해서 그 동사 시제의 의미가 약화되는 것은 아니라는 점을 기억해야 한다. 여전히 그 동사가 가진 의미적 범주인 상은 진지하게 다뤄져야 한다.

29) 바울은 9, 10절("간구하다")와 15절("영접하다")의 현재 시제 동사로 자신의 논의의 주제를 형성하고 있다. 이러한 주제는 21절의 완료 시제 동사("확신하며", "아노라")에 의해 '확증' 되고 있다는 점에서 완료 시제 형태는 빌레몬서의 주제를 최전방으로 부각시키는 역할을 하고 있다.

5. 본문 주해와 동사상

5.1. 구조

빌레몬서의 구조는 상대적으로 간단하다.

1-3절 인사
4-7절 감사: 빌레몬으로 인해 하나님께 감사
8-21절 주 본문: 오네시모를 위한 바울의 간구
22-25절 마지막 인사[30)]

5.2. 감사(4-7절)

바울은 1절에서 3절까지 동사가 없는 문장을 사용하여 인사말을 이어왔다. 이어지는 감사기도 세션을 시작하는 4절에서 바울은 주동사("하나님께 감사하노라[Εὐχαριστῶ]")와 주동사에 개념적으로 종속된 분사절의 동사("기도할 때...기억하며[ποιούμενος]")를 위해 현재 시제 형태를 사용한다. 이러한 현재 시제 형태는 새로운 세션/문단을 알리는 강조적 시제이다.[31)]

---

30) 대부분의 빌레몬서의 주석가들은 본론이 8절부터 시작되고 있다는 데 동의한다. 그러나 결론에 대해서는 두 가지 입장이 있다. 21절에서 시작하고 있다는 의견과 22절이 결론의 시작이라는 입장이다. 전자의 대표적 지지자는 Joseph A. Fitzmiyer, *The Letter to Philemon* (AYB; New Haven and London; Yale University Press, 2000), 41; James D. G. Dunn, *The Epistles to the Colossians and to Philemon: A Commentary on the Greek Text* (Grand Rapids, Michigan: Eerdmans, 1996), 309. 후자의 대표적 지지자는 H. M. Carson, *The Epistles of Paul to the Colossians and Philemon: An Introduction and Commentary* (Grand Rapids, Michigan: Eerdmans, 1960). 필자는 후자를 택하였다.

31) Porter(*Idioms*, 301-302)에 따르면 마가복음에서는 새로운 문단의 시작을 알리는 표지(즉 문단경계 표지)는 시제 형태의 변화(예. [역사적] 현재 시제 형태에서 과거 시제 형태로 또는 그 반대에로 변화)에 의해 표시된다고 지적한다.

마찬가지로 주 본문이 21절에서 끝난 후 바울은 22-25절에서 마지막 인사와 축복으로 서신을 끝내고 있다. 이러한 마지막 부탁과 인사의 시작을 알리는 22-23절의 동사("마련하라," ἑτοίμαζέ; "문안하느니라," 'Ασπάζεταί)의 시제가 21절의 과거 시제 형태와 완료 시제 형태에서 현재 시제 형태로 변화되어 서신의 종결부분이 시작되었음을 알리고 있다.

5절. 바울은 감사기도의 이유를 현재 분사("너의 사랑과 믿음을 듣고 있기 때문" [ἀκούων])를 사용하며, 이유를 추가로 설명하는 내용을 관계절의 현재 동사("주 예수와 모든 성도들을 향해 가진" [ἔχεις])로 표현하고 있다. 부정과거 시제 형태는 이야기 또는 논증의 배경을 구성하는 정보를 서술할 때 사용되는 반면 미완료상은 추가적 정보 혹은 논증에 대한 이유를 상세하게 설명할 때 사용된다.[32] 바울은 4절에서 자신의 기도시간에 빌레몬으로 인해 감사를 드린다는 정보를 이미 주었기 때문에 5절에서는 감사의 이유[33]를 알려주는 분사절 정보(ἀκούων)와 관계절의 정보(ἔχεις)에 청자의 주의가 집중되도록 현재 시제 형태를 사용하고 있다. 이처럼 현재 동사를 통해서는 빌레몬의 진행 중인 선행에, 현재 분사를 통해서는 자신이 그 선행을 계속적으로 듣고 있다는 사실에 청자의 주의를 집중시키고 있다.

6절. 본 절은 목적절을 이끄는 접속사(ὅπως)로 시작하고 있다. 4절("기도 중에...감사하노라")은(는) 현 문맥이 기도인 것을 알려주고 있기 때문에 6절은 바울의 기도가 빌레몬의 나눔이 더욱 풍성해지도록(ἐνεργὴς γένηται) 하기 위한 목적을 가지고 있음을 보여주고 있다. 완료상은 전체를 요약하기에 적합한 의미적 항목이기 때문에 기도의 목적을 지시하기 위해 사용

---

32) Campbell, *Biblical Greek*, 44.

33) 분사의 용법 중 이유를 설명하는 기능에 대해서는 버튼,『신약성경 헬라어 구문론』, 231.

된 과거 동사 시제 형태는 빌레몬을 향한 기도 응답의 모습을 '결론적으로 요약' 하는 역할을 수행한다.

7절. 바울은 빌레몬의 사랑으로 인해 자신이 기쁨과 위로를 "받았다"(ἔσχον)는 정보를 주고자 과거 시제 형태를 사용하고 있다. 피츠마이어는 7절의 과거 시제 형태를 '서간체 과거 시제'(epistolary aorist)로 본다.[34] 이 경우의 과거 시제 형태를 과거 시간을 지시하는 것을 보여주는 진정한 예로 보면서 편지가 받아 읽혀질 때 즈음이면 바울이 받은 기쁨과 위로는 과거가 될 것이므로 바울은 독자의 전망으로부터 과거 시제 형태를 사용하고 있다는 것이다.[35] 물론 이러한 해석이 불가능한 것은 아니지만 포터가 지적한 것처럼 "서간체의 맥락에서 저자들은 그들 자신의 시간과 독자의 시간을 섞지 않으며, 오히려 묘사된 사건에 대한 그들의 개인적 관점을 표시하고자 적절한 동사상을 선택하여 그들 자신의 시간적 전망으로 편지들을 작성하는 경향이 있다."[36] 만일 그렇다면 동사상 이론은 '서간체 과거 시제'의 사용에 대해 다른 설명을 가능하도록 한다. 완료상은 의미적으로 원격성을 지닌 채 사건을 요약적으로 설명하기에 적합한 시제 형태이기 때문에 동사 "받았노라"(ἔσχον)를 위해 사용된 과거 시제 형태는 과거 빌레몬의 선행으로 인해 바울 자신이 이전에 받은 유익(기쁨과 위로)을(를) 편지를 쓰고 있는 상황에서 볼 때 논리적으로나 시간적으로 멀리 떨어진 일로 '요약' 하고자 하는 의도로 사용된 시제로 볼 수 있다. 이러한 정보는 후에 바울이 빌레몬의 또 다른 선행을 요구하는 배경정보 역할을 하게 된다(아래를 보라). 흥미로운 것은 빌레몬의 선행이 바울 자신에게 미친 결과를 위해서는 과거 시제 형태를 사용하는 반면 성도들에게 미친 그의 영향("성도들의 마음이 너로 인해 시원케 되었기 때문이라,"

---

34) Fitzmyer, *Philemon,* 99.

35) 버튼, 『신약성경 헬라어 구문론』, 57.

36) Porter, *Idioms,* 37.

ἀναπέπαυται)에 대해서는 완료 시제 형태를 사용하고 있다는 것이다. 그 이유는 어렵지 않게 추론할 수 있다. 바울이 빌레몬으로 인해 받은 "많은 기쁨과 위로"는 빌레몬의 선행으로 성도들이 유익을 얻었다는 것을 알았기 때문에 가지게 된 것이다. 따라서 상태상은 가장 많은 초점화를 만들어내기에 바울은 빌레몬의 사랑의 직접적인 수혜자인 성도들의 "시원케 됨"에 최상의 현저성을 부여하고 있다. 주 본문이 시작되기 바로 직전에 위치한 세션의 결론을 빌레몬이 이전에 성도들의 마음에 가져다 준 "시원함"에 집중시킴으로 바울은 8절부터의 본문에서 빌레몬을 향한 자신의 간구의 근거를 만들고 있다. 즉 그의 선한 행동이 오네시모와 관련해서도 계속 이어질 것을 의도하며 7절을 끝내고 있는 것이다.

5.3. 주 본문(8-21절)

8절. 바울의 주된 논증 세션(8절)은 9절에 등장하는 주절("간구하다," παρακαλῶ)의 양보절로 시작하고 있다. 그리고 양보절의 시제는 현재 분사 시제 형태("가지고 있지만," ἔχων)와 현재 부정사("명령할," ἐπιτάσσειν)로 시작된다. 여기서 반복 사용된 현재 시제 형태는 새로운 세션이 시작되었다는 것을 알리는 경계표지 역할을 하고 있을 뿐만 아니라 바울의 논거 강화에도 기여한다. 바울은 오네시모를 위한 간구를 본격적으로 하기 전에 자신의 권한(명령할 수 있는 권위)을(를) 사용하지 않겠다는 정보를 주고 있기 때문에 이어지는 절에서 그의 간구는 빌레몬의 자발적 순종에 호소하도록 의도된다. 바울의 간구에 대한 빌레몬의 자발적 순종은 빌레몬서의 핵심 주제이기에 정보를 전방에 부각시키는 효과가 있는 현재 시제 형태가 바울의 권한 포기를 지시하는 두 동사에 사용된 것은 지극히 합리적이다.

9절. 빌레몬서의 주된 주제인 오네시모를 위한 요청을 바울은 본격적으로 시작한다. 이러한 목적을 위해 바울은 동사 "간구하다"(παρακαλῶ)를 상대적 현저성을 가진 현재 시제 형태(미완료상으)로 표현한다. 이러한 시제 사용은 빌레몬(과 청자들)에게 바울이 그의 간구를 지금 그들의 눈앞에서 직접 하고 있는 것 같은 현장성과 직접성을 만들어내는 역할을 한다. 결과적으로 바울의 간구 행위가 명령이 아닌 사랑이 동기(διὰ τὴν ἀγάπην)가 되어 이뤄지고 있다는 정보가 초점화된다.

10절. 9절에 이어 바울은 동일한 동사인 "간구하다"(παρακαλῶ)를 현재 시제 형태로 사용하고 있다. 그리고 비로소 그의 간구가 오네시모를 위한 것임을 처음으로 언급하여 '바울의 간구가 오네시모를 위한 것' 이라는 정보를 부각시키고 있다. 같은 현재 시제 형태로 된 동일한 동사의 반복은 빌레몬서의 주제를 형성하는 데 기여한다는 점을 고려할 때 9-10절은 빌레몬서의 주제가 무엇인지를 분명하게 하는 구절이다. 관계절에서 오네시모를 묘사하는 동사인 "감옥에서 낳은"(ἐγέννησα)은 과거 시제 형태로 표현되어 그를 위한 바울의 간구의 배경정보 역할을 하고 있다. 즉 영적 아버지와 아들의 관계가 된 바울은 이제 그의 아들의 변화된 신분에 근거하여 옛 주인에게 이전과는 다른 태도를 그의 이전 종에게 보일 것을 요구하고 있다.

12절. 오네시모를 지시하는 관계대명사(ὃν)로 시작하는 본 절에서 바울은 감옥에서 회심하여 빌레몬과 자신에게 유익할 뿐만 아니라(11절) 자신에게 심장과 같은 존재가 된 오네시모를 그의 주인인 빌레몬에게 되돌려 보낸다(ἀνέπεμψα)는 정보를 주고 있다. 오네시모의 옛 주인에게로의 귀환 행위는 빌레몬서의 전체 주제 형성에 기여하는 여러 배경사건(오네시모의 잘못 · 오네시모의 떠남 · 감옥에서 바울과의 만남과 회심 · 빌레몬에게 다시 되돌아감) 중 하나이다. 따라서 배경정보 묘사에 적절한 과거 시제 형태가 이 귀환 행위를 표현하고자 사용되었다.

13절. 본 절 역시 12절과 동일한 관계대명사(ὃν)로 시작하고 있다. 인칭대명사를 문장 서두에 위치시켜 10절에서 시작된 바울의 오네시모를 위한 간청이 계속 이어지고 있음을 보여준다. 이번 경우에 바울은 오네시모를 향한 그의 깊은 속뜻을 빌레몬에게 내비친다. 비록 오네시모를 돌려보내고 있지만 바울이 원하는 것은 빌레몬이 다시 오네시모를 자신에게 돌려 보내어 그를 대신해 자신을 섬기도록 하도록 하는 것이라고 알려준다. 이러한 바울의 의도는 빌레몬서의 주제 형성과 직접 관련이 있기 때문에 바울의 뜻을 표현하는 동사가 담화 전체에서 현저성을 받는 것이 필연적이다. 이런 이유 때문에 바울은 동사(짙은 글씨)를 미완료상으로 표현하고 있다고 볼 수 있다: "나 자신은 (빌레몬을) 내 곁에 머물러 있게...하는 것을 더 **원하지만**"(ἐγὼ **ἐβουλόμην** κατέχειν). 게다가 미완료상은 사건의 진행(그러므로 현장성)을 소개하는 의미적 범주이기에 바울의 간구는 빌레몬과 청자들에게 생생함(vividness)을 가지고 전달될 수 있다.

14절. 바울은 종(오네시모)에 대한 주인(빌레몬)의 권리를 인정한다. 오네시모의 주인인 빌레몬의 승낙 없이는 자신은 오네시모를 자기 곁에 두기를 원치 않는다고 말한다. 하지만 바울은 자신의 뜻을 포기한 것이 아니라 빌레몬의 "선한 일"(τὸ ἀγαθόν)이 자발성(κατὰ ἑκούσιον)에 근거해서 이뤄지기를 요구하고 있는 것이다. 비록 바울이 빌레몬이 베풀기를 기대하고 있는 "선한 일"이 무엇인지 명확히 밝히지는 않지만 13절의 내용을 근거로 볼 때 빌레몬이 하기로 기대된 "선한 일"은 오네시모를 바울에게 되돌려 보내어 그를 섬기도록 허락하는 것임을 어렵지 않게 추론할 수 있다. 중요한 것은 자신의 요구를 빌레몬의 승낙이라는 조건에 종속시키고 있는 정보(χωρὶς δὲ τῆς σῆς γνώμης οὐδὲν <u>ἠθέλησα ποιῆσαι</u>)가 과거 시제 형태(밑줄 그어져 있다)로 소개되고 있다는 것이다. 과거 시제는 주된 논증의 배경과 조건을 표현하기에 적합한 시제 형태이기 때문에 14절의 완료상의 사용은 이해할 수 있는 문법적 선택이다.

15-16절. 바울은 과거에 빌레몬과 오네시모 사이에 벌어진 일을 설명하면서 오네시모가 그의 주인 빌레몬을 떠났다(도망갔다?)는 정보를 준다. 흥미롭게도, 오네시모의 도망친 사건을 바울은 수동태("떠나게 된" [ἐχωρίσθη])로 발화한다. 그를 떠나게 한 주체는 누구인가? 다시 말하면"떠나게 된" (ἐχωρίσθη)의 의미상 주어는 누구인가? 대부분의 주석가들은 그 동사의 주어를 하나님으로 본다.[37] 비록 오네시모의 떠남(혹은 도망감)이 빌레몬에게는 해가 되었지만 바울은 그 일이 하나님의 섭리 속에서 일어난 일임을 지적하고 있다. 빌레몬서를 기록하게 만든 과거의 배경사건은 이처럼 과거 시제 형태 안에서 요약적으로(in summary) 설명되고 있으나 돌아오는 오네시모를 맞이해야 하는 빌레몬의 자세를 언급하고 있는 이어지는 목적절("영원히 그를 영접하기 위함이니라," ἵνα αἰώνιον αὐτὸν ἀπέχῃς)의 동사("영접하기 위해," ἀπέχῃς)는 현재 시제 형태로 표현되어 현저성을 가지게 되었다. 오네시모를 어떻게 영접해야 할지에 대한 구체적 정보는 16절에 주어진다. 16절은 동사 없는 문장이지만 오네시모를 지시하는 15절의 3인칭 대명사 αὐτὸν과 동격구문으로 오네시모에게 추가 설명을 하고 있기 때문에 16절의 정보는 15절의 동사(ἀπέχῃς)에 연결되어 이해될 수 있다. 그렇다면 16절은 빌레몬이 오네시모를 대하는 자세, 즉 "종으로서가 아니라 종 이상, 사랑하는 형제로," 영접해야(ἀπέχῃς) 한다는 의미를 가지게 되어, 결국 15절과 마찬가지로 16절에서 초점은 오네시모를 영접해야 하는 빌레몬의 바람직한 태도에 집중되었다.[38]

17절. 오네시모가 돌아왔을 때 빌레몬이 행해야 할 바는 바울의 명령법("그를 나처럼 영접하라," προσλαβοῦ αὐτὸν ὡς ἐμέ) 사용에 의해 강조되고 있으며, 명령법의 시제는 과거 시제이다. 빌레몬이 취해야 하는 구체적 태

---

37) Carson, 『빌레몬』, 154; Fitzmyer, *Philemon*, 112-23; O' Brien, *Philemon*, 296.
38) 15-16절이 차지하는 중요한 역할에 대해서는 참조하라. Fitzmyer, *Philemon*, 112-23; O' Brien, *Philemon*, 296.

도에 대한 정보는 이미 15절과 16절에 주었기 때문에 바울은 명령법의 동사(밑줄 그어져 있다)의 시제를 요약적 관점을 표현하기에 적합한 과거 시제 형태로 표현하고 있는 것으로 보인다.[39] 아울러 우리의 주의를 요하는 것은 가정법으로 이뤄진 선행절("그런즉 네가 나를 동역자로 여긴다면," εἰ οὖν με ἔχεις κοινωνόν)의 동사(밑줄 그어져 있다)가 현재 시제 형태로 되어 있다는 사실이다. 이 현재 시제 형태가 어떠한 사건과 일 그리고 주장에 대한 조건과 근거를 구체적으로 설명하기에 적합한 항목이라는 것을 고려할 때, 오네시모를 향한 빌레몬의 태도가 어떠해야 하는지에 대한 명령법의 조건절이 현재 시제 형태로 되어 있다는 것은 전혀 놀라운 선택이 아니다. 마찬가지로 현재 시제 형태는 한 사건과 상태의 현장성을 부각시켜주는 역할을 하기 때문에 구체적 명령을 하기 전 바울은 현재 시제로 된 조건문으로 빌레몬과 자신의 관계가 동역자의 그것임을 그가 '생생'하게 떠올리도록 하여 자신의 '주장'의 조건을 만들고 있다.[40] 이러한 미완료상을 통한 정보 표현은 바울이 요청하는 대로 빌레몬이 자발적으로 따르도록 하는 일에 문법적 항목이 역시 어떻게 기여할 수 있는지를 보여준다.

18절. 오네시모를 보내며 바울은 그가 과거에 빌레몬에게 행한 과오의 문제를 해결해주어야 한다고 판단했다. 먼저 바울은 오네시모가 행한 잘못(ἠδικησέν)을 조건절(εἰ δέ)의 과거시제 형태로 표현한다. 그러나 동일한 조건절에 있는 오네시모가 빌레몬에게 빚을 지고 있다(ὀφείλει)는 사실은 현재 시제 형태로 표현하고 있다. 오네시모가 행한 잘못에 대한 과거 시제 형태의 사용은 그 사건이 바울의 논거의 배경적 사건일 뿐만 아니라 그 잘못이 사건적 성격으로서 이미 완료된 행동인 것을 보여주고자 한 의도로 보인다. 반면에 오네시모가 빚을 지고 있다는 사실은 현재 시제 형

39) 또한 결론을 추론하는 접속사 οὖν의 사용에 주의하라.

40) εἰ + 직설법은 논거를 만들기 위한 주장을 하는 경우에 사용되기도 한다. 참조. Porter, *Idioms*, 256.

태로 표현됐다. 이것은 이미 완료되어버린 잘못된 행동이 가져온 결과, 즉 빚진 상태가 현재에도 지속되고 있다는 것을 초점화하고자 하는 의도로 이해될 수 있다. 주절에 나오는 그 빚을 바울 자신에게 돌리라는 요청(ἐλλόγα)은 현재 시제 형태로 되어있는데, 이는 빚 청산의 문제가 현재 진행 중인 이슈라는 것을 드러내고자 한 의도로 볼 수 있다. 결과적으로 바울은 오네시모를 위한 자신의 '대리적 희생'의 주제에 현저성을 부여하고 있는 것이다. 오네시모가 과거에 저지른 잘못을 해결해주는 바울의 방식은 분명 예수님의 희생적 속죄의 모델을 따르고 있다. 바울로 말미암아 예수를 믿게 된 빌레몬은 그의 영적 아버지를 통해 다시 예수님의 길을 배우도록 초청되어지고 있다.

19절. 빌레몬서의 가장 배경적인 사건은 바울이 편지를 쓰고 있다(ἔγραψα)는 사실이기 때문에, 바울은 이 정보를 과거 시제 형태로 표현하고 있다. ἵνα절에서 바울은 빌레몬이 자신의 요청을 수용하도록 하기 위한 시도의 일환으로 παράλειψις(*paralipsis*)로 알려진 수사적 표현(화자가 실제로는 어떤 문제에 대한 언급을 하면서도 말로는 그냥 넘어가는 척 하는 표현)을 사용한다.[41] 바울은 빌레몬이 자신으로 인해 (아마도) 주 예수께 회심하게 되었다는 영적 빚을 자신에게 진 사실을 말하지 않겠다고 하면서도 결국 그 사실을 언급하고 있다. 이런 표현의 의도는 분명해 보인다. 지금까지 빌레몬은 오네시모와 관련해서 채권자의 위치에 있었다. 그러나 바울과의 관계에서는 그가 채무자라는 사실이 부각되었다. 이러한 신분의 변화는 바울과 빌레몬의 관계에서 바울의 권위를 강화시켜 주어 바울의 요구에 빌레몬이 순응하지 않을 수 없게 만드는 효과를 만들어낸다.[42] 이런 논증의 방식에 현재 시제 형태가 기여를 하고 있다는 점에 주목해야 한다. 우

41) BDF, § 495 (1).

42) J. M. G. Barclay, " Paul, Philemon and the Dilemma of Christian Slave-Ownership," *NTS* 37 (1991), 172.

리는 이미 현재 시제 형태는 빌레몬서의 주된 논증, 즉 바울의 오네시모를 위한 간구의 내용을 형성하는 시제로 지적해 왔다. 본 ἵνα절에서도 예외는 아니다. 바울은 빌레몬이 자신의 간구를 받아들여야 하는 도덕적 의무(그가 바울에게 영적으로 빚진 자이기에)를 가지고 있음을 수사적 표현(*paralipsis*)으로 상기시키고자 동사의 시제를 현재(밑줄 그어져 있다)로 표현하고 있다: "나는 네가 너 자신을 나에게 여전히 빚진 것에 대해서는 아무것도 말하지 아니하노라," ἵνα μὴ λέγω σοι ὅτι καὶ σεαυτόν μοι προσοφείλεις.

20-21절. 본 절은 (희구법과 명령법의 사용을 통해서 알 수 있듯이) 직접적 요청의 형식으로 주어진 바울의 마지막 간구를 담고 있다. 바울은 서론 부분인 7절에서 많은 성도들에게 빌레몬으로 인해 "평안함을 얻었다"(ἀναπέπαυται)고 지적하였다. 다시 본론의 결론 부분에서 바울은 빌레몬이 오네시모를 환영함으로써 이제 자신이 "쉼을 얻도록 하라"(ἀνάπαυσόν)고 간구한다. 7절의 시제는 완료형이지만 20절에서는 과거 시제 형태로 표현되었다. 이것은 완료상으로 된 두 발화인 "유익을 얻게 하고"(ὀναίμην)와 "쉼을 얻도록 하라"(ἀνάπαυσόν)는 지금까지의 자신의 논증(간구) 전체를 요약하고자 한 바울의 의도로 이해될 수 있다.

이어지는 절에서 바울은 다시 한 번 더 배경 사건으로서 자신이 서신을 쓰고 있다(ἔγραψά)는 행동의 시제를 과거 시제 형태로 표현하고 있다. 하지만 ἔγραψά에는 단순 행위 묘사 이상의 의미가 내포되어 있다. 바울은 본론의 끝으로 자신이 지금까지 편지를 기록하면서 견지해 온 태도를 분사절의 동사를 완료 시제 형태를 통해 강조적으로 표현한다. 즉 바울은 빌레몬의 순종에 대한 확신("확신하노라," Πεποιθὼς)과 그가 자신이 말한 것 이상을 행할 것에 대한 지식("아노라," εἰδὼς)을 완료 시제 형태로 표현하고 있는 것이다. 완료형으로 소개된 두 표현은 바울이 확신하며 알고 있는 '내적 상태' 를 드러내 보여주는 것으로, 빌레몬이 바울 자신의 간구를 자발적으로 받아들일 것이라 믿는 바울의 확신 상태를 보여준다. 앞에서 언급한 바와 같이 상태상은 가장 많은 초점화를 부여하는 의미적 범주이다. 따라서 바울은 현재 완료 시제 형태로 빌레몬의 (자발적) "순종"[43]에 대한 자신의 확신 상태에 빌레몬과 빌레몬의 집에 있는 교회가[44] 최상의 주의를 기울이도록 하고 있다. 뿐만 아니라 바울은 빌레몬이 자신이 "말한(λέγω) 것보다 더 행할 줄을 안다(εἰδὼς)"고 덧붙인다. 공동 본문을 고려할 때 빌레몬이 '더 행할 일'에 대해 바울이 의도한 것은 13절에서 지적한 내용, 즉 빌레몬이 오네시모를 자신에게 보내어 자신을 섬기도록 하는 것으로 보는 것이 합리적이다. 이런 목적을 위해 바울은 본론의 마지막 절의 두 동사의 시제를 완료 형태로 표현하여 지금까지의 논증(λέγω)에 대한 자신의 내면의 상태를 최전방 정보로 부각시키며 주 본문을 결론짓고 있다.

5.4. 결론(22-25)

바울의 결론적 언급은 자신의 '방문예고'와 풀려남(χαρισθήσομαι[45])에 대한 '기도 요청'으로 시작한다. 22절의 두 동사("마련하라," ἑτοίμαζέ; "바라노라," ἐλπίζω)의 시제가 현재형으로 된 것은 새로운 세션, 즉 결론이 시작되었다는 것을 알리는 담화 경계표지 역할을 수행하도록 하기 위함이

---

43) 바울은 8절에서 이미 자신이 사도적 권위를 사용하지 않고 사랑으로 권면할 것이라고 주장했다. 그러나 21절에서 사용된 "순종"이라는 표현은 그의 이전 말과 모순되는 것처럼 보인다. 하지만 우리는 빌레몬서 전체를 근거로 바울이 빌레몬이 "순종"할 것이라 확신할 때 그가 자발적으로 바울이 말한 바를 따를 것이라고 믿었다고 보아야 한다.

44) 1-3절이 보여주듯이 빌레몬서는 빌레몬의 집에 있는 모든 성도에게 보내진 서신임을 기억해야 한다.

45) 미래 수동태로 된 χαρισθήσομαι의 의미상의 주어는 하나님으로 보인다. 이러한 수동태 동사 사용이 보여주는 것처럼 바울 역시 하나님의 은혜를 입어 감옥에서 풀려나 빌레몬의 집에 있는 교회에게 가도록 소망하고 있다.

다. 결론 세션에서 발화된 네 개의 동사 중 세 개가 현재 시제 형태로 되어 있다는 것은 주목할 만하다. 미완료상은 그것에 의해 표현된 사건이나 동작의 진행 중인 과정에 관심을 두기 때문에, 바울의 마지막 인사 내용(자신의 숙소 마련 요청[ἑτοίμαζέ]과 출옥을 위한 기도 간청[ἐλπίζω], 그리고 에바브라와 같은 동역자로부터의 문안['Ασπάζεταί])과 같은 정보에 사용된 현재 시제 형태는 바울과 빌레몬의 관계가 현재 진행 중에 있다는 사실에 현저성을 주는 역할을 한다. 결론 세션에서 초점화된 바울과 빌레몬 사이에 맺어진 관계의 진행성이라는 의미는 결론이 마지막 인사말의 단순 나열이라기보다는 본론에서 만들어진 바울의 주된 주제인 오네시모를 위한 그의 간구가 빌레몬에게 더욱 설득력을 가질 수 있도록 의도된 것임을 보여준다.

6. 나가는 말

지금까지 우리는 신약성경 헬라어의 동사상에 대한 연구를 해왔다. 특히 우리의 관심은 동사상이 담화의 현저성과 주제형성, 그리고 본문 주해에 어떤 기여를 할 수 있는지 보여주고자 하는 데 있었다. 이러한 목적을 위해 우리는 빌레몬서를 구체적 본문으로 택하여 그것의 현저성과 주제 그리고 주해를 의미적 범주인 동사상으로 분석하고자 시도했다. 먼저 현저성과 관련해서 보자면 이야기의 사건, 동작 혹은 상태의 전체를 요약하기에 적합한 완료상은 바울의 간구의 뼈대를 이루는 사건과 동작을 소개하고자 사용되고 있다. 그리고 어떤 사건의 진행성이나 논증의 직접성과 현장성을 부각시키기에 적합한 미완료상은 빌레몬서 담화의 경계표지 역할과 함께 바울의 주된 간구를 전방에 부각시키는 역할을 수행한다. 어떤 사건이나 동작의 상태 즉 구체적 상황에 대한 묘사를 하는 완료 시제 형태는 빌레몬의 이전 선행과 미래 선행에 대한 바울의 내적 확신 상태를 최전방 정보로 부각시키는 역할을 하고 있다. 주제 형성과 관련해서 본다면 완료상(과거 시제 형태)은(는) 바울의 주제의 전제가 되는 사건을 소개하고자 사용된 반면 미완료상(현재 시제 형태)은(는) 완료상에 주어진 정보를 배경으로 빌레몬서의 주제인 '오네시모를 위한 빌레몬의 너그러운 환영을 위한 바울의 간구'를 형성하는 데 사용되고 있다. 상태상(완료 시제 형태)은(는) 빌레몬이 이전에 베푼 선행에 대한 격려와 앞으로 베풀 선행에 대한 바울의 확신을 드러내고자 사용되어 미완료상에 의해 형성된 주제를 더욱 강화시키는 일을 하고 있다.

위의 분석을 통해 우리는 신약성경 헬라어 담화를 처리를 하는 데 있어서 동사상이 중요하고도 유익한 공헌을 미칠 수 있다는 사실을 증명해 보이고자 시도했다. 물론 동사상이 담화 분석의 유일한 도구가 되어야 한다는 주장을 하는 것은 아니다. 동사상을 통한 본문 분석은 다른 문법·역사적 해석과 방법론적으로 상호 보완되어질 때에야 풍성한 결실을 맺을 수 있다는 것은 의심의 여지가 없다. 그러므로 위의 시도는 현재 신약 주해가들이 역사적, 사회적, 그리고 신학적 방법으로 도출해 내고 있는 빌레몬서의 주제와 의미가 문법적으로도 정당화될 수 있는지를 따져볼 수 있는 언어학적 기초를 제공했다는 데 그 의의가 있다고 하겠다.

8장

초기 성경 '책' 이해

-코덱스(Codex) 신호의 배경과 의미-

제 8 장

초기 교회와 성경 '책' 이해

-코데스(Codex) 선호의 배경과 의미-[1]

1. 들어가는 말

이 글은 기원후 2-3세기의 이집트 지역에서 발견된 성경 사본을 근거로 초기 기독교가 후에 신구약 성경으로 인정된 문서를 필사함(copying)에 있어서 코덱스(codex)라는 책 형태를 압도적으로 선호한 배경과 이유를 탐구하는 데 그 목적이 있다. 이를 위해 기원후 1-3세기 로마의 책 출판 문화를 비교 연구할 것인데, 이런 비교는 초기 기독교의 코덱스 선호도가 유례없는 현상이었음을 보여줄 것이다. 논문은 초기 기독교의 전례 없는 코덱스 선호의 배경을 지금까지 여러 학자들이 제시해온 코덱스의 효용성과 코덱스 사용자의 권위에 입각한 논증을 소개한 후, 이러한 논증이 가진 약점을 초기 교회의 의사소통 전통과 신학적 논증으로 보완할 것이다. 따라서 현 연구의 공헌은 고고학적으로 드러난 초기 교회의 코덱스 선호를 예수와 사도들의 의사소통 전통과 신약성경의 신학과 관련하여 설명하는 데 있다. 이를 위해 지난 세기 괄목한 발전을 거듭한 초기 기독교와 그리스-로마에 관한 사본학과 파피루스 학자들(papyrologists)의 연구 결과가 인용될 것이다.

---

1) 아래 글은 『신약연구』 17권1호 (2018년), 7-38에 실린 논문을 수정 보완한 것임을 밝혀둔다.

2. 유대와 그리스-로마의 문서 재질(Material)

신약성경이 기록되고 필사되던 기원후 1-3세기 동안 유대와 그리스-로마 사회는 파피루스(papyrus), 양피지(parchment), 그리고 나무 판을 문서 재질로(document material) 사용하고 있었다. 양피지는 양, 염소, 송아지와 같은 동물의 가죽을 벗겨 말린 다음 얇고 매끈하고 단단한 표면을 얻을 때까지 문질러 만든 글쓰기 재료이다. 파피루스는 이집트의 저지대와 나일강 삼각주에서 자라는 갈대과에 속한 식물인데, 글쓰기 재료로 사용하기 위해서는 그 식물의 잎사귀를 제거하고 남은 줄기를 가로 세로로 겹겹이 엮은 후 방망이로 두들겨 줄기에서 나온 끈끈한 즙을 이용하여 두 층을 접착시킨 다음 건조 및 압착 과정을 거친다.[2] 신약성경이 기록된 시기는 물론 기원후 4세기까지 그리스-로마 전역에서 파피루스가 주된 문서 재료로 사용된 것이 사실이지만, 그럼에도 페르시아나 유대 지역에서는 양피지가 더 선호되었다.[3] 문서 재질로서 나무 판은 그 중앙에 홈을 판 후 석회 또는 밀랍으로 채워 스틸루스(stylus)로 불린 금속으로 글을 그 위에 쓰고 지울 수 있도록 했다.

3. 각 문서 형태(form)의 사용과 기능

3.1. 문서 형태와 사용

동물 가죽과 파피루스 그리고 나무판으로 제작된 문서 형태는 크게 세

---

2) 파피루스는 잎사귀가 최대 5미터까지 자라고 그 두께 역시 보통 사람의 손목 두께 정도를 유지한다. 줄기가 겹겹이 엮여진 까닭에 고르지 못하고 딱딱한 표면이 드러나지만, 그렇게 쌓인 파피루스 표면에 가해진 압력은 매끄럽고 평평한 표면으로 만든다. 더불어 이런 압력은 줄기에서 액을 유발하여 접착제 역할을 하도록 한다. 파피루스를 필기재료로 사용하는 법에 대해선 Pliny the Younger, *Natural History* 13:74-82에 잘 나와 있다.

3) Gamble, *Books*, 45-46.

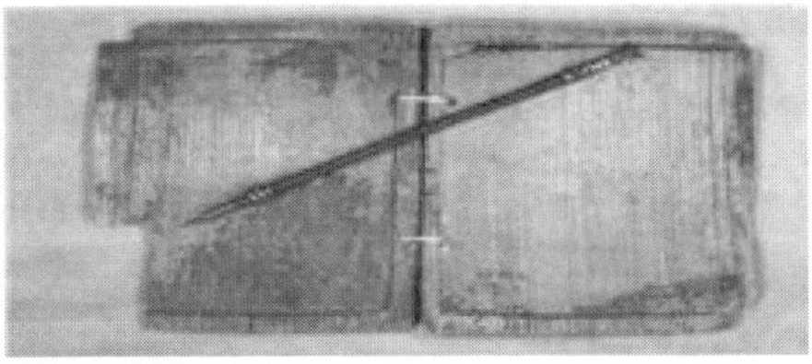

〈그림 6〉 서판(tablet) 과 금속펜(stylus)

종류로 나눠질 수 있는데 양피지 혹은 파피루스 두루마리(scroll), 서판(tablet), 그리고 양피지 혹은 파피루스 코덱스(codex)이다. 당시 두루마리는 책(βιβλίον), '비블리온'; 라틴어. *volumen*)이라 불리며 그리스-로마 사회의 책의 표준 형태로 이미 자리 잡고 있었다(Aeschylus, Supplices 947; Herodotus, Histories 2.100.1).[4]

두루마리의 재질로 양피지와 파피루스 모두가 사용되기는 했지만 양피지가 문서 재질로 파피루스를 추월하기 시작한 기원후 4세기 이전 전까지, 2,000년 넘게 파피루스 두루마리는 고급 문학과 과학 및 철학 문서를 위한 표준적 책 형태로 사용되어 왔다. 두루마리의 크기는 보통 세로가 20에서 25cm이고 펼쳤을 때의 가로 길이는 7-10m에 이르는 등 다양했지만 평균 10m를 넘지 않았다.[5] 또한 그것의 판형(format)상 페이지 구분 없이 오직 단일 페이지를 가지기에 내용 분절은 세로 단(column)이 대신하고, 각 세로 단은 보통 가로 5-10cm이며 그 안에 보통 25-45행이 자리 잡는다.

두 번째 문서 형태는 서판으로 여러 개의 나무 판을 겹치는 경우도 있지만 일반적으로 두 개의 판을 가죽이나 철로 연결한 이중 서판 형식이 주로 사용되었다(<그림 6> 참조).[6] 단일 혹은 여러 나무 판을 겹쳐 만들어 보통 글쓰기 연습이나 간단한 물품 목록 기록, 연설문 초안 혹은 일상

4) H. Ma, "Greek and Roman Books," *The Oxford Classical Dictionary*, ed. by Simon Hornblower and Antony Spawforth (Oxford: Oxford University Press, 1999[3rd ed]), 249-50.

5) Harry Y. Gamble, *Books and Readers in the Early Church* (New Haven and London: Yale University Press, 1995), 47.

6) Loveday Alexander, "Ancient Book Production and the Circulation of the Gospel," *The Gospels for All Christians: Rethinking the Gospel Audiences*, ed. by

의 여러 메모를 남기는 용도로 사용되었다(아래 <그림 9, 10> 참조).[7] 서판은 후에 발전된 코덱스의 원조인데 코덱스의 라틴 이름이 '사각형 나무 덩어리' 라는 뜻을 가진 *Caudex*로 불린 것을 통해서도 확인된다.[8] 세 번째 문서 형태는 오늘 날 책 양식의 원조 격이자 기원후 1-3세기에 이르는 동안 그리스-로마 사회에서 서서히 등장하기 시작한 코덱스(codex)이다.[9] 코덱스는 서판과 그 형태가 비슷하지만 나무를 쓰기 재료로 사용하는 서판과 달리 파피루스나 양피지를 그 재질로 사용한다는 점에서 후자와 차이가 있다. 서판은 그 재질이 상대적으로 무거운 나무 판인 까닭에 휴대성과 분량 확장에 어려움을 가질 수밖에 없었지만 코덱스는 양피지 혹은 파피루스를 재료로 사용함으로 그런 어려움을 극복할 수 있었을 것이다. 무엇보다 코덱스의 가장 혁신적인 부분은 두루마리와 비교할 때 분명해진다. 단일 페이지에 칼럼의 반복을 통해 글을 적는 두루마리와는 달리 코덱스는 쓰기 재료를 겹겹이 포개어 여러 페이지를 만들어 사용했다는 점에서 책 역사에 있어서 하나의 혁명이라 할 수 있다.[10] 코덱스의 세로 단은 한 페이지 당 하나로 이뤄진 것이 2-3세기 코덱스의 일반적 경향이었다.[11] 4세기 이전에 그리스-로마 사회에서 코덱스의 재료로는 두루

Richard Bauckham (Grand Rapids, Michigan: Eerdmans, 1998), 73-74.

7) Uwe Jochum, 『파피루스에서 전자책까지 모든 책의 역사』, (*Bücher. Vom Papyrus zum E-book*, 박희라 역, 서울: Mindcube, 2017[2015]), 79.

8) 코덱스의 헬라어 이름은 '델토스' (δέλτος)이다.

9) 코덱스 형태의 책에 대한 최초의 언급은 1세기 말 퀸틸리안(Quintilian)이 라틴어로 된 그의 책 *Institutio oratoria* 10.3.31-2에 나온다. 내용은 아래 본문을 참조.

10) Eric G. Turner, *The Typology of Early Codex* (Eugene, Oregon: Wipe & Stock, 1977), 1.

11) *Leila Avrin, Scribes, Script, and Books: the Book Arts from Antiquity to the Renaissance* (Chicago: American Library Association, 1991), 174. 물론 비록 많지만 않지만 2-3세기 코덱스 중에도 2개의 칼럼을 가진 예를 위해서는 Larry W. Hurtado, *The Earliest Christian Artifacts: Manuscripts and Christian Origins* (Grand Rapids, Michigan: Eerdmans, 2006), 167-69, 후기로 갈수록 칼럼은 점점 더 많아진다(예. 코덱스 바티칸[4세기]은 3개의 칼럼, 코덱스 시나이[4세기]는 4개의 칼럼). 한

마리의 재료와 마찬가지로 파피루스가 선호되었지만 책 표지는 주로 가죽이 덧입혀진 나무 판으로 제작되었다. 기원후 2-3세기 것으로 추정되는 코덱스의 규격은 그 다양성에도 불구하고 세로 가로 길이가 최대 35 x 23cm를 넘지 않는 것이 대부분이다.[12)]

긴 단일 페이지를 가진 두루마리와는 달리 절단된 많은 페이지를 가진 코덱스의 등장은 책 역사에서 하나의 혁신적 사건이었음에도 그것의 1)출현과 더불어 주목을 받거나 책의 명성을 획득한 것은 아니다. 그리스-로마 역사에서 코덱스가 처음으로 등장한 기원후 1세기 이후 거의 3백 년 동안 그것은 정식 책의 반열에 들어갈 수 없었다. 로버츠(C.H. Roberts)와 스키트(T.C. Skeat)가 제시한 기원후 1-5세기까지 헬라 문학의 기록문서 형태에 따른 통계치는 이러한 사실을 잘 드러내 보여준다:

〈표 19〉 기원후 1-5세기까지 로마의 코덱스와 두루마리 사용 비율[13)]

세기	두루마리	코덱스	총계	% 두루마리	% 코덱스
1	252	1	253	100	0
1-2	203	4	207	98	2
2	857	14	871	$98\frac{1}{2}$	$1\frac{1}{2}$
2-3	349	17	366	$95\frac{1}{2}$	$4\frac{1}{2}$
3	406	93	499	$81\frac{1}{2}$	$18\frac{1}{2}$
3-4	54	50	104	52	48
4	36	99	135	$26\frac{1}{2}$	$73\frac{1}{2}$
4-5	7	68	75	$9\frac{1}{2}$	$90\frac{1}{2}$
5	11	88	95	11	89

페이지에 여러 개의 칼럼을 가진 3세기의 코덱스의 예를 위해서는 (참조. Anthony Grafton and Megan Williams, *Christianity and the Transformation of the Book: Origen, Eusebius, and the Library of Caesarea* [Cambridge, Massachusetts: Belknap Press of Harvard University Press, 2006], 103).

통계가 보여주는 바대로 그리스-로마 사회에서 코덱스가 두루마리와 거의 동등한 비율(48%)로 사용된 시점은 기원후 3-4세기를 지나면서부터였고, 4세기에 본격 돌입하자 코덱스($73\frac{1}{2}$)가 두루마리를 압도적 편차로 추월하기 시작한다. 바꾸어 말하면 인류의 책 역사중심에 있었던 두루마리의 지위는 코덱스의 등장에도 불구하고 그 만큼 확고했고, 무엇보다 우리의 관심 시기인 1-3세기 그리스-로마 사회에서 코덱스는 책의 명성을 거의 가지지 못하고 있었던 것이다.

3.2. 코덱스의 기능

로버츠와 스키트의 통계가 보여주는 것처럼 기원전 4세기 이전 두루마리가 그리스-로마 사회의 책의 표준적 형태로 이해되고 있던 상황에서 코덱스는 책보다는 연습용 노트 혹은 공책 정도로 취급되었다.[14] 코덱스의 그와 같은 이해와 사용은 그것의 원조 격인 밀랍 혹은 석회를 쓰기 재질로 사용한 서판에서 비롯되었는데, 이는 서판의 용도가 보통 학교수업 필기, 회계장부, 연습용 노트 등으로 사용되었기 때문이다.[15] 1세기의 로마 수사학자인 퀸틸리안(Quintilian)은 이에 대한 적절한 증거를 제시한다. 퀸틸리안은 연설을 준비하는 이들에게 다음과 같이 교훈한다: "시력이 좋지 않으면 양피지[membranarum]를 우선적으로 사용하는 것이 바람직하지만 수정이 용이한 밀랍[*ceris*] 위에 글을 쓰는 것은 그럼에도 최선이다."[16]

---

12) Ma, "Books," 252.

13) C.H. Roberts and T.C. Skeat, *The Birth of the Codex* (Oxford: Oxford University Press, 1983), 37.

14) Jochum, 『파피루스에서 전자책까지 모든 책의 역사』, 79-80; Alexander, Ancient Book Production, 74-75. 또한 1-2세기의 원자료로부터 온 증거를 위해서는 아래를 참조.

15) Alexander, *Ancient Book Production*, 73.

16) Quintilian, *Institution oratoria* 10.3.31-2, trans. by H.E. Butler (Loeb Classical Library; London: Heineman, 1922).

*membranarum*는 재질로서 양피지를 뜻하기도 하지만 현 맥락에서는 그것이 앞 절에서 밀랍서판(wax tablet)을 가리키는 *ceris*와 병행되고 있기 때문에 양피지 코덱스를 가리키는 것으로 보는 것이 적절하다.[17)]

퀸틸리안의 주장은 밀랍서판은 수정할 수 있다는 이점 때문에 연설문 준비용으로는 최선의 선택이라는 것이지만, 양피지 코덱스나 밀랍서판 모두가 동일한 용도(연설문 준비)로 적절한 매체임을 전제로 하고 있다. 다른 곳에서 퀸틸리안은 글을 출판하려면 두루마리가 적합하지만 연습 삼아 어떤 글을 작성할 때는 서판 사용도 가능하다고 밝힌다.[18)] 더불어 퀸틸리안은 그의 학생들에게 연설은 미리 온전히 그 내용을 암기한 후 전달하도록 권면하면서도 다만 연설하는 동안 기억을 돕기 위해 내용의 주요 제목들을 서판에 기록하여 참조할 수 있다고 했다.[19)] 그의 제안은 당시 서판은 물론 코덱스의 용도가 연습용 노트와 연설의 보조 노트 정도였음을 알려준다.

그리스-로마로부터 나온 벽화 역시 두루마리와 코덱스의 지위에 대해 시사하는 바가 있다. 여러 벽화와 조각 등이 보여주는 것처럼 두루마리는 주로 남성과 어떤 조직에서 서열이 높은 사람이 잡고 있는 반면, 코덱스는 대부분이 여성 혹은 어린 학생이 들고 있다(아래 그림 7, 8, 9, 10 참조).

물론 기원후 1세기에 양피지 코덱스 형태로 문학작품을 출판한 사례가 전혀 없는 것은 아니다. 로마의 시인인 마티알(Martial)은 자신이 호머(Homer), 버질(Virgil), 키케로(Cicero), 리비(Livy)와 오비드(Ovid)의 시들을 코덱스에 기록한 까닭에 휴대하기 편하다는 이점을 들어 독자들에게 만일 여행 중에 시를 읽고 싶다면 그의 시집을 구매하도록 권면한다.[20)] 하지만 그의 코덱스 시집이 당시 보편화된 책 형태를 따르고 있

17) Roberts and Skeat, *Codex*, 20-21.

18) Quintilian, *Institution oratoria* 10.7.30.

19) Quintilian, *Institution oratoria* 11.2; 특히 연설 암송을 위한 서판 사용을 위해선 11.2.32 참조.

20) Martial, *Epigrams*, 1.2.

<그림 7> 기원후 1세기, 남편은 두루마리를 아내는 서판을 들고 있는 폼페이 부부.

<그림 8> 기원후 1세기, 서판과 스타일러스(stylus)로 알려진 펜을 들고 있는 폼페이 여인

<그림 9> 조각에는 타이마메드의 아들 제비다(Zebida son of Taimamed)로 아이가 왼손에는 단일 서판을 오른 손에는 가죽 끈이 달린 서판을 들고 있다.

<그림 10> 독일 티에르(Trier) 근교 노이마겐(Neumagen)에서 발견된 기원후 2세기 말의 장례 조형물로서 헬라 교사의 가르침을 받고 있는 세 명의 자녀의 모습이 조각되어 있다. 나이 든 형제 둘은 앉아서 두루마리를 읽고 있는 반면 어린 형제는 손에 가죽 끈이 달린 서판을 들고 서 있다.

다고 볼 수 없는데, 이는 그 시집은 임시적 사용을 위해 마티알 자신이 직접 제작한 것이라는 암시를 주고 있기 때문이다. 더군다나 1세기 것으로 추정되는 253개(252개의 두루마리; 1개의 코덱스)의 문학작품 중 코덱스로 출판된 유일한 작품이라는 고고학적 증거를 고려할 때, 코덱스의 정식 책으로서의 존재감은 극히 미미했다는 것은 의심될 여지가 없다.

본 논문의 관심 시기인 기원후 2-3세기에는 구체적으로 어떤 내용이 코덱스로 출판되었을까? 허타도(Larry W. Hurtado)는 기원전 500년부터 기원후 800년대에 걸쳐 기록된 모든 고대 헬라, 라틴, 콥틱, 디모틱 언어 문서에 대한 인터넷 기반 검색 도구인 '루우뱅의 고서 데이타베이스'(Leuven Database of Ancient Book)의 자료를 바탕으로 기원후 100-300년 초반 사이 기독교 진영 바깥에서 출판된 코덱스 문서를 총 75개로 제시한다.[21] 표면에 밀랍을 가진 4개의 서판을 포함하여 코덱스의 내용물 중 파악될 수 있는 대표적인 범주는 특정 인물들의 문학 작품 34개, 무명의 문학(시와 음악) 작품 5개, 철학 또는 문법서적 2개, 의료 또는 철학 서적 2개, 무명의 수사 작품 5개, 천문학 혹은 점성술과 관련된 매뉴얼 책자 19개 등으로 나눠진다.[22] 특별히 전체 코덱스 중 25%를 차지하는 것이 천문학과 점성술 안내서라는 점을 기반으로 허타도는 당시 애호된 코덱스의 용도 중 하나는 "유사문학"(para-literary) 저술이었다고 주장한다.[23] 또한 코덱스에 기록된 문학 작품의 내용이 여러 작품의 내용 발췌문(excerpt texts)과 주석(annotations)이라는 증거를 토대로 코덱스가 문학작품을 담고 있을지라도 그것은 정식 출판용이 아닌 개인적 공부용으로 사용되었다고 주장한다.[24] 이에 더해 맥코믹(Michael McCormick)은 코덱스에 담긴 문학 작품과 문법책은 유랑 교사들(travelling teachers)의 교육 보조물로 제작된 것이라는 입장을 견지한다.[25]

따라서 로마 연설가(orator)인 퀸틸리안의 글과 허타도의 자료 그리고 맥코믹의 논의를 바탕으로 본다면, 기원후 1-3세기에 코덱스의 주된 용도는 연설가, 의사, 교사 등과 같이 암기와 전달, 가르침, 그리고 치료를 주

---

21) Hurtado, *Christian Artifacts*, 51.
22) Hurtado, *Christian Artifacts*, 51.
23) Hurtado, *Christian Artifacts*, 51.
24) Hurtado, *Christian Artifacts*, 51.
25) McCormick, "Codex," 157.

된 업으로 삼는 이들이 현장에서 그들의 작업을 수행할 때 실질적인 도움을 얻을 수 있는 내용을 기록해 두는 임시적 매체의 역할이었다고 결론 내릴 수 있다.

4. 초기 교회의 코덱스 선호

로버츠와 스키트에 따르면 지금까지 발견된 기원후 400년 이전의 신구약 문서(조각)는(은) 대략 172개로 구약은 98, 신약은 74개이다.[26] 172개의 성경문서 중 코덱스는 158개인 반면 두루마리는 14개뿐이다.[27] 14개의 두루마리 중 유대적 기원으로 보이는 구약 성경 문서 5개를 제외하면,[28] 4세기 전까지 초기교회는 전체 167개의 문서를 남겼고 그 중 두루마리는 9개(신약 2, 구약 7), 코덱스는 158개인데 후자가 차지하는 비율은 94.6%에 육박한다.[29] 기독교 일반 서적과 후에 신구약 성경으로 분류된 책을 비교했을 때도 코덱스 선호도는 후자에서 훨씬 높게 나타나고 있는 것을 확인할 수 있다. 2-3세기에 저작된 것으로 추정되는 설교집이나 논문 그리고 후기에 '외경' 으로 분류된 저작들(non-biblical writings)은 총 60개인데 그 중 1/3이 두루마리에 저술된 반면, 총 167개의 신구약 성경 문서 중 두루마리에 필사된 것은 단지 9개(5.4%)에 불과하다.[30] 이것은

---

26) Roberts and Skeat, *Codex*, 38.

27) Roberts and Skeat, *Codex*, 38-39. 로버츠와 스키트가 제시하는 문서는 아래와 같다: P.Oxy. 1166(창); P.Oxy.1075(출; 뒷면 계); P.Oxy. 1225(레); Stud. Pal. 234(시); P.Lit. Lond. 207(시); P.Lips. Inv. 39(시); P.Harr. 31(시); Stud. Pal. (시); P.S.I. 921(시); P.Lond. Inv. 2584(호-암); P.Alex. Inv. 203(사); P.Lit. Lond. 211(단); P.Oxy. 1228(요); P.Oxy. 657(히).

28) 로버츠와 스키트가 제시하는 유대교 기원 구약성경은 다음과 같다: P.Oxy. 1166(창); P.Oxy. 1225(레); P.Harr. 31(시); Stud. Pal. (시); P.Lit. Lond. 211(단).

29) Roberts and Skeat, *Codex*, 39.

30) Larry W. Hurtado, *Destroyer of the gods: Early Christian Distinctiveness in the Roman World* (Waco, Texas: Baylor University, 2016), 134.

2-3세기 교회는 비성경적 저작들보다 성경 본문을 필사할 때는 코덱스를 더 선호했음을 보여준다.

더욱 놀라운 것은 2-3세기 초반에 교회가 선택한 문서 양식이다. 로버츠와 스키트가 제시한 기독교에 기원을 둔 성경 사본은 총 11개(구약 6개, 신약 5개)인데, 100%가 파피루스 코덱스에 필사되었다.[31] 특히 그것들이 발견된 이집트는 파피루스 두루마리가 시작된 곳이었을 뿐만 아니라 알렉산드리아는 오직 두루마리만 정식 문학 책으로 여기고 있었다는[32] 것을 고려할 때 코덱스를 향한 이집트 기독교인의 압도적인 선호는 매우 이례적이며 독특하다. 초기 기독교인의 이례적인 코덱스 선호는 기독교와 동일하게 구약을 권위 있는 책으로 받아들이고 있던 유대인의 성경 필사 경향과 비교할 때 더욱 두드러진다. 동일시기에 유대인들이 필사한 구약 성경의 책 형태는 모두 양피지 두루마리이다.[33] 주후 2세기 초까지 존재했던 걸로 여겨지는 쿰란 공동체의 문서에는, 그것이 성경이든 아니면 일반 문서이든, 코덱스는 존재하지 않는다. 유대 진영에서 코덱스에 기록된 구약성경이 나타나기 시작한 시기는 8세기이며 그것의 광범위한 사용은 10세기에 가서야 진행된다. 특히 미쉬나 전통에 따르면 코덱스에 필사된 성경은 회당에서 낭독이 금지되었다.[34] 그런데 초기 기독교는 신약만 아

31) Roberts and Skeat, *Codex*, 40-41. 그들이 제시하는 11개의 기독교 기원 신약 문서(5개)는 아래와 같다: P^{52}(2세기 초, 요 18장 조각), P^{4}/P^{64}/P^{67}(모두 한 문서에 포함, 마와눅), P^{77}(마 23장 조각), P^{90}(요 18-19장), P^{32}(딛 1-2장). 기독교 기원 구약 문서(6개)는 아래와 같다: OT24(출), OT7(창), OT36(민/신), OT120 (여러 시편들), OT151(여러 시편들), OT97(여러 시편들). 이 외에도 성경에 포함되지 않는 2세기 기독교 저작들은 P. Egerton 2(『알려지지 않은 복음서』), 『헤마스의 목자』(*Shepherd of Hermas*), 『도마복음』(*Gospel of Thomas*), 이레니우스의 『이교도를 대항하여』(*Adversus Haereses*) 등이 있는데 모두 코덱스이다.

32) Roberts and Skeat, *Codex*, 42.

33) Gamble, *Books*, 48.

34) Mordechai Glatzer, "The Book of Books – From Scroll to Codex and into Print," in Jerusalem Crown – *The Bible of the Hebrew University of Jerusalem*,

니라 구약까지도 코덱스에 기록했고, 그렇게 코덱스에 기록된 책으로부터 들려오는 소리를 하나님의 말씀으로 들었다.

5. 초기 교회의 코덱스 선호에 대한 학자들의 설명

2세기에서 3세기 초반까지 그리스-로마 사회에서 코덱스의 존재감은 4%대의 필사율이 말해주듯 극히 미약했다. 이런 미약한 위치는 3세기 전반에 걸쳐 크게 바뀌지 않는데, 이는 3세기 중후반에 가서도 필사율이 14%를 넘지 못했다는 통계를 통해 확인된다. 바꾸어 말하면 코덱스의 낮은 존재감은 당시 그리스-로마 사회에서 두루마리가 가진 높은 문화적 권위의 방증이다. 이처럼 코덱스의 입지가 미미한 토양에서 2-3세기 교회는 후에 성경으로 알려진 책들을 95%에 가깝게 코덱스에 필사했다. 무엇보다 2세기 성경 사본의 경우 코덱스의 필사율은 100%이다!

문화적 전망에서 본다면 초기 교회의 코덱스 사용은 반문화(counter-culture)적이라 명명할 수밖에 없다.[35] 당시 두루마리는 문화적 권위에 더하여 종교적 권위 역시 가지고 있었다. 앞서 주지한 것처럼, 초기 교회의 종교적 모태 노릇을 한 유대교에서 코덱스 형태의 성경은 회당에서 낭독조차 금지된 것은 물론, 8세기 이전에 구약이 코덱스에 필사된 예가 없다. 반면, 로버츠와 스키트의 통계에 따르면 주후 400년 이전 초기 교회의 출판으로 추정되는 93개의 구약성경 본문 중 7개(7.5%)만 두루마리이고 나머지 86개(92.4%)는 모두 코덱스이다.[36] 기독교 이전에는 유대인의 경전

Companion Volume (Jerusalem: Ben-Zvi Publisher, 2002), 61-72.

35) 이 입장의 옹호자들에 대해서는 아래 참조.

36) Roberts and Skeat, Codex, 39. 허타도는 LDAB(The Leuven Database of Ancient Books)에 따라 다른 통계를 제시한다. 2-3세기 것으로 추정되는 기독교 기원의 구약성경 저술들은 총 75개에 이르는데 그 중 단지 4-7%만 두루마리 책이고 나머지 96-93%는 모두 코덱스다(*Hurtado, Christian Artifacts*, 15-41, 58-60; *Destroyer of the gods*, 134). 허타도의 통계는 학자들 간의 통계 차이가 약간 있지만 그럼에도 불구하

이 코덱스에 기록된 예 자체가 없음에도 초기 교회는 신약만 아니라 구약성경까지 코덱스에 필사했다. 당시 대부분의 정식 책이 두루마리에 기록된 상황에서 두루마리가 가진 문화적 권위와 유대 경전의 책으로 두루마리가 가진 종교적 권위를 초기 교회가 몰랐을 리가 없었을 텐데, 그럼에도 교회는 후에 성경으로 알려진 책들을 코덱스에 필사한 것이다. 이런 사실은 종래의 책 형식이 가진 문화적 종교적 권위는 초기 교회의 성경 필사에서 그 어떤 중요한 역할을 하지 못했다는 결론을 내릴 수밖에 없게 만든다. 그러면 초기 기독교인은 왜 코덱스를 선호했으며 또 어떤 이유에서 구약성경까지 코덱스에 기록했을까?

5.1. 효용성에 따른 논증

첫째, 앞서 명시된 것처럼 정식 책 출판이[37] 두루마리 형태로 이뤄지던 기원후 1세기 전후의 그리스-로마 사회에서 코덱스는 출판 전 예비 단계에 있는 저자의 생각을 정리 혹은 발전시키는 '공책' (notebook) 또는 배우는 학생이 선생의 가르침을 받아 적는 개인용 노트(<그림 9, 10 참조>) 정도로 여겨졌다.[38] 코덱스의 그 같은 용도를 고려할 때 초기 교회의 압도적으로 높은 코덱스 성경 필사율은 초기 교회의 성경 필사 목적이 대외적인 출판보다 공동체 내부에서의 '사적' 이용에 있었을 가능성을 암시한다.[39] 특히 초기 교회는 가정을 기반으로 모인 가족 공동체로 여겨졌기

고 초기 교회의 코덱스 선택은 압도적이라는 점에선 일치한다.

37) 그리스-로마와 초기 기독교의 책 출판의 형식과 절차에 대해선 Gamble, *Books*, 42-81; Yoon-Man Park, *Mark's Memory Resources and the Controversy Stories(Mk 2:1-3:6): An Application of Frame Theory into the Markan Oral-Aural Narrative* (Leiden/Boston: Brill, 2010), 46-55.

38) Quintilian, *Institution oratoria* 10.7.30; 10.3.28; 11.2.32; Alexander, "Ancient Book", 101.

39) Alexander, "Ancient Book", 85; Gamble, *Books,* 77-78.

때문에[40] 필사한 성경이 내부 회람용이었다면 굳이 정식 출판 용도인 두루마리를 사용할 필요를 못 느꼈을 것이라는 추론이 가능하다.

둘째, 앞서 살펴본 것처럼 서판과 코덱스의 또 다른 용도가 연설가의 연설문 초안 작성, 기억 보조, 그리고 교사와 의료진의 교육 편람 등이었다. 그렇다면 초기 교회가 성경을 코덱스에 필사한 것도 성경을 교육과 양육, 암송 등과 같은 실용적인 목적에 이용하려는 의도가 반영된 것임을 시사한다.[41]

셋째, 코덱스는 보통 가죽 끈으로 코덱스의 앞뒤 표지를 서로 묶을 수 있었고, 또 휴대할 수 있도록 그것의 옆면에 끈을 부착하기도 했다(<그림 9, 10> 참조). 위에서 살펴본 1세기 로마 시인 마티알(Martial)의 예가 증명하듯 코덱스의 휴대성은 당시에 이미 알려졌다고 봐야 한다. 이를 근거로 순회 사역을 특징으로 하던 '교회 교사'와 '선교사'에게 코덱스의 휴대성은 큰 매력을 주었을 것이고 초기 교회의 높은 코덱스 선호도도 이것과 무관하지 않다는 주장이 있다.[42]

넷째, 2-3세기 초기 교회는 성경 각 권을 모아 하나의 책으로 편찬하기 시작했는데, 코덱스가 그런 편찬 작업에 용이했기 때문에 선호되었을 수 있다.[43] 바울서신은 비록 개별 교회에 각 권으로 보내졌지만 그렇게 보내진 각 권들이 적어도 2세기 중반에 이르러서는 하나의 수집본(collection)으로 모아지기 시작했다는 증거들이 있다. 대략 2세기 중반에[44] 필사된

---

40) 초기 교회의 모임 장소로서 가정에 대해서는 Wayne A. Meeks, *The First Urban Christians: The Social World of the Apostle Paul* (New Haven and London: Yale University Press, 1983), 75-77.

41) Alexander, "Ancient Book", 85, 104-105.

42) Michael McCormick, "The Birth of the Codex and the Apostolic Lifestyle," *Scriptorium* 39 (1985), 150-58; Eldon J. Epp, "The Codex and Literacy in Early Christianity and at Oxyrhynchus: Issues Raised by Harry Y. Gamble' s Books and Readers in the Early Church," *Critical Review of Books in Religion* 10 (1997), 21.

43) Gamble, *Books*, 58-66; Hurtado, *Christian Artifacts*, 88.

44) Philip Wesley Comfort, *The Quest for the Original Text of the New Testament*

P46은 목회서신을 제외한 대부분의 바울 서신(롬, 고전후, 엡, 갈, 빌, 골. 살전후)을 담고 있고, 역시 2세기 중반을 그 연대로 하는 말시온의 수집본(갈, 고전후, 롬, 살전후, 라오디게아[엡], 골, 빌, 몬) 역시 그와 유사한 목록을 가진다. 두 목록의 특징은 크게 두 가지이다. 말시온의 목록의 마지막에 있는 빌레몬서를 제외하면 모두 보편성의 상징적인 숫자인 '일곱' 교회 서신으로 이해되고 있다는 것과, 말시온의 목록에서 첫 자리를 차지한 갈라디아서를 제외하면 대략 길이가 긴 서신에서부터 짧은 서신 순서로 나열되었다는 것이 그것이다.[45] 겜블은 이런 두 특징을 고려하면서 그러한 수집이 단일 책에 이뤄졌을 것이라 추정한 후 그 책 형태가 두루마리일 가능성은 극히 낮다고 본다.[46] 이는 P46의 서신들을 당시 평균 크기(세로 20-25cm, 가로 7-10m)에 따라 두루마리에 기록했을 경우 대략 24m(당시 평균 두루마리 길이의 2배) 길이의 두루마리를 필요로 하기에,[47] 그 같은 긴 두루마리를 교회 안에서 낭독용으로 사용했을 것이라 추정하기는 매우 어렵기 때문이라는 것이다.[48] 반면 단일 코덱스에 일곱 권의 바울서신들이 기록될 경우 책 형태의 특성상 단일적 보편성과 개별적 특수성을 동시에 가질 수 있을 뿐만 아니라, 참고 시에도 "무작위적 접근"(random access)을 취할 수 있어 "순차적 접근"(sequential access)만 허락하는 두루마리보다 훨씬 더 실용적인 사용이 가능했기에 교회는 P46을 코덱스에 기록했을 것이라는 것이 겜블의 주장이다.[49]

(Eugene: Wipf and Stock, 2003[orig. 1999]), 30. 그러나 김영규(Young K. Kim, "Palaeographic Dating of P46 to the Later First Century," *Biblica* 68 [1998], 248-57)는 그것의 연대를 로마 황제 도미티안 치세(기원후 81-96)까지 거슬러 올라간다고 주장한다.

45) Gamble, *Books*, 60-62.

46) Gamble, *Books*, 62.

47) T.C. Skeat, "Length of the Standard Papyrus Roll and the Cost-Advantage of the Codex," *Zeitschrift für Papyrologie und Epigraphik* 45 (1982), 169-70.

48) Gamble, *Books*, 62-63.

49) Gamble, *Books*, 63.

비단 바울서신만 아니라 사복음서 역시 하나의 코덱스에 수집된 증거가 있다. 2세기 혹은 3세기 초반의 코덱스 사본으로 누가복음과 마태복음의 일부분을 가진 P^4, P^{64}, P^{67}은 모두 동일한 문서에 속한 것으로 판명되었다.[50] 또한 이른 3세기로 연대가 측정된 P^{45}는 사복음서와 사도행전을 포함하고 있는데 역시 코덱스 형태로 되어 있다. 코덱스가 각 권의 개별성을 훼손하지 않고도 여러 텍스트를 한 권에 수집 보관할 수 있는 문서적 특성을 가지고 있기 때문에, 초기 교회는 코덱스가 한 분 예수에 관한 다양한 시각을 담은 복음서를 담기에 적합한 책 형식이라 판단했을 수 있다.[51]

위의 논증의 요지는 코덱스가 두루마리와 비교했을 때 가지는 상대적으로 높은 실용성이 초기 교회의 저술 정신에 일치하여 결국 높은 코덱스 채택 비율로 이어지게 했다는 것이다. 이런 논증은 여러 면에서 설득력을 가지는 것이 사실이다. 그럼에도 코덱스의 유용성과 실용성은 외부 사회 역시 인지하고 있었던 문화적 지식이었음이 틀림없기 때문에 왜 유독 초기 교회에만 코덱스의 그 같은 효용성이 높이 평가되었는지를 설명해야 한다. 이를 위해 스탠톤(Graham Stanton)은 초기 교회의 혁신적인 코덱스 사용 배후에는 초기 교회가 가진 반문화적(counter-cultural) 입장이 있었을 것이라 추측하고,[52] 허타도는 책 문화에 있어서 시대를 앞서가는 실험 정신이 초기 교회의 압도적으로 높은 코덱스 선택 배후에 있었던 요인이었다고 설명한다.[53] 그렇다면 초기 교회의 탈권위적이고 반문화적인 실험 정신을 가능케 한 요인은 또 무엇이었을까? 이제 이 주제로 돌아가자.

---

50) Comfort, *Original Text*, 81-83.

51) Hurtado, *Christian Artifacts*, 88.

52) Graham Stanton, "Early Christian Preference for the Codex," *The Earliest Gospels: The Origins and Transmission of the Earliest Christian*. ed. by Charles Horton (London/New York: T & T Clark International, 2004), 43.

53) Hurtado, *Destroyer of the gods*, 136-37.

5.2. 권위에 따른 논증

효용성에 따른 논증은 '왜 초기 교회만 그런 가치에 집중적인 관심을 보였는가?' 라는 질문을 남겨 두었다. 이 질문에 답하고자 몇몇 학자들은 초기 교회의 코덱스 선호 배후에 모종의 권위 작용이 있었을 것이라는 주장을 꾸준히 제기해 왔다. 대표적인 주창자인 로버츠는 최초의 복음서인 마가복음이 그런 권위의 실체라고 주장했다.[54] 이를 위해 로버츠는 히에라폴리스(Hierapolis)의 주교 파피아스(Papias)의 주장을 따라 마가가 베드로의 해석자였고 베드로의 구술 가르침을 받아 적었던 필기도구가 서판 또는 양피지 혹은 파피루스 노트북(codex notebook)이었을 것이라 추측한다.[55] 물론 이런 주장은 코덱스 사본의 발견 지역인 이집트 교회에 대한 마가복음의 영향이 실재했음을 증명해야 한다. 이를 위해 로버츠는 유세비우스(Eusebius)의 『교회사』(*Ecclesiastical History* 2.24)를 근거로 마가가 알렉산드리아 교회의 개척자라고 주장한다.[56] 하지만 이런 입장의 약점은 2세기 이집트 지역에서 발견된 복음서 사본에는 마가복음이 없다는 사실에서 확인될 수 있는 것처럼[57] 이집트 지역에서 마가복음의 영향력이 컸다는 증

---

54) 이런 주장은 1954년의 그의 논문(C.H. Roberts, "The Codex," *Proceedings of the British Academy* 40 [1954], 169-204, 특히187-91)에서 처음으로 주장되었지만 그는 후기 책(Codex, 53)에서 이런 입장을 수정한다.

55) Roberts, "Codex," 187-88. 스탠톤 역시 이런 입장을 따르고 있다(Stanton, "Early Christian Preference for the Codex", 47-49 참조). 또한 가장 최근의 주창자는 우베 요쿰(Uwe Jochum, 『파피루스에서 전자책까지 모든 책의 역사』, 87]이 있는데, 특히 요쿰은 다음과 같이 주장한다: "[기독교가] 처음부터 코텍스를 매체로 선호[한 데는]... 최초의 기독교도 중 몇몇이 예수의 금언과 우화를 쓰기판에 기록했던 것이 한 역할을 한 것으로 보[인다]."

56) Roberts, "Codex," 189.

57) 로버츠와 스키트가 제시하는 11개의 2세기 성경 사본 중에 복음서는 P^{52}(2세기 초, 요한복음 18장 조각), $P^{4}/P^{64}/P^{67}$(모두 한 문서에 포함, 마태복음과 누가복음), P^{77}(마태복음 23장 조각), P^{90}(요한복음 18-19장) 등이다.

거가 없다는 것이다. 후에 이런 약점을 인정한 로버츠는 스키트와 공저한 다른 책에서 대안으로 사복음서 전체가 코덱스에 기록되었을 것이라 추정한다.[58] 이를 위해 그들은 먼저 예수님의 가르침을 유대인의 구전 토라(Oral Torah)에 비교한 후, 유대교에서 금지령이 내려졌음에도 불구하고 구전토라가 서판 혹은 파피루스 코덱스에 기록되는 경우가 있었다는 사실을 근거로 예수님의 어록과 이야기 역시 코덱스에 기록되었을 것이라 추측한다.[59] 일단 원복음서가 서판 혹은 양피지나 파피루스 노트북 형태로 출판되자 후기 서기관은 그 영향으로 쉽게 성경을 코덱스에 기록할 수 있었을 것이라 주장한다.[60] 로버츠와 스키트의 주장은 그 자체로 논리적이지만 그들의 주장을 뒷받침할만한 구체적인 증거가 없다.[61]

겜블은 로버츠와 스키트의 주장이 추론에 불과하다고 지적한 후, 2-3세기 이집트 교회의 이례적인 코덱스 선호 이면에는 바울 서신의 권위가 있었다고 주장한다.[62] 그의 주장을 뒷받침하기 위해 겜블은 디모데후서 4장 13절을 제시한다(번역은 저자의 것):

> 네가 올 때 내가 드로아 가보[의 집]에 두었던 겉옷과 책[τὰ βιβλία, '타 비블리아'] 특히 가죽 책[μεμβράνας, '멤브라나스']을 가져와라.

바울이 디모데에게 가져오도록 한 '멤브라나스'(μεμβράνας, "가죽 책")은 라틴어 *멤브라나(membrana)*의 헬라어 음역이다. *멤브라나(membrana)*는 *멤브라나룸(membranarum)*의 복수로 그 문자적인 뜻은 '양피지' 를 가리킨

58) Roberts and Skeat, *Codex*, 58-60.

59) Roberts and Skeat, *Codex*, 58-59. 바톤(John Barton, *Holy Writings Sacred Text: the Canon in Early Christianity* [Louisville, Kentucky: WJKP, 1997], 100-105) 역시 로버츠와 스키드의 입장을 따라 예수 전승이 코텍스에 기록된 것은 구전토라를 코텍스에 기록한 전통에 영향을 받은 탓이라 본다.

60) Roberts and Skeat, *Codex*, 63.

61) 로버츠와 스키트에 대한 적절한 비판을 위해서는 Gamble, *Books*, 63-64 참조

62) Gamble, *Books*, 64.

다.[63] 그러나 위의 퀸틸리안의 글(*Institution oratoria*, 10.3.31-2)에서 알 수 있듯이 라틴어 *멤브라나*는 양피지 코덱스의 지시어로 사용되고 있었다. 따라서 겜블에 따르면 두루마리를 가리키는 헬라어(διφθέρα, '디프테라')가 따로 있었음에도 바울이 굳이 라틴어 *멤브라나*를 사용한 것은 그가 원했던 책이 양피지 코덱스였기 때문일 가능성이 높다.[64] 더불어 알렉산드리아 본문 형태로서 목회서신을 제외한 바울 서신 전체와 히브리서가 담긴 코덱스 P^{46}(기원후 150-200)이 이집트에서 발견되었는데, 이것은 초기 이집트 교회에서 바울과 그의 서신의 영향이 실재했음을 보여주는 증거이다. 이런 증거는 권위 있는 인물 바울의 영향으로 초기 교회가 양피지를 선호했을 것이라는 추론이 설득력 있게 만든다.

요약하자면, 두루마리는 당시 유대인들의 성경(구약) 책이자 그리스-로마 고급 문학의 책 양식이었기에, 종교적 문화적 권위를 동시에 가지고 있었음에도 불구하고 초기 교회는 후에 신구약 성경으로 알려진 책들을 거의 일방적으로 코덱스에 기록했다. 코덱스를 향한 초기 교회의 이례적인 선호는 코덱스의 실용성 하나로 간단히 설명할 수 있는 문제는 아니다. 이런 점에서 초기 교회의 높은 코덱스 성경 필사율은 바울 서신의 원본이 코덱스에 기록된 까닭이라는 겜블의 권위에 입각한 논증은 실용성에 기초한 논증의 약점을 어느 정도 보완한다. 그럼에도 초기 교회의 코덱스 성경 책 선호의 배경을 둘러싼 학자들의 논의에서 간과된 것은 초기 교회의 의사소통 문화와 신학적 배경이다. 특히 초기 교회에서 신학과 삶의 방식 혹은 문화적 선택은 불가분의 관계에 있었기 때문에(아래를 보라) 초기 교회의 코덱스 선호의 촉매로서 신약성경의 신학에 대한 논의는 필연적이다.

---

63) Gamble, *Books*, 50, 64; 최근에 스탠톤 역시 이 입장을 따르고 있다: Stanton, "Early Christian Preference for the Codex," 48.

64) Gamble, *Books*, 64; 또한 Roberts and Skeat, *Codex*, 22 참조.

6. 초기 교회의 코덱스 선호 이유

현 섹션의 관심은 예수에게서 사도들로 이어진 의사소통 방식과 그들의 신학이 초기 기독교의 반문화적이고 탈권위적인 코덱스 선택에 어떤 역할을 했는지를 살펴보는 것이다. 기원후 1-3세기 그리스-로마 사회에서 코덱스는 노트북과 정식 책의 중간 단계로 이해된 사실을 감안한다면, 초기 교회의 코덱스 선호는 당시 교회가 후에 신구약 성경으로 받아들인 책들을 정식 책으로 여길만한 어떤 권위를 가진 것으로 보지 않았기 때문이라는 입장이 있을 수 있다. 그러나 사복음서와 바울서신이 기록되었을 때부터 교회에서 높은 권위를 가지고 읽혀졌다는 숱한 증거들은 그 입장이 설자리가 없음을 분명히 한다. 도리어 본 논문은 초기 교회의 코덱스 선호는 권위 있는 하나님의 말씀을 담기에 적합한 매체(책)에 대한 교회의 이해가 어떠했는지를 드러내고 있다고 주장할 것이다. 이런 주장은 다음의 세 가지 논지를 통해 보다 명확해질 수 있다.

첫째, 초기 교회가 단순히 기억의 보조물 혹은 연습용 '매체'(medium)였던 코덱스에 성경을 기록한 것은 당시 교회의 성경 필사가 교육과 말씀 낭독 및 암송과 같은 실용적인 목적 차원에서 진행된 것임을 알려준다.

둘째, 이런 실용적인 목적을 이루기 위해 2-3세기 교회가 종교적으로나 문화적으로 어떤 권위를 가지지 못한 코덱스에 성경을 기록한 것은 초기 그리스도인들은 성경의 권위를 외부적 권위를 빌어 세우려는 시도를 하지 않았다는 것을 말해준다.

셋째, 앞서 살펴본 것처럼 복음서와 바울 서신과 같은 책들은 기록 시기부터 종교적(신적) 권위를 획득했음을 고려할 때, 초기 교회가 그 같은 권위적인 말씀을 이미 문화적, 종교적 권위를 가진 두루마리보다 코덱스에 필사한 것은 거룩한 말씀이 '저장'되어야 할 궁극적 소재지는 바로 사람(의 기억 또는 몸)이 되어야 한다는 믿음을 가졌기 때문일 가능성이 매우 높다. 그렇다면 초기 교회가 그 같은 믿음을 가질 수 있었던 신학적 근거는 무엇인가?

6.1. 예수와 사도들의 의사소통 전통

예수님은 '글쟁이'가 아닌 '말쟁이' 였다.[65] 사복음서 그 어디에도 예수께서 글을 쓰셨거나(비교. 요 8:8)[66] 제자들에게 그의 가르침을 받아 적게 하신 적이 없다.[67] 이것은 적어도 예수님에게 기록된 문서는 의사소통 매체가 아니었음을 알려준다. 그의 제자들 역시 예수님의 행적과 말을 글로 옮기는데 별 관심이 없었고, 사도행전이 보여주는 바대로 제자들의 관심은 예수님이 하셨던 것처럼(행 10:36-38) 그들도 가르치고 선포하고 치료하는 것이었다.[68] 사도들이 그의 선생의 행적과 가르침을 문서에 옮겨 적는 일에 별 관심을 가지지 않은 이유는 아마도 제자들의 우선적 임무가 선생의 가르침을 적기(문서에 남기기)보다 따르는(역사에 남기는) 것이라 이해했기 때문이라 볼 수 있다.[69] 사도들이 따랐던 것은 예수님의 가르침만 아니라 그의 의사소통 방식 역시 포함한다. 결과적으로 사복음서가 등장하기 전 예수님의 행적은 거의 40년 동안 소리(sound)를 통해서만 전달되었고, 그것을 담은 매체 역시 사람의 기억(memory)이었다.[70] 그러나 1세기 중반 이후 사복음서가 기록되기 시작하면서부터 예수님의 이야기가 의사소통된 방식에 변화가 생기기 시작한다. 기억에 의존하여 구술-청각적

65) 2장 2.1과 2.2. 참조.

66) 요 8:8에서 예수님이 쓰신 것이 글인지 어떤지는 정확하게 기술되어 있지 않을 뿐 아니라 8:1-11은 권위 있는 초기 사본(P^4 P^{75} ℵ B L N T W X Y D 등)에는 등장하지 않는다.

67) 2장 2.1. 참조.

68) 2장 2.1. 참조.

69) 2장 2.1. 참조.

70) 마가복음은 기원후 69-70년, 마태복음은 80년대 전반, 누가복음은 80년대 중반 그리고 요한복음은 90년대에 기록된 것이다.

으로 전달되던 예수 전승이 기록된 문서의 옷을 입게 된 것이다.[71)]

물론 기록된 문서의 등장으로 예수님의 이야기의 주된 전달 매체가 기억에서 문서로 이동되었다고 볼 필요는 없다.[72)] 기록된 복음서의 등장 이후에도 여전히 교회의 기억이 복음서의 전달과 보존에 핵심적 역할을 감당했음을 보여주는 증거들이 있기 때문이다. 첫째는 초기 교회는 복음서를 사도들의 "회고록"으로 이해했다. 저스틴(*1 Apology* 67.3)이 말하듯 2세기 초-중반 교회는 주일 예배 시 "사도들의 회고록"[ἀπομνημοεύματα, '아포므네모뉴마타']과 선지자들의 저작들"을 읽었다. "선지자들의 저작들"은 구약성경에 대한 지시어로 보는 것이 맥락상 가장 자연스럽다.[73)] 그리고 "사도들의 회고록"[ἀπομνημοεύματα]은 복음서를 가리키는 지시어가 틀림없는데, 이는 66.3에서 복음서를 사도들의 "회고록"이라 밝히고 있기 때문이다. 유사하게 클레멘트(*To Theodore* 1.20)와 유세비우스(*Ecclesiastical History* 2.15)는 마가복음을 "회고록"(ὑπομνήματα, '휘포므네마타')으로 표현한다.[74)] '휘포므네마타'(ὑπομνήματα)는 '아포므네모뉴마타'(ἀπομνημοεύματα)와 동의어로 사용되면서[75)] 기억을 돕는 '메모'

71) Park, *Mark's Memory*, 43-44.

72) 이레니우스(Irenaeus, Contra *Haer*. 5.33-34)와 저스틴(Justine, *Dial.* 78.5-6; 88)과 같은 2세기 중반 이전의 교부들이 기록된 사복음서에는 나오지 않고 아마도 구전으로 전달되던 예수님의 어록과 행적(*agrapha*, 예. 행 20:35)을 인용함에 있어서 기록된 복음서에 나오는 예수 전승과 어떤 차별을 두지 않는 것을 볼 수 있다. 이것은 적어도 2세기 중반의 교회에서 어떤 예수 전승이 권위를 가지느냐 아니냐를 결정하는데 있어서 그것이 기록된 문서에 들어갔는지 아닌지가 별 중요한 요소로 작용하지 않았음을 보여준다.

73) Luise Abramowski, "The 'Memoirs of the Apostle' s in Justin," *The Gospel and the Gospels*. ed. by Peter Stulmacher (Grand Rapids, Michigan: Eerdmans, 1991), 323-35; Park, *Mark's Memory*, 53에서 재인용.

74) David Aune, *The New Testament in Its Literary Environment* (Philadelphia: Westminster Press, 1987), 66-67은 ἀπομνημοεύματα와 ὑπομνήματα가 동의어로 사용되고 있음을 보여준다; Park, Mark' s Memory, 53에서 재인용.

75) Aune, *New Testament in Its Literary Environment*, 66-67; Park, *Mark's Memory*, 53에서 재인용.

(*memorandum*, a note)의 뜻을 가지기도 한다.[76] 마가복음을 비롯한 복음서의 성격에 대한 초기 교회의 그 같은 이해는 마가복음은 베드로의 "해석자"인 마가가 베드로의 구술 가르침을 "기억하여"(ἐμνημόνευσεν) 기록한 것이라는 1세기 인물 파피아스의 증언과 일치한다.[77] 초기 교회(특히 저스틴과 이레니우스)가 사복음서를 권위 있게 여긴 이유는 그것들이 기록되었기 때문이라기보다는 사도들의 가르침을 담고 있기 때문이었다.[78] 2-3세기 교회에게 문서는 그 기억을 담은 "편리한 용기"에 불과했다는 바톤(John Barton)의 주장은 과장이 아니다.[79]

둘째로 예수님의 이야기가 기록된 문서 양식을 갖추기 시작했음에도 초기 교회가 여전히 그들의 기억을 전승의 전달 보존 도구로 여긴 이유는 당시 높은 문맹률 때문이었다. 본서의 섹션 2.5에서 이미 밝힌 것처럼 문맹률이 90%에 달했던 1세기 상황에서 기록된 문서는 여전히 공개적 읽기를 통해 구술-청각적으로 의사소통 될 수밖에 없었고, 초기 교회 대부분의 사람들은 그들의 기억에 예수님의 행적과 어록을 저장하고 기억(storing and remembering)해야 했다.[80] 적어도 초기 기독교인에게 예수님은 파피루스에 기록된 분이라기보다 그들의 기억 속에 살아 계신 분이었다. 따라서 그의 가르침은 읽기(reading)보다 떠올림(remembering)으로 접할 수 있었다. 예수께서 그가 떠나셨을 때 오실 보혜사가 "내가 너희에게 말한 모든 것을 생각나게[ὑπομνήσει, '휘포므네세이']"(요 14:26) 하시는

---

76) Liddell and Scott, ὑπομνήμα.

77) Park, *Mark' Memory*, 52-53.

78) Barton, *Holy Writings*, 100.

79) Barton, *Holy Writings*, 100.

80) 이 말은 당시 기록물의 독서에 사적이고 조용한 읽기는 없었다는 말은 아니다. 허타도(Larry W. Hurtado)는 최근에 신약성경이 기록된 시기의 그리스-로마 사회의 책 문화에서 조용하고 사적인 읽기가 존재했었다는 여러 증거를 제시했다. Larry W. Hurtado, "Oral Fixation and New Testament Studies? 'Orality', 'Performance' and Reading Texts in Early Christianity," *NTS* 60 (2014), 326-27.

분이라 소개한 이유도 이런 의사소통 환경과 무관하지 않다.[81] '휘포므네세이' (ὑπομνήσει)의 미래시제는 보혜사의 오심이 여전히 실현을 기다리는 사건임을 드러내려는 의도가 문법화된 것이지만 요한복음의 청자 입장에서 본다면 성령의 기억나게 하시는 사역은 말씀을 기억, 보존, 전달하는 그들의 '기억 활동' (working memory)을 통해 성취되고 있었다.

바울서신의 사용 역시 구술-청각 의사소통의 예외가 될 수 없다. 바울서신들은 대략 기원후 49-58년 사이에 기록되었다는 것을 고려하면, 예수님의 행적이 기록된 문서 양식(마가복음)에 들어가기 약 20년 전부터 바울서신이 기록되기 시작했다. 연대기적으로는 예수님의 생애가 바울보다 앞서지만 문서 기록 시기에 있어서는 바울서신이 사복음서를 앞선 것이다. 기록된 복음서가 그러했던 것처럼 바울의 문서 사용이 그의 의사소통의 매체가 소리에서 시각으로 이동했다는 것을 의미하지 않는다. 그의 편지들은 여전히 공개적 읽기용(살전 5:27; 골 4:16)으로 기록되었기 때문이다. 게다가 발신자와 수신자의 공간적 거리 극복 용도였던 당시 편지의 전달과 낭독 역시 '공공 체계' 가 아닌 발신자들과 이미 형성된 인적 관계를 통해서였다(예. 디모데[빌 2:19; 고전 16:10], 디도[고후 9:16-24], 두기고[골 4:7-8] 뵈뵈[롬 16:1]).[82] 그의 대리자를 통해 낭독되던 바울 서신은 그의 임재를 드러내는 또 하나의 '살아있는 소리' (a living voice, viva vox) 역할을 하기에 충분했다. 그러므로 복음서와 마찬가지로 기록된 바울서신 역시 여전히 소리로 의사소통 된 매체였다는 주장은 부정될 수 없다.

이처럼 예수님과 그의 제자들의 구술-청각적 의사소통 방식, 사도들의 "회고록"으로서 복음서에 대한 이해, 그리고 바울서신의 전달 및 낭독 방식 등에 대한 관찰은 2-3세기의 초기 교회의 상황에서는 권위적인 기록매체의 힘을 빌려 책의 권위를 높이려는 시도가 들어올 여지가 거의 없었다

---

81) 1장을 보라.

82) Judith M. Lieu, "Letters and the Topography", *New Testament Studies* 62.2 (2016), 167-82.

는 것이다. 도리어 문화적 종교적 권위를 획득하지 못한 코덱스에 성경을 필사한 현상은, 당시 코덱스가 사람의 기억(몸)에 정보를 저장하려는 보조물의 기능을 수행했다는 점을 기억할 때, 초기 교회 역시 하나님의 말씀을 담아야 하는 '매체'는 사람들의 몸(기억)이어야 한다는 믿음의 결과로 볼 때 가장 쉽게 납득이 된다. 게하드슨(Biger Gerhardsson)은 복음서에 대해 초기 교회의 의사소통 상황에 가장 근접한 평가를 내린다:

> 복음은 구술언어(*viva vox*)이다...책은 물론 허락되었고 또 중요했다... 그러나 복음서는 처음부터 뚜렷이 청자의 '마음에' 기록되어야만 했던 구술언어였다.[83)]

이 모든 논증은 초기 교회로 하여금 성경을 코덱스에 기록한 배후의 가치는 '권위 있는 말씀'의 저장소는 사람의 몸이어야 하며 또 말씀이 체현되는 현장 역시 몸이 살아가는 삶의 현장이라는 믿음이라는 주장이 불가능하지 않음을 말해준다.

6.2. 신약성경의 신학

위에서는 '사람의 몸이 거룩한 말씀을 담기에 적합한 책이다'는 믿음이 작동했을 교회의 의사소통 전통을 통해 초기 교회의 코덱스 선호 배후를 설명했다. 마지막 논의는 코덱스를 매체로 하여 성경을 사람의 몸에 저장(기억)하려는 시도가 신약성경의 신학으로부터 지지 받을 수 있었는지를 살펴보는 것이다. 이를 위해 우리의 관심은 2-3세기에 이집트 지역의 교회에 잘 알려졌던 사복음서 특히 요한복음과 바울서신의 신학에 집중할 것이다. 2세기 것으로 판명된 11개의 성경사본 중 신약은 5개 구약

83) Biger Gerhardsson, "Oral Tradition (New Testament)," *A Dictionary of Biblical Interpretation*. ed. by R. J. Coggins and J. I. Houlden (London: SCM, 1990), 500.

은 6개이며 신약 중 디도서를 포함하는 P32를 제외하면 모두 복음서를 담고 있는 문서이다(P52[요 18장 조각], P4/P64/P67[마, 눅], P77 [마 23장 조각], P90[요 18-19장]). 만일 3세기까지 포함한다면 사복음서 사본 중 요한복음은 총 16개, 마태복음 12개, 누가복음 7개, 마가복음 1개를 포함하는데, 특히 통계가 보여주듯 요한복음은 초기 2-3세기 이집트 지역 교회에서 가장 많이 읽힌 복음서였음을 확인할 수 있다.[84] 바울서신 역시 골고루 읽혀지고 있었는데 이집트 지역에서 발견된 2-3세기 사본은 로마서 4개, 고린도전서 2개, 고린도후서 1개, 갈라디아서 1개, 에베소서 3개, 빌립보서 2개, 골로새서 1개, 데살로니가전서 3개, 데살로니가후서 2개, 빌레몬서 1개, 디도서 1개를 포함하고 있다는 사실이 이것을 말해준다.[85]

본서의 서론에서 밝힌 것처럼 "말씀이 육신이 되었다"(ὁ λόγος σὰρξ ἐγένετο) 는 요한복음 1:14은, 예수님은 "하나님의 말씀의 신체화" 이심을 알려준다. 곧 "하나님의 말씀의 의사소통 원리가 예수님의 육신, 즉 '신체언어' 였다는 것을 서론에서 들려준다. 하나님은 예수님의 언어뿐만 아니라 예수님의 몸으로 말씀하신 것이다."[86] 요한복음의 '말씀의 신체화' 라는 신학은 예수님에게만 적용되지 않는다. 15장 7절은 "너희가 내 안에 거하고 내 말이 너희 안에 거하면 무엇이든지 원하는 대로 구하라 그리하면 이루리라" 고 강조하는데, 믿는 자 역시 예수님의 말씀을 그들 "안에" 품도록 요청 받고 있다. 성령의 역할 역시 유사하다. 앞서 지적한 것처럼 예수님의 승천 후 오실 보혜사는 제자들의 몸 안에 저장된 예수님의 말을 되새김질(ὑπομνήσει) 하게 하실 것이라 가르친다(14:26).

바울 서신에서도 유사한 가르침을 발견할 수 있다. 바울은 고린도후서

---

84) 3세기까지 포함하는 신약성경 사본 개수에 대해선 Hurtado, *Christian Artifacts*, 20-21.

85) Hurtado, *Christian Artifacts*, 20-21. 허타도가 제시하는 신약성경의 다른 사본과 개수는 다음과 같다: 히 4개, 약 3개, 벧전 1개, 벧후 1개, 요일 1개, 요이 1개, 유 2개, 계 5개.

86) 서론 11쪽을 보라.

3장 3절에서 고린도교회를 향하여 말한다:

> 너희들은 그리스도의 편지[ἐπιστολὴ Χριστοῦ]라...
> 먹이 아닌 살아계신 하나님의 영으로 돌판이 아닌 육체의 마음판에 쓰인 것이라.

"그리스도의 편지"에서 소유격 Χριστοῦ는 주격으로 해석하여 '그리스도께서 쓰신' 이란 뜻을 함의하는 것으로 보는 것이 자연스럽다. 또 "돌판"에 기록된 문자는 모세가 시내산에서 (옛) 언약 체결 시 받은 계명을 지시하는 것처럼 보인다. 따라서 바울은 옛 언약의 조약이 새겨진 "돌판"과 그리스도를 통해 체결된 새 언약이 새겨진 "육체의 마음판"을 비교 대조하면서[87] 옛 언약의 조약은 먹으로 돌판에 쓰였지만 새 언약의 말씀은 그리스도께서 성령으로 성도들의 몸에 새겼다고 밝힌다. 이것이 "뭇 사람이 알고 읽는[γινωσκομένη καὶ ἀναγινωσκομένη]" 새 언약의 책은 다름 아닌 성도들의 마음이라는 바울의 주장(2절)의 근거이다.[88]

사복음서와 바울서신이 견지하고 있는 그 같은 가르침은 새 언약의 공동체인 교회에 속한 성도들의 몸이 곧 하나님의 말씀을 담는 매체라는 이해를 형성시켰을 것이고, 연습용으로 사용된 코덱스를 통해 사람들의 기억과 몸에 말씀을 암송시키고 저장하려는 시도를 할 수 있는 신학적 정당성을 확보할 수 있도록 해주었을 것이다. 물론, 복음서의 기독론과 바울의 종말론적 신학이 바울과 초기 교회의 책 형태 선택에 영향을 미쳤다는 것을 보여주는 직접적인 증거는 없다. 그럼에도 그런 종류의 영향이 초기 교회에 일어나는 것이 불가능하지 않았음을 보여주는 증거가 있다. 초기

87) Victor Paul Furnish, *II Corinthians* (AB 32a; New Haven & London; Yale University Press, 1984), 199-201.

88) 새 언약의 계명은 성령에 의해 마음에 새겨질 것이라는 점은 이미 겔 36:26-27과 렘 31:33에서 예언된 바이기도 하다.

교회는 유대교를 그 뿌리로 했음에도 그들이 따르고 있던 신학 때문에 유대교와 근본적 차이를 이뤄냈고, 사회 문화적으로는 그리스-로마에 속해 있었음에도 불구하고 그들의 신학 때문에 그들과는 다른 전통을 만들었다. 먼저, 다신교를 주류로 여기고 있던 그리스-로마 사회의 신관에서 초기 교회는 유대인들과 동일한 일신론을 지켰다(행 17:16-31; 고전 8:4-6; 12:2-3; 살전 1:9).[89] 또한 그리스-로마 종교는 그들이 섬기는 신을 모시는 신전이 있었고 그곳에서 제사행위가 이뤄졌다. 기원후 70년 이전의 유대교 역시 그 같은 종교적 건물과 행위에 있어서는 예외가 아니었다. 그러나 초기 교회는 건물로서 성전을 건축하지 않았고(참조. 행 7:46-51; 고전 3:16; 6:19) 또 그 어떤 동물 제사의 필요성을 주장한 적이 없었으며(참조. 롬 12:1; 히 13:15-16),[90] 더욱이 그들은 신을 예배하는 공간으로 인간 생활의 한복판인 가정을 택했다(몬 2).[91] 더불어 초기 교회의 예배로 모이는 날 역시 다른 종교와의 차별성을 가졌는데, 이는 한 주에 한 번 모여 드린 예배 관습이 이를 증명한다. 그리스-로마의 그 어떤 종교도 일주일에 한 번 정기 모임을 전통으로 가지고 있지 않았기 때문이다. 물론 유대인들도 일주일에 한 번 회당에 모여 안식일을 지켰다는 점에서 기독교와 유사하지만 초기 교회는 안식일이 아닌 안식 후 첫 날을 '주의 날'로 지켰다(고전 16:2; 계 1:10; Justine *1 Apology* 67:3). 신을 섬기는 장소와 날의 변화는 다른 어떤 종교와도 구별되는 기독교만의 독특성이었다.

이런 변화의 시작은 예수님의 삶과 죽음 그리고 부활이었다. 예수님은 초기교회의 하나님을 섬기는 방식에 있어서 혁신을 가져온 것이다. 이런 혁신은 역사 속에서 예수님에 의해 이미 예고된 바이기도 하다. 예수님은

89) 그리스-로마의 다신교 사회에서 초기 기독교가 지킨 일신론 대해서는 Hurtado, *Destroyers of gods*, 37-76 참조.

90) 초기 교회의 제사 무용론에 대해서는 N.T. Wright, *The New Testament and the People of God* (Mineapolis: Fortress, 1992), 363-64 참조.

91) Meeks, *The First Urban Christians*, 75-77 참조.

유대인들의 금식 관습을 지키도록 요구받았을 때 그 자신을 통해 새롭게 도래한 종말의 때에 "새 포도주는 새 부대"를 필요로 한다고 역설하셨다(마 9:17; 눅 5:38). 물론 앞서 언급한 성전과 제사행위 그리고 함께 모이는 날은 모두 종교적인 문제이고 책 형태와 같은 문제는 문화적인 문제라 말할 수 있을 것이다. 그러나 고대 사회에서 종교와 문화 혹은 정치는 현대 사회에서와 같이 엄격하게 구분되지 않았다. 게다가 유대인과 기독교인 모두에게 두루마리는 단지 문화적 양식이 아니라 구약성경이라는 권위 있는 경전을 담고 있었기에 종교적 의미를 가지고 있었다. 따라서 초기 교회가 다른 모든 영역에서 그리스-로마 종교와 심지어 유대 종교와 여러 면에서 차별을 두며 "새 포도주를 새 부대에" 담고 있던 상황에서 성경책을 담는 문서 양식 역시 신약성경의 신학과 예수님과 사도들의 의사소통 전통에 일치하는 코덱스를 "새 부대"로 여기고 사용했을 개연성이 매우 높다.

7. 나가는 글

우리는 지금까지 기원후 2-3세기의 이집트 지역을 중심으로 한 초기 기독교가 신구약 성경을 필사함(copying)에 있어서 보여준 압도적으로 높은 코덱스(codex) 선택의 배경과 이유를 탐구해 왔다. 필자는 이미 여러 학자들이 제시한 효용성과 권위에 따른 논증에 동의하면서 거기에 더해 초기 교회의 코덱스 선택은 예수님과 사도들의 의사소통의 영향과 신약성경의 신학 자체의 지지가 있었기 때문에 가능했다는 논증을 펼쳤다. 예수님의 의사소통 도구는 글이 아닌 말이었고 사도들 역시 그 전통을 따랐다. 대략 기원 후 40부터 50년대 중후반까지 기록된 바울서신이나 60년대 말부터 90년 때까지 기록된 복음서는 모두 구술 청각용으로 청자의 기억에 저장되도록 의도된 메시지를 담고 있다. 그렇다면 2-3세기 초기 교회에는 하나님의 말씀을 담아야 하는 매체는 사람의 몸이라는 이해가 자연스럽게 자리 잡고 있었고, 결국 코덱스와 같은 혁신적인 매체를 적극 수용하고 또 이용하는데 까지 나아가도록 했다는 추론은 매우 자연스럽다. 무엇보다 '거룩한 기록' 을 담는 매체로서 몸에 대한 이해는 신약성경의 신학이 지지하는 바이고 그런 신학의 초석은 예수님의 죽음과 부활을 기초로 하고 있다. 예수님의 죽음과 부활은 새 창조를 가져왔고, 그 새 창조를 살아가는 교회는 세상의 문화를 빌어 진리를 드러내기보다 새로운 방식으로 진리를 드러내는데 있어서 어떠한 주저함도 없었을 것이다. 코덱스 선호는 그 한 예라고 보는 것이 가장 타당하다.

결 론

우리는 지금까지 1세기 그리스도인들이 어떻게 신약성경 텍스트를 통해 의사소통을 하였는지를 현대 인지언어학과 담화분석으로부터 온 통찰을 사용하여 관찰하였다. 현대적 방법론을 사용하여 고대 문서를 분석하려는 시도에서 일어날 수 있는 시대착오적 해석을 최소화 하고자 본서는 우선적으로 신약성경의 문서 · 언어적 성격을 2장에서 규명하려 했다. 즉 신약성경은 구술 · 청각적 의사소통 환경에서 '출판' 된 텍스트로서 인간의 기억에 중대한 의존을 한 채 처리 · 이해되도록 의도되었다는 것이 본서의 주장이다. 신약성경이 그러한 것처럼 만일 한 텍스트가 새로운 지식을 제공하기보다 기존의 지식을 환기하도록 사용되었다면 그러한 텍스트의 의사소통 과정을 이해하기 위해서는 인간의 기억이 텍스트 이해에 어떻게 관여하는지를 밝혀줄 수 있는 언어학적 이론 사용이 필연이다. 이것이 본서가 현대 인지언어학의 여러 이론들을 사용하는 이유이다. 인지언어학 특히 틀의미론은 세상을 이해하는 인간의 인지과정과 언어를 이해하는 인지과정이 별개의 것이 아닐 뿐만 아니라, 텍스트를 통한 의사소통은 그것을 구성하는 언어와 문법에만 의존해서는 이뤄질 것이 아니라 인간의 배경 지식 혹은 틀지식과의 상호작용을 통해서 진행되는 것임을 믿고 있다. 인지언어학에 따르면 언어와 문법은 인간의 틀지식을 떠 올리게 하는 라벨(label) 기능을 하는 것임을 주장한다. 이러한 인지언어학의 주장은 구술 · 청각적 의사소통 환경에서 인간의 기억에 의존하여 정보 전달이 의도된 신약성경과 같은 텍스트를 이해는 언어와 문법적 항목이 제공하고 있는 텍스트 정보뿐만 아니라 그 정보들이 전제(혹은 배경으로)하고 있는 지식 역시 환기할 수 있을 때에야 가능한 것임을 알려주고 있다. 2장은 이것을 보여주기 위해 여러 언어와 문법적 항목의 예를 제시하고 있다.

3장은 문맥에 대한 논의를 다뤘다. 텍스트를 처리함에 있어서 '눈앞에 있는 정보' 이해는 '눈밖에 있는 정보' 이해에 의존해 있다는 언어학적 명제는 구술 · 청각적 문서인 신약성경 텍스트 정보 처리와 이해에도 옳은 주장이다. 이 장에서 본서는 문맥을 텍스트 정보와 텍스트 외적인 정보를 기초로 언어사용자가 특정 영역에 관해 머릿속에 형성한 지식구조인 틀지식으로 정의 내린 후 새롭게 정의된 문맥이해가 신약성경 텍스트의 문법과 어휘적 정보 그리고 이야기 처리와 이해를 돕는데 어떻게 공헌할 수 있는지 보여주고자 했다. 신약성경 헬라어와 문법은 틀을 전제로 사용되고 있기 때문에 언어(명사, 명사구, 다의어, 은유적 표현)와 문법적(서술적 분사, 접속사, 동작주 부재구문, 수사의문) 사용을 통한 의미전달이 성공하려면 경험과 문화 그리고 관습적 지식으로 구성된 틀문맥을 적절하게 환기할 때만 가능하다는 것을 신약성경으로부터 온 여러 예를 사용하여 보여주었다. 이와 함께 본서는 내러티브와 같은 이야기의 흥미와 긴장을 유발하는 요소 역시 언어사용자들이 이야기 정보에 대해 가지고 있는 틀문맥이 적절하게 사용될 때만 가능하다는 것을 실례를 통해 증명하였다.

4장은 현저성을 기초로 한 본문 읽기의 유익함을 보여주고자 했다. 이를 위해 우리는 먼저 신약성경 헬라어의 여러 현저성 표지들을 제시하였다. 문단차원에서 담화 정보의 현저성을 드러내는 표지들로는 반복적으로 언급된 문단 경계표지 정보가 있으며, 언어적 표지로는 인칭대명사 ἐγώ, συ, αὐτός와 강조형 ἀυτός, καί, ἰδού 등이 있음을 본문의 예로 제시했다. 문법적 현저성으로는 어순과 절 · 문장구조의 예들과, 동사상과 헬라어 관사의 예외적 사용, 그리고 의미상의 주어가 문법적 목적어가 되고 의미상의 목적어가 문법적 주어가 되는 수동태 구문에서 문법적 주어에 주어지는 현저성의 예를 보여주었다. 마지막으로 의미적 현저성을 결정짓는 요소로 본서는 언어사용자의 인지과정에서 작용하는 틀 지식의 역할을 지적하였다. 즉 텍스트에 나오는 어떤 정보가 근접 정보 보다 의미적으로 초점화를 받을 수 있는 것은 그 정보가 언어사용자의 지식구조를 배경으로 보았을 때 '뜻밖' 이거나 '예상 밖' 의 정보로 처리될 수 있을 때이다. 따라서 어떤 정보가 기대된 정보인지 아닌지를 결정하도록 돕는 틀은 의미적 현저성을 결정하는 인지적 표지 역할을 할 수 있다는 것이 본서의 주장이다.

5장은 수많은 정보가 모여 있는 텍스트가 파편화되지 않고 하나의 응집성 있는 덩어리로 이해하도록 돕는 담화요소가 무엇인지 보여주었다. 들려오는 정보가 개별적인 정보로 처리되지 않고 의미 있는 하나의 덩어리로 처리 · 이해될 수 있도록 돕는 담화와 인지적 요소가 무엇인지 아는 것은 소리에 의존하여 정보를 전달하도록 의도된 신약성경과 같은 구술 · 청각 텍스트의 의사소통 과정 이해에 필수적이다. 본서는 신약성경 특히 복음서와 같은 내러티브의 응집성을 결정하는 담화 단위로 문단을 제시한 후 문단 정보 처리를 위해 결정적인 인지적 요소로 틀지식을 제시했다. 틀은 특정 영역에서 일어나는 사건에 관한 원형적 지식으로 장소 · 사건 · 인물과 같은 정보를 가지고 있기 때문에 장소 · 사건 · 인물로 구성된 문단 정보를 응집성 있게 처리하는 일에 있어서 결정적인 역할을 할 수 있음을 마가복음 1:16-20과 2:1-12의 에피소드를 통해 관찰했다.

6장에서 본서는 추론에 기초한 본문 읽기의 예를 제공했다. 텍스트를 이해하는 과정은 발화된 정보를 통해 발화되지 않은 정보를 추론할 수 있느냐에 달려 있다. 따라서 신약성경 텍스트의 해석과 이해에 관심 있는 이들이 갖추어야 할 필수적 해석학적 역량은 추론적 능력이다. 특히 구술 · 청각적 텍스트인 신약성경의 화자들은 청자들이 자신이 전달하려는 정보에 익숙해 있다는 전제를 가지고 문서를 기록하고 또 들려주기 때문에 신약성경를 이해하기를 원하는 현대 독자들은 화자가 어떤 정보를 어떻게 추론하도록 의도했는지를 아는 일이 절실하다. 이처럼 추론의 필요는 텍스트의 성격에서 기인한다는 사실로 인해 화자가 청자의 추론에 맡겨 놓는 텍스트 정보들이 어떤 것인지를 이해하는 것은 추론적 역량을 갖추는 지름길이다. 본서는 청자의 추론에 맡겨진 텍스트 정보로 세상사 지식, 사회적 관습, 종교적 · 인과적 지식과 언어적 맥락 의존적 정보등과 같은 것이 있음을 설명했다. 화자는 청자들이 추론을 통해 텍스트 정보를 처리하도록 여러 문법적 항목을 사용하는 데, 그러한 항목으로는 대명사, 지시대명사, 정관사가 있음을 예로 들어 보여주었다. 마지막으로 본서는 비유어와 추론의 관계를 설명하면서 은유와 환유적 정보 처리와 이해는 언어 사용자의 머릿속 지식 구조에 근거한 추론 작업의 결과임을 증명해 보였다.

7장에서는 4장에서 제시된 문법적 현저성 표지이자 의미적 범주인 동사상의 사용에 근거하여 빌레몬서의 본문 이해와 해석을 시도했다. 이러한 연구의 결과는 바울은 자신의 주제의 뼈대를 이루는 사건과 동작을 소개하고자 완료상(과거시제 형태)을 사용하고 있으며, 미완료상(현재와 미완료 시제 형태)은 그의 주된 간구를 전방에 부각시키는 담화전략으로 사용하고 있다는 것이다. 마지막으로 바울은 상태상(완료시제 형태)을 사용하여 빌레몬이 자신의 요구에 따라 행동할 것을 확신하는 자신의 내적 상태를 최전방 정보로 부각시키고 있음을 관찰했다.

8장에서는 기원후 2-3세기의 이집트 지역을 중심으로 한 초기 기독교가 신구약 성경을 필사(copying) 할 때 압도적으로 높은 비율로 코덱스(codex)을 선택한 배경과 이유를 탐구했다. 필자는 이미 여러 학자들이 제시한 효용성과 권위에 따른 논증에 동의하면서 그기에 더해 초기 교회의 코덱스 선택은 예수님과 사도들의 의사소통의 영향과 신약성경의 신학 자체의 지지가 있었기 때문에 가능했다는 논증을 펼쳤다. 예수님의 의사소통 도구는 글이 아닌 말이었고 사도들 역시 그 전통을 따랐다. 대략 기원 후 40부터 50년대 중후반까지 기록된 바울서신이나 60년대 말부터 90년 때까지 기록된 복음서는 모두 구술 청각용으로 청자의 기억에 저장되도록 의도된 메시지를 담고 있다. 그렇다면 2-3세기 초기 교회에는 하나님의 말씀을 담아야 하는 매체는 사람의 몸이라는 이해가 자연스럽게 자리잡고 있었고, 결국 코덱스와 같은 혁신적인 매체를 적극 수용하고 또 이용하는데 까지 나아가도록 했다는 추론은 매우 자연스럽다. 무엇보다 '거룩한 기록' 을 담는 매체로서 몸에 대한 이해는 신약성경의 신학이 지지하는 바이고 그런 신학의 초석은 예수님의 죽음과 부활을 기초로 하고 있다. 예수님의 죽음과 부활은 새 창조를 가져왔고 그 새 창조를 살아가는 교회는 세상의 문화를 빌어 진리를 드러내기보다 새로운 방식으로 진리를 드러내는데 있어서 어떠한 주저함도 없었을 것이고, 코덱스 선호는 그 한 예라고 보는 것이 가장 타당하다.

이상의 연구를 통해 내릴 수 있는 결론은 다음과 같다. 1세기 원화자는 구술 · 청각적 텍스트인 신약성경을 통해 청자와 의사소통을 하기 위해 다양한 담화적 장치와 본문 외적인 정보에 의존하고 있다. 그러므로 신약성경 텍스트의 정보 이해와 해석은 그것의 성격을 적절하게 고려하는 언어학적 이론이 사용될 때 더욱 더 향상될 수 있음을 보여준다.

참고문헌

현대 언어학 및 인지과학

Abbott, Valerie & Smith, Edward E. " The Representation of Scripts in Memory." *Journal of Memory and Language* 24 (1985): 179?99.

Beaugrande, R. de. *Linguistic Theory: The Discourse of Fundamental Works*. London: Longman. 1991.

Beaugrande, R. de and W. Dressler. *Introduction to Text Linguistics*. 김태옥, 이현호 역.『언어학 입문』. 서울: 한신문화사, 1995.

Black, John B. & Gordon, H. Bower. "Episodes as Chunks in Narrative Memory." *Journal of Verbal Learning and Verbal Behavior* 18 (1979): 309-10.

Brown, Gillian and George Yule. *Discourse Analysis*. Cambridge: Cambridge University Press. 1983.

Chafe, Wallace. "The Flow of Thought and the Flow of Language." In *Syntax and Semantics. vol. 12: Discourse and Syntax*. (ed.) Talmy Givón. New York: Academic Press, 1979: 150?80.

_____, Chafe, Wallace. "The Deployment of Consciousness in the Production of a Narrative." In *The Pear Stories*. (ed.) Wallace Chafe. Norwood, N.J.: Ablex, 1980: 43-4.

Chomsky, Noam, *Knowledge of Language: Its Nature, Origin, and Use*. New York: Praeger, 1986.

Croft, William, and D. A. Cruse, *Cognitive Linguistics*. Cambridge: Cambridge University Press, 2004.

Cruse, Alan. *A Glossary of Semantics and Pragmatics*. Edinburgh: Edinburgh University Press, 2006.

Fillmore, Charles. "Frame Semantics," In *The Linguistics Society of Korea*.(ed.) Linguistics in the Morning Calm. Seoul: Hansin, 1982: 111-37.

_____, "Frames and the Semantics of Understanding," *QS* 6 (1985): 222-54.

_____, "Scenes and Frames Semantics" In Antonio Zampolli. (ed.) *Linguistic Structures Processing Fundamental Studies in Computer Science* 5. Amsterdam: North-Holland, 1977: 59-60.

Gibbs, Raymond W. "What cognitive about cognitive linguistics?," In *Cognitive Linguistics in the Redwoods: The Expansion of a New Paradigm in Linguistics*. (ed.) E. H. Casad. Berlin/New York: Mouton de Gruyter, 1996: 27-53.

Goodwing, C. and A. Duranti "Rethinking context: an introduction," In *Rethinking Context. Language as an interactive phenomenon*. (ed.) A. Duranti& C. Goodwin. Cambridge: Cambridge University Press, 1992: 1-42.

Graesser, Artheur C. *Prose Comprehension Beyond the Word*. New York: Springer-Verlag, 1981.

Grice, H.P. "Logic and Conversation," In P. Cole & J. Morgan, *Syntax and Semantics 3: Speech Acts*. New York: Academic Press, 1975: 41-58.

Gumperz, J. J. "Contextualization and understanding," In *Rethinking Context. Language as an interactive phenomenon*. (ed.) A. Duranti & C. Goodwin. Cambridge: Cambridge University Press, 1992: 229-52.

Gundel, J.K. & N. Hedberg and R. Zacharski. "Cognitive Status and the Form of Referring Expressions in Discourse." *Language* 69.2 (1993): 274-307.

Hidi, S. and W. Baird, "Interestingness-A Neglected Variable in Discourse Processing." *Cognitive Science* 10 (1986): 179-94.

Hooper, P. "Aspect between Discourse and Grammar: An introductory Essay for the Volume," In *Tense-Aspect: Between Semantics and Pragmatics*. (ed.) P. Hooper. Amsterdam: Benjamins, 1982: 3-18.

Howard, Robert W. *Concept and Schemata: An Introduction*. London: Cassell, 1987.

Labov, William. *Sociolinguistic Patterns*. Philadelphia: University of Pennsylvania Press, 1972.

Lakoff, G. M. 존슨. *Metaphors We live*. 노양진, 나익주 역. 『삶으로서 은유』. 서울: 박이정, 2006.

Levinsohn, Stephen. *Discourse Features of New Testament Greek*. Dallas: Summer nstitute of Linguistics, 1992.

Lindstrom, L. "Context contests: debatable truth statements on Tanna (Vanuatu)," In *Rethinking Context. Language as an interactive phenomenon*. (ed.) A. Duranti & C. Goodwin. Cambridge: Cambridge University Press, 1992: 103-104.

Longacre, R. E. "The Paragraph as a Grammatical Unit," In *Syntax and Semantics: Discourse and Syntax* 12. (ed.) Talmy Givón. New York: Academic Press, 1979: 115?120.

Ong, Walter. *Orality and Literacy: The Technologizing of the Word*. New York: \Methuen, 1981.

Rafferty, Ellen. "Aspect in Conversational Indonesian," In *Tense-Aspect: Between Semantics and Pragmatics*. (ed.) P. Hooper. Amsterdam: Benjamins, 1982: 65-88.

Rumelhart, David E. "Schemata: The Building Blocks of Cognition," In *Theoretical Issues in Reading Comprehension* edited by R. J. Spiro, B. C. Bruce and W.F. Brewer. Hillsdale, New Jersey: Erlbaum, 1980. 32-48.

Sanford, A. J. & S. C. Garrod. *Understanding Written Language. Explorations of Comprehension Beyond the Sentence*. Chicester: John Wile and Sons,1981.

Saussure, F. de. *Course in General Linguistics*. New York: McGraw-Hill, 1959.

Schank, R. "Interestingness: Controlling Inferences." *Artificial Intelligence* 12 (1979): 273-97.

Schank, R. and R. P. Abelson, *Scripts, Plans, Goals and Understanding An Inquiry into Human Knowledge Structures*. Hillsdale, New Jersey: Lawrence Erlabaum Associates, 1977.

David Rumelhart, "Schemata: The Building Blocks of Cognition." In *Theoretical Issues in Reading Comprehension: Perspectives from Cognitive Psychology, Linguistics, Artificial Intelligence and Education*. (eds.) Rand J. Sapiro, Bertran A. Bruce, and William F. Brewer. Hillsdale, New Jersey: Lawrence Erlbaum B. Associates. 1980: 33-48.

Sperber, Dan and Deirdre Wilson. *Relevance: Communication and Cognition*.

Oxford: Blackwell, 2nd ed, 1986.

Sugai. "추론(inference)." Y.Tsuji 편.『인지언어학 키워드 사전』임지룡, 요시코토 하지메, 이은미, 도카 도모유키 역. 서울: 한국문학사, 2004.

Tannen, Deborah. "What's in a Frame," In *New Directions in Discourse Processing*. edited by Roy O. Freedle. Norwood, New Jersey: Ablex, 1979: 166-79.

Taylor, John. *Linguistic Categorization: Prototypes in Linguistic Theory*. Oxford: Oxford University Press, 3rd end, 2003.

van Dijk, Teun A. *Text and Context: Explorations in the Semantics and Pragmatics of Discourse*. London: Longman, 1977.

_____, "Episodes as Units of Discourse Analysis," In *Analyzing Discourse: Text and Talk: Georgetown University Round Table on Languages and Linguistics 1981*. (ed.) Deborah Tannen. Washington, D. C: Georgetown University Press, 1982: 177-95.

Wallace, Stephen. "Figure and Ground: The Interrelationships of Linguistic Categories," in *Tense-Aspect: Between Semantics and Pragmatics*. (ed.) P. Hooper. Amsterdam: Benjamins, 1982: 201-23.

Widdowson, H. G. Linguistics. 유석훈 외 역.『언어학』. 서울: 도서출판 박이정, 2001.

Yoshimura. "원형효과." Y. Tsuj 편.『인지언어학 키워드 사전』임지룡, 요시코토 하지메, 이은미, 도카 도모유키 역. 서울: 한국문화사, 2004: 146-47.

이노우에. "언어적 문맥," Y.Tsuji편,『인지언어학 키워드 사전』, 임지룡, 요시코토 하지메, 이은미, 도카 도모유키 역. 서울: 한국문화사, 2004. 135.

이성범.『추론의 화용론』. 서울: 한국문화사, 2001.

임지룡.『인지의미론』. 서울: 탑출판사, 1997.

정희자.『담화와 추론』. 서울: 한국문화사, 2002.

성경신학 및 사본학

박윤만, "마가의 구술-청각적 서사 이해를 위한 인지모형으로서 틀이론,"『신약연구』 7권4호 (2008년): 649-77.

_____, "신약성서 본문(Text)의 문맥(Context)에 대한 인지언어학적 고찰,"

Canon & Culture 3권1호 (2009년): 241-74

____, "신약성서 헬라어의 현저성 표지들[Prominence Markers])," 『신약연구』 9권6호 (2010년): 309-335.

____, "추론(Inference)에 기초한 성경 본문 읽기," 『성경과 신학』 66권 (2013년): 63-89.

____, "응집성과 문단: 틀의미론(frame semantics)에 기초한 마가복음 1:16-20 연구," 『성경과 신학』 58권 (2011년): 69-96.

____, 『길 위의 예수 그가 전한 복음 마가복음』 (용인: 킹덤, 2017).

____, "초기 교회(기원후 2-3세기)의 성경 '책' 이해-코덱스(Codex)선호의 배경과 의미," 『신약구』 17권1호 (2018년): 7-38.

우상혁. "성경헬라어 상 연구: 칠십인경 중심으로." 『성경과 신학』 60 (2011): 59-84.

Abramowski, Luise, "The 'Memoirs of the Apostle' s in Justin," *The Gospel and the Gospels*. (ed.) Peter Stulmacher. Grand Rapids, Michigan: Eerdmans, 1991: 323-35.

Alexander, Loveday "Ancient Book Production and the Circulation of the Gospel." *The Gospels for All Christians: Rethinking the Gospel Audiences*. (ed.) Richard Bauckham. Grand Rapids, Michigan: Eerdmans, 1998: 71-111.

Aune, David, *The New Testament in Its Literary Environment*, Philadelphia: Westminster Press, 1987.

Avrin, Leila, *Scribes, Script, and Books: the Book Arts from Antiquity to the Renaissance*, Chicago: American Library Association, 1991.

Barclay, J. M. G. "Paul, Philemon and the Dilemma of Christian Slave-Ownership," *NTS* 37 (1991): 161-86.

Barr, J. *The Semantics of Biblical Language*. Oxford: Oxford University Press,1961.

Barton, John, *Holy Writings Sacred Text: the Canon in Early Christianity*, Louisville, Kentucky: WJKP, 1997.

Bauckham, Richard. "For Whom were Gospels Written?." In *The Gospels for All Christians*. (ed.) Richard Bauckham. Grand Rapids, Michigan: Eerdmans, 1998: 9-48.

Beare, F. W. *The Epistle to the Philippians*. London: Adam & Charles Black, 1959.

Beekman. John and John Callow. *Translating the Word of God: with Scripture and Topical Indexes*. Grand Rapids, Michigan: Zondervan, 1974.

Black, David A. *Linguistics for Student of New Testament Greek*, 이상일 역. 『신약성경 헬라어와 일반언어학』. 서울: 총신대학교 출판부: 1998.

Black, Stephanie. *Sentence Conjunction in the Gospel of Matthew*: καί, δέ, τότε, γάρ, οὖν *and Asyndeton in Narrative Discourse*. JSNTSup 216; Sheffield: Sheffield Academic Press, 2002.

Brown, R. E. *The Gospel according to John XII-XXI*. AB29a; Garden City, New York; Doubleday, 1970.

Burridge, Richard. *What are the Gospels? A Comparison with Graeco-Roman Biography*. Grand Rapids, Michigan: Eerdmans, 2nd edn, 2004.

Burton, Ernest De witt. *Syntax of the Moods and Tenses in New Testament Greek*. 권성수 역. 『신약성경 헬라어 구문론』. 서울: 기독지혜사, 1988.

Byrne, Brendan S. J. *Romans*. Collegeville, Minnesota: A Michael Glazier Book, 1996.

Caird, G. B. *The Language and Imagery of the Bible*. London: Gerald Duckworth, 1980.

Callow, K. "Patterns of Thematic Development in 1 Corinthians 5:1-13," In *Linguistics and New Testament Interpretation: Essays on Discourse Analysis*. (ed.) David A. Black. Nashville: Broadman, 1992: 194-206.

Callow, K. "The Disappearing De" in 1 Corinthians", In *Linguistics and New Testament Interpretation Essays on Discourse Analysis*. (ed.) David A Black. Nashville, Tennessee: Broadman Press, 1992: 183?193

Callow, K. *Discourse Considerations in Translating the Word of God*. Grand Rapids: Zondervan, 1974.

Callow, Kathleen. *Man and Message: A Guide to Meaning-Based Text Analysis*. Lanham: University Press of America, 1998.

Croft and Cruse. *Cognitive Linguistics*. Cambridge: Cambridge University Press, 2004.

Campbell, Constantine R. *Verbal Aspect, the Indicative Mood, and Narrative Soundings in the Greek of the New Testament*. New York: Peter Lang,

2007.

Carson, D. A. "An Introduction to the Porter/Fanning Debate," *In Biblical Greek Language and Linguistics: Open Questions in Current Research*. (eds.) Stanley E. Porter and D. A. Carson. JSNTSup 80; Sheffield: Sheffield Academic Press, 1993: 18-25.

Carson, D. A. *Exegetical Fallacies*. Grand Rapids: Baker, 1984.

Carson, H.M. *The Epistles of Paul to the Colossians and Philemon: An Introduction and Commentary*. Grand Rapids, Michigan: Eerdmans, 1960.

Comfort, Philip Wesley, *The Quest for the Original Text of the New Testament*, Eugene: Wipf and Stock, 2003(orig. 1999).

Cotterell, P. & M. Turner. *Linguistics and Biblical Interpretation*. Downers Grove, IL: IVP, 1989.

Dana, H. E. and J. R. Mantey. *A Manual Grammar of The Greek New Testament*. Toronto: Macmillan, 1927.

Dewey, Joanna. "The Gospel of John in Its Oral-Written Media World," In *Jesus in Johannine Tradition*. (ed.) Robert T. Fortna and Tom Thatcher. Louisville, London: WJK, 2001: 239-52.

____, "Oral Methods of Structuring Narrative in Mark," *Int* 43 (1989): 40-42.

____, "Mark as Interwoven Tapestry: Forecasts and Echoes for a Listening Audience," *Catholic Biblical Quarterly* 53 (1991): 221?36.

Dewey, Joanna. "The Gospel of Mark as an Oral-Aural Event: Implications for Interpretation," In *The New Literary Criticism and the New Testament*. (eds.) Edgar V. Mcknight and Elizabeth Struthers Malboon. Valley Forge, Pennsylvania: Trinity Press International, 1994: 145-63.

Dunn, James D.G. *The Epistles to the Colossians and to Philemon: A Commentary on the Greek Text*. Grand Rapids, Michigan: Eerdmans, 1996.

____, *Jesus Remembered*. Grand Rapids, Michigan: Eerdmans, 2003.

Edwards, James R. "Markan Sandwiches: The Significance of Interpolations in Markan Narratives," *NovT* 31 (1989): 193-216.

Epp, Eldon J. "The Codex and Literacy in Early Christianity and at Oxyrhynchus:

Issues Raised by Harry Y. Gamble' s Books and Readers in the Early Church." *Critical Review of Books in Religion* 10, 1997: 15-37.

Evans, Craig A. *Mark 8:27-16:20*. WBC 34B; Nashville: Thomas Nelson Publishers, 2001.

Fanning, Buist M. *Verbal Aspect in New Testament Greek*. Oxford: Clarendon, 1990.

Fitzmiyer, Joseph A. *The Letter to Philemon*. AB 34C; New Haven and London; Yale University Press, 2000.

Furnish, Victor Paul, *II Corinthians*, AB 32a; New Haven & London: Yale University Press, 1984.

Harry Y. Gamble, *Books and Readers in the Early Church: A History of Early Christian Texts* (New Haven and London: Yale University Press, 1995)/

Gerhardsson, Biger, "Oral Tradition (New Testament)." *A Dictionary of Biblical Interpretation*. (eds.) R. J. Coggins and J. I. Houlden. London: SCM, 1990: 498-501.

Gibson, J. *Biblical Semantic Logic: A Preliminary Analysis*. New York: St Martin, 1981.

Glatzer, Mordechai, "The Book of Books – From Scroll to Codex and into Print." Jerusalem Crown – The Bible of the Hebrew University of Jerusalem, Companion Volume, Jerusalem: Ben-Zvi Publisher, 2002: 61-72.

Grafton, Anthony and Megan Williams, *Christianity and the Transformation of the Book: Origen, Eusebius, and the Library of Caesarea,* Cambridge, Massachusetts: Belknap Press of Harvard University Press, 2006.

Guelich, Robert. *Mark 1-8.26*. WBC 34 A; Dallas: Word, 1989.

Halbwachs, Maurice. *The Collective Memory*. New York: Harper and Row, 1950.

Hengel, Martin. *Hellenism and Judaism*. London: SCM, 1974.

Hoyle, Richard A. "Scenarios, discourse and translation: the scenario theory of cognitive linguistics, its relevance for analysing New Testament Greek and modern Parkari texts." Ph.D.diss, The University of Surrey Roehampton, 2001.

Hurtado, Larry W. *One God, One Lord* . t & t clark: London, 2nd edn, 1998.

____, *The Earliest Christian Artifacts: Manuscripts and Christian Origins*, Grand Rapids, Michigan: Eerdmans, 2006.

____, "Oral Fixation and New Testament Studies? 'Orality' , 'Performance' and Reading Texts in Early Christianity." *NTS* 60, 2014: 321-40.

____, *Destroyer of the gods: Early Christian Distinctiveness in the roman World*, Waco, Texas: Baylor University, 2016.

Jochum, Uwe 『파피루스에서 전자책까지 모든 책의 역사』 (Bücher. Vom Papyrus zum E-book), 박희라 역, 서울: Mindcube, 2017(2015).

Kelber, Werner. *The Oral and the The Written Gospel*. Philadelphia:Fortress Press, 1983.

Keightley, Georgia Masters. "Early Christian Collective Memory and Paul's Knowledge of Jesus," *Semeia* 52 (2005): 129-50.

Kim, Young K. "Palaeographic Dating of P^{46} to the Later First Century." *Biblica* 68, (1998): 248-57.

Levinsohn, Stephen H. *Discourse Features of New Testament Greek*. Dallas: Summer Institute of Linguistics, 1992.

Lieu, Judith M. " Letters and the Topography." *NTS* 62, 2016: 167-82. Ma, H. "Greek and Roman Books." *The Oxford Classical Dictionary*. (eds.) Simon Hornblower and Antony Spawforth. Oxford: Oxford University Press, 1999(3rd ed): 249-50.

Louw, J. P. *Semantics of New Testament Greek*. Atlanta: Scholars Press, 1982.

Louw, J. P. and E. A. Nida. *Greek-English Lexicon of the New Testament Based on Semantic Domains*. 2 vols.; New York: United Bible Societies, 1988.

______, *Lexical Semantics of the Greek New Testament*. Atlanta, Georgia: Scholars Press, 1992.

Luz, Ulrich. *Matthew 8-20*. Minneapolis: Fortress Press, 2001.

Marcus, Joel. *Mark 1-8*. AB 27A; New York: Doubleday, 2000.

McCormick, Michael, "The Birth of the Codex and the Apostolic Lifestyle." *Scriptorium* 39, 1985: 150-58.

McKay, K.L. "The Use of the Ancient Greek Perfect Down to the Second

Century A.D.." *Bulletin of the Institute of Classical Studies* 12 (1965): 1-21;

_____, *A New Syntax of the Verb in New Testament Greek: An Aspectual Approach. Studies in Biblical Greek 5;* New York: Peter Lang, 1994.

Meeks, Wayne A. *The First Urban Christians: The Social World of the Apostle Paul*, New Haven and London: Yale University Press, 1983.

Moore, George F. *Judaism in the First Centuries of the Christian Era: The Age of the Tannaim*. vol. 2. Cambridge: Harvard University Press, 1966.

Morris, L. *The Gospel according to John Revised*. Grand Rapids, Michigan: Eerdmans, 1995.

Moule, C. F. D. *An Idiom-Book of New Testament Greek*. Cambridge: Cambridge University Press, 1971.

Nida, E. A. "Implications of Contemporary Linguistics for Biblical Scholarship," *Journal of Biblical Literature* 91 (1972): 73-89.

Nida, E. A. and C. R. Taber. *The Theory and Practice of Translation*. Leiden: Brill, 1974.

Nineham, D.E. *Saint Mark*. Middlesex: Penguin, 1963.

Park, Yoon-Man. *Mark's Memory Resources and the Controversy Stories (Mark 2:1-3:6): An Application of Frame Theory of Cognitive Science to the Markan Oral-Aural Narrative*. Leiden / Boston: Brill, 2010.

Pilch, John. *Healing in the New Testament: Insights from Medical and Mediterranean Anthropology*. Minneapolis: Fortress Press, 2000.

Porter, Stanley E. *Verbal Aspect in the Greek of the New Testament with Reference to Tense and Mood. Studies in Biblical Greek* 1; New York: Peter Lang, 1989.

_____, "Studying Ancient Languages from a Modern Linguistic Perspective: Essential Terms and Terminology." *Filologia Neotestamentaria* 2 (1989): 147-72.

_____, "Greek Language and Linguistics." *ExpTim* 103.7 (1992): 202-208.

_____, *Idioms of the Greek New Testament*. 2nd edn. Sheffield: JSOT Press, 1994.

______, "Greek of the New Testament." *Dictionary of New Testament*

Background edited by Craig A. Evans & Stanley E. Porter. Leicester: InterVarsity Press, 2000: 426-35.

Porter, Stanley E. and Lee M. McDonald. *New Testament Introduction*. Grand Rapids, Michigan: Baker, 1995.

Reed, Jeffrey T. "Modern Linguistics and The New Testament: A Basic Guide to Theory, Terminology, and Literature," In *Approaches to New Testament Study*. (eds.) S. E. Porter & D. Tombs. JSNTSup, 120; Sheffied: JSOTPress, 1995: 222-65.

_____, "Identifying Theme in the New Testament: Insights from Discourse Analysis," *In Discourse Analysis and Other Topics in Biblical Greek*. (eds.) S. E. Porter & D. A. Carson. JSNTSup, 113; Sheffied: Sheffield Academic Press, 1995: 75-101.

Robbins, Vernon K. "Writing as a Rhetorical Act in Plutarch and the Gospels." In *Persuasive Artistry. Studies in New Testament Rhetoric in Honor of George A. Kennedy*. (ed.) D. F. Watson. JSNTSup, 50; Sheffield: JSOT Press, 1991: 114-48.

Roberts, C.H. "The Codex." *Proceedings of the British Academy* 40, 1954: 169-204.

Roberts, C.H. and T.C. Skeat, *The Birth of the Codex*, Oxford: Oxford University Press, 1983.

Robertson, A. T. *A Grammar of the Greek New Testament in the Light of Historical Research*, 4th ed. Nasville: Broadman Press, 1934; org. ed.1906.

Rhoads, David. *Joanna Dewey and Donald Michie. Mark as Story. An Introduction to the Narrative of a Gospel*, 2nd edn. Philadelphia: Fortress Press, 1999.

Sanders, E. P. *Jesus and Judaism*. Philadelphia: Fortress Press, 1985.

____, *Judaism: Practice and Belief, 63 BCE-66 CE*. London: SCM; Philadelphia: Trinity Press International, 1992.

Schürer, Emil. *The History of the Jewish People in the Age of Jesus Christ*. (B.C.175-A.D.135) vol. 2. Edinburgh: T. and T. Clark, 1979.

Shiner, Whitney. *Proclaiming the Gospel; First Century Performance of Mark*. Harrisburg: Trinity Press International, 2003.

Silva,M. *Biblical Words, Biblical Words and their Meaning: An Introduction to Lexical Semantics*. Grand Rapids: Zondervan, 1983.

Skeat, T.C. "Length of the Standard Papyrus Roll and the Cost-Advantage of the Codex." *Zeitschrift für Papyrologie und Epigraphik*. 45, 1982: 169-76.

Stanton, Graham, "Early Christian Preference for the Codex." *The Earliest Gospels: The Origins and Transmission of the Earliest Christian*. (ed.) Charles Horton. London/New York: T & T Clark International, 2004: 40-49.

Thiselton,A. C. "Semantics and New Testament Interpretation," In *New Testament Interpretation*. (ed.) I. H. Marshall; Grand Rapids: Eerdmans, 1977: 75-104.

Turner, Eric G. *The Typology of Early Codex*, Eugene, Oregon: Wipe & Stock, 1977.

Wright, N. T. *The New Testament and the People of God*, Mineapolis: Fortress, 1992.

_____, *The Resurrection of the Son of God*. Minneapolis: Fortress, 2003.

Yadin, Yegael, Bar-Kokhba. *The Rediscovery of the legendary hero of the Second Jewish Revolt against Rome*. New York: Random House, 1971.

Zerwick. Maximilian S.J., *Biblical Greek*. Rome: Pontifical Biblical Institute, 1963.

구술-청각문학

Foley, John Miles. "The Traditional Oral Audience." *BS* 18 (1977): 141-54.

Graham, William A. *Beyond the Written Word. Oral Aspects of Scripture in the History of Religion*. Cambridge: Cambridge University Press, 1987.

Harris, William. *Ancient Literacy*. Cambridge, Massachusetts; London: Harvard University Press, 1989.

Havelock, Eric, *Preface to Plato. Cambridge*, Massachusetts: The Belknap Press of Havard University Press, 1963.

Hildyard, Angela & David R. Olson. "On the Comprehension and Memory of Oral vs Written Discourse, In *Spoken and Written Language: Exploring*

Orality and Literacy. (ed.) Deborah Tannen. Norwood, New Jersey: Ablex, 1982: 19-34.

Marrou, Henri I. *A History of Education in Antiquity*. Translated by George Lamb. New York: Sheed and Ward, 1956.

Notopoulos, J. "Continuity and Interconnexion in Homeric Oral Composition," *TPAPA* 82 (1951): 81-101.

Havelock, Eric A. "Oral Composition in the Odeipus Tyrannus of Sophocles." *NLH* 16 (1984): 81-101.

Minchin, *Elizabeth Homer and the Resources of Memory: Some Applications of Cognitive Theory to the Iliad and the Odyssey*. Oxford: Oxford University Press, 2001.

Ong, Walter. *Orality and Literacy: The Technologizing of the Word*. New York: Methuen, 1982.

Yates, Frances A. *The Art of Memory*. London: Routledge and Kegan Paul, 1966.

찾아보기

주제별

성경 · 유대 · 그리스-로마 · 교부문헌 찾기
신 · 구약 찾기

유대 · 그리스-로마 및 교부문헌

그리심 신학도서

● **성경무오 역사적 증명**
정규철 / 반양장 / 335면

● **본문의 의미를 찾아서(21세기 구약신학과 해석)**
장세훈 저 / 반양장 / 272면

● **실천과 적용을 위한 구약해석(논문 모음)**
장세훈 저 / 반양장 / 328면

● **하나님과 인간, 그리고 시간 (역사)**
어얼 E. 케이른스 / 박영실 역 / 반양장 / 258면

● **하나님 나라와 윤리 (주제별 논문)**
김경진 / 반양장 / 303면

● **누가신학 연구**
R. 화이트 / 김경진 역 / 반양장 / 197면

● **배경으로 본 히브리서 강해**
정우홍 / 양장 / 406면

● **배경으로 본 마태복음 강해(상,하)**
정우홍 / 양장 / 416면

● **산상설교(기록 이유와 목적)**
정훈택 / 반양장 / 176면

● **성경에 나타난 제사법 연구**
로저드 백위드 / 반양장 / 261면

● **신명기 [1](1-8장) (주해)**
김영욱 / 양장 / 468 면

● **신학의 종을 어떻게 울릴 것인가 (논문)**
허 주 / 양장 / 388면

● **해석매뉴얼(성경해석법의 이론과 실제)**
김상훈 / 양장 / 287면

● **성경 헬라어와 신약성경의 이해**
정창욱 저 / 양장 / 320면

● **헤렘을 찾아서? (헤렘의 빛으로 본 누가행전 연구)**
박형대 저 / 양장 / 480면

● **하나님의 구원 역사 창세기**
한민수 / 반양장 / 292면

● **이사야의 하나님 · 우리의 하나님**
최만수 / 반양장 / 262면

● **임마누엘 성령론**
안영복 / 반양장 / 232면

● **낙원의 구속사(Paradise Restored) – A Biblical Theology Dominion** David Chilton / 안영복 · 이동수 공역/반양장/296면

출판문화상 최우수상 (그리심)

☆ 2002년도 최우수상 신학해외번역부문/
르네상스와 종교개혁/ 양장 · 윌리엄 R. 에스텝 · 라은성 역 · 656면

☆ 2004년도 최우수상 국내저작신학부문/
중세교회사/ 서요한 · 양장 · 896면

☆ 2005년도 최우수상 국내일반신앙부문/
위대한 여인들의 발자취/ 양장 · 라은성 저 · 416

☆ 2010년도 최우수상 국내저작신학부문
칼빈과 어거스틴/ 안인섭 · 양장 · 576면

☆ 2011년도 최우수상 국내저작목회자료부문
사자가 부르짖은즉 누가두려워하지않겠느냐? /조 휘 · 양장 · 520면

☆ 2012년도 우수상 국내저작목회자료부문
성경적 관점에서 본 아버지 역할과 아동발달/ 강란혜 · 양장 · 392면

- **사역자의 자아 돌봄(Clergy Self-Care)**
  Roy M. Oswald · 최민수 역 / 반양장 / 294면
- **창조를 위한 하나님의 패턴(God's Pattern for Creation)**
  - 창세기 1장에 대한 언약적 읽기 - W. Robert Godfrey · 이동수 역
- **신약의 구속사적 읽기**
  이동수 / 반양장 / 208
- **주님과 같은 분이 누가 있으리요?(미가서 주해)**
  김창대 · 반양장 · 268면
- **성경평행법의역동성**
  아델벌린 · 이희성 역 · 반양장 · 312면
- **목회상담의 최근동향**
  낸시 램지 · 문희경 역 · 반양장 · 304면
- **기독교와 서양문명**
  임희완 · 양장 · 656면

성경헬라어와 신약성경의 이해

정 창 욱 지음

양장 · 320면 · 그리심

모든 성경이 하나님의 영감된 말씀이라는 성경적 명제는 개혁주의 신학의 최후의 보루다. 특히 모든 성경이 유기적으로 축자적으로 영감 되었다는 교리는 개혁주의 신학과 비평주의 신학 사이를 가르는 갈림길이다. 오늘날 성경원어를 중시하지 않는 신학풍토는 신학을 성경으로부터 멀어져 현대사상을 쉽게 따르게 하는 원인이 되고 있다. 신학과 사상에 대한 바른 고민은 성경본문에 대한 진지한 탐구로부터 시작되기 때문이다.

나는 이 책이 대학원 과정에서 신약을 전공하는 학생들뿐 아니라, 설교 준비하기 위하여. 헬라어 성경을 대하여야 하는 모든 목회자들에게 꼭 필요한 책이라고 생각하여 기쁘게 추천하는 바이다.

- 김남준 목사 · 열린교회 담임 / 총신대학교 교수

정창욱 교수님은 총신대학교에서 학생들을 깊이 사랑하고 성경과 설교를 접목시키려고 끊임없이 노력하는 학자 겸 목사입니다. 이런 정 교수님의 관심과 노력이 본서에 고스란히 녹아져 있습니다. 헬라어 동사의 시제 및 접속사에 관한 깊고 포괄적인 연구는 더 이상의 책은 없다고 할 만큼 좋은 책입니다.

단순한 이론에 그치지 않고 성경 본문의 단어의 용례와 사용을 철저하게 파헤친 본 연구서는 성경의 본 뜻을 이해하려는 진지한 목회자와 성도들이 놓치기에는 너무 귀한 책임을 확신하기에 기쁨으로 추천합니다.

더 이상의 책은 없다!

- 송태근 목사 · 삼일교회 담임

Finding *Herem*?:
헤렘을 찾아서?

헤렘의 빛으로 본 누가행전 연구

Hyung Dae Park · 박 형 대 譯

양장 · 480면 · 그리심

구약성경의 헤렘

구약성경의 헤렘 즉, 네 가지로 분류될 수 있고 다섯 가지의 주제를 담고 있는 헤렘이라는 개념의 시각에서 누가행전을 살펴보기 전에, 필자는 제2성전기 유대교 문헌 전체를 헤렘의 관점에서 점검하였다. 이와 관련된, 논문의 가장 많은 부분을 차지하는 3장에는, 일반적으로 (구약)외경, 사해사본, (구약)위경, 요세푸스, 필로로 분류되는 문헌들을 통해, 헤렘개념이 구약성경 이후로부터 누가시대에 이르기까지 어떻게 이해되고 다루어졌는지에 대한 논의가 포함되어있다. 주목할 만한 사실은 제2성전기 유대인들에게 있어서 헤렘은 매우 중요한 개념이었지만, 구약성경의 헤렘개념과 비교할 때 그들의 헤렘개념에는 '변질' 이라고 부를 수 있는 변화가 있다는 점이다.

예를 들어, 외경의 경우 구약성경에서는 아주 드물게 나오는 이방 헤렘이 상대적으로 아주 많이 등장한다. 사해사본의 경우 당위적 헤렘을 이방인들에게는 확대 적용하는 한편, 자신들의 조상이나 자신들에게는 여러 면에서 축소 적용하거나 적용을 배제하는 것을 발견할 수 있다. 위경에는 헤렘이 족장시대에 기원을 두고 있는 것으로 그려지며, 요세푸스나 필로는 헤렘 소개를 피하면서도 첫 열매와 같은 것으로 바꾸어 소개하기도 한다. 헤렘과 관계하여 제2성전기 유대교 문헌에서 나타나는 '변질' 은 세속화나 편애의 차원에서 이해될 수 있다. 이 책에서는 '예수님을 위해 죽는 것이 제자도이다.'라는 의미가 함축되어 있다.

반양장 · 296면 · 그리심

박 형 대 지음

필자에게 헤렘은 매우 중요한 주제가 되었다. 박사 학위논문 주제로 헤렘을 다뤘기 때문이다. 학위논문 제4장 "누가행전의 헤렘"에서 필자는 "제자들을 향한 예수님의 가르침을 헤렘 개념에 따라 정리하면, '나처럼 자발적 헤렘이 되어라!' 하는 것이 될 것이다." 이렇게 결론지었다. 이후 십여 년 동안 다양한 논문과 설교 등을 통해 이러한 결론이 무엇을 의미하는 지를 숙고해 보았다. 어쩌면 '예수님처럼 자발적 헤렘이 된다.' 하는 것은 '대가를 바라지 않고 100% 목숨까지 주님 위해 산다.' 하는 것을 의미할 것 같다. 이러한 제자도를 필자는 '헤렘 제자도'라 부르고 싶다.

우리 한국 교회는 이런 제자도 즉, '헤렘 제자도'라 명명되지는 않았지만, '대가를 바라지 않고 100% 목숨까지 주님 위해 산다.' 하는 삶의 원칙대로 사신 분들이 많았다. 부디 이 책을 읽는 모든 분들이 '헤렘 제자도' 를 따르는 삶을 살게 되어, 우리나라 교회에 새로운 부흥이 있기를 기도한다.